Johann Stumpf

Lehr- und Handbuch der gesammten Feld und Hauswirtschaft

für Bürger und Bauern, Prediger und Schullehrer. Zweiter Teil

Johann Stumpf

Lehr- und Handbuch der gesammten Feld und Hauswirtschaft
für Bürger und Bauern, Prediger und Schullehrer. Zweiter Teil

ISBN/EAN: 9783743603608

Hergestellt in Europa, USA, Kanada, Australien, Japan

Cover: Foto ©ninafisch / pixelio.de

Weitere Bücher finden Sie auf **www.hansebooks.com**

Lehr- und Handbuch
der
gesammten
Feld- und Hauswirtschaft
für
Bürger und Bauern, Prediger und Schullehrer
selbst
zu Akademischen Vorlesungen.

Zweyter Theil.

von

Georg Stumpf

öffentlichen ordentlichen Lehrer der Statistik, Staatsökonomie und Kameralwissenschaften zu Greifswalde, der Leipziger ökonomischen Gesellschaft Ehrenmitgliede, der Churmaynz. Akademie nützlicher Wissenschaft und der Braunschweig. Lüneburg. Gesellschaft zu Celle ordentlichen Mitgliede.

Frankfurt und Leipzig
bey Johann Georg Fleischer.
1794.

Vereor, ne supremus ante me dies occupet, quam universam disciplinam ruris possim cognoscere. Nam, qui se in scientia perfectum volet profiteri, sit oportet rerum naturae sagacissimus, declinationum mundi non ignarus, caeli et anni praesentis mores intueatur, quae praenoscere siue lumine animi, et siue exquisitissimis disciplinis non quemquam crediderim. Iam ipsa terrae varietas, et cujuslibet soli habitus, quid nobis neget, quid promittat, paucorum est intelligere.

COLUMELLA.

Dem
Allerdurchlauchtigsten
Großmächtigsten
Unüberwindlichsten
Gustav dem IVten
der
Wandaln
Schweden
und
Gothen König
Meinem allergnädigsten König und
Herrn Herrn

wiedmet dieses Buch und sich in tiefster
Ehrfurcht

alleruntertänigster treuest gehorsamster
Georg Stumpf.

Allerdurchlauchtigster

Grosmächtigster König und Herr
Herr

Ew. Königl. Majestät habe die Gnade, gegenwärtiges Lehr- und Handbuch zum Zeichen meiner tiefst submissesten Dankbarkeit zu den Füßen Allerhöchst Dero Thrones zu legen, da Allerlerhöchstdieselben mich auf der Königl. Akademie zu Greifswald zum öffentlichen ordentlichen Lehrer der Statistik, Staats-Oekonomie und Kameralwissenschaften allergnädigst zu ernennen geruhet haben.

Das Königreich Schweden ist allerdings derjenige Staat, welcher zu Begründung einer geläuterten Staats- und verbesserten Landwirthschaft die dienlichste Mittel zu wählen weiß und solche anwendet, denn noch vor kurzem, den 19ten October 1792 ver-

verſammelten die Gouverneurs aller Provinzen des Reichs die erfahrenſten Männer in der Landwirthſchaft, um über die wirkſamſten Mittel zur Verbeſſerung des Ackerbaues und zur Aufmunterung des Gewerbfleißes zu berathſchlagen.

Als Lehrer habe ich um ſomehr die Pflicht über mich genommen, ſowohl im allgemeinen als beſonderen mitzuwirken, da ich den größten Theil meines Lebens mit praktiſchen Arbeiten zugebracht.

Der allergnädigsten Aufnahme meines Lehrbuchs gewärtig ersterbe in unbegränzten Respect und tiefster Ehrerbietung

Allerdurchlauchtigster

Großmächtigster König und Herr Herr

Ew. Königl. Majestät

Greifswalde
den 1sten May 1794.

unterthänigst treuester Knecht
Georg Stumpf.

Einundzwanzigstes Kapitel.

Der Garten, sowohl was den äussern Umfang, als die innere Eintheilung betrift.

Jeder Garten erfodert Befriedigung. Es giebt todte und lebendige Verzäunungen.

Todte sind kostbarer, vermehren bey Feuersbrünsten das Feuer und die Consumtion des Holzes, doch sind sie in folgenden Fällen unentbehrlich.

1) Wenn die Erde, wo eine Hecke stehen soll, gar zu schlecht ist. 2) Wo der Boden zu gut zu einer lebendigen Hecke. z. B. um grosse Städte, wie Hamburg, und bey Menschen, die von der Gärtnerey leben wollen. 3) An Orten, wo das Vieh nicht von den Hecken abzuhalten ist, ob man da gleichwohl, wie in Jena, Schwarzdorne anlegt.

Einundzwanzigstes Kapitel

Die besten sind a) wo man aus Steinen eine Mauer zusammen sezt. b) Die hölzernen müssen unten verkohlet werden, denn die Kohle ist fast keiner Verwesung unterworfen. Allein die Pallisaden müßen erst ganz ausgetroknet und dürre seyn, sonst zieht sich der Saft herunter, die Fäulniß fängt dicht über der Erde an, und die Verkohlung ist vergebens. c) Dürre Reiser können dazu genommen werden, als Schwarzdorne. d) Noch eine bessere Einrichtung ist die mit Wellerwänden. Die ganze Wand wird von Thon oder Leim gearbeitet, der in Gruben geführt, mit Hechsel, klein geschnittenen Heide, Hanffcheiben und Wasser durchgeknetet wird. Ist der Thon zu einem steifen Brey geworden, so sticht man einen Spaten voll nach dem andern ab, errichtet so die Wellerwand, die unten 1¼ Elle und oben ¾ Elle gewöhnlich breit ist. Im May und Junius nimmt man gewöhnlich die Arbeit vor. Dergleichen Wände sind noch in Böhmen, Pohlen, Schlesien häufig. Wird einst eine solche Wand unbrauchbar, so kann der Thon mit Vortheil aufs Land gefahren werden.

Lebendige Befriedigungen erfodern Hecken. Eine gute Hecke muß folgende Eigenschaften haben. a) Menschen und Vieh abhalten, deswegen nimmt man gern Dorn und nicht Hagnbuchen. Die Zweige müßen nach allen Seiten herausgehen. b) Die Stauden müßen ungemein dauerhaft seyn, daher manche neue Vorschläge von selbst wegfallen, z. B. von Pflanzen die zu sehr im Winter leiden. c) Die Stauden müßen geschwind wachsen. Um den jungen Hecken Schuz zu geben, ist das beste um das Land einen Graben zu machen, wenn das angränzende Land uns gehöret und kein Vieh dahin kommen darf, auch kann ein weitläuftiges Staket oder dürrer Zaun herum gemacht werden, jedoch so, daß die jungen Hecken frische Luft haben.

Eine Art Weisdorn hat kleine, die andere größere Blätter, die erste ist zu Hecken vorzuziehen. Will man die Stauden aus dem Wald holen, so müßen sie so jung wie möglich genommen werden. Sie dürfen nicht dicker als höchstens eines Daumensdick seyn. Sie werden vorsichtig mit dem Spaten ausgehoben, alsdenn mit der Wurzel ins Wasser gelegt, weit sicherer die Wurzeln in einer Grube an einem schattigten und feuchten Ort mit Erde beworfen dann gepflanzt; Allein alle Stauden aus Waldungen wachsen langsamer als der aus Samen erzeugte.

Noch rathsamer auf einem Guth ist die Pflanzung der Mehlbeere, deren Früchte roth sind. Im Herbst, wenn sie schwärzlich werden, sammlet man sie, schüttet die Früchte übereinander auf einen Boden, daß sie ganz weich werden, bringt sie in einen hölzernen Mörser, zerquetscht sie mit einer Holzkeile, wodurch die Saamen nicht beschädiget werden, der Brey kommt in ein Sieb, und dieses in ein Gefäß mit Wasser, in welches die kleinen schwarzen Saamenkörner zu Boden fallen. Diese können noch im Herbst gesäet werden, und gehen oft schon im nächsten Sommer auf. Uebereilet uns die Kälte, so wird ein Gefäß mit Sand gefüllt, der Saame damit

Einundzwanzigstes Kapitel

damit bedeckt, an einen warmen Ort gestellt, und immer feucht erhalten. Im nächsten Frühjahr werden sie gesäet, und gehen zuweilen noch im Sommer auf, sonst muß man bis ins andere Jahr warten. Der Saame wird Reihenweis gelegt, die Reihe 2 Schuh weit von einander. Wenn sie die Dicke eines Daumens haben, sind sie zum Verpflanzen tauglich. Wo die Hecke angelegt werden soll, wird der Boden 3 - 4mal umgeworfen, daß alles Unkraut, und was eine Fäulniß verursachen kann, Ueberbleibsel von dagestandnen Planken oder Wurzeln herausgeschaft wird. Gut ist es, wenn man die Hecken auf einer kleinen Anhöhe anlegen kann. Sie werden wenigstens 6 Zoll, am besten 1 Schuh weit auseinander gesezt, lieber zu weitläuftig als zu dicht. Bey allem Verpflanzen kommt unglaublich viel auf die Witterung an. Man nehme keinen Tag dazu, wo die Sonne brennend, oder der Wind auszehrend ist, lieber einen feuchten Tag. Jede Pflanze muß ferner gerade so tief in die Erde gebracht werden, als sie vorher stand, sonst fällt die Staude entweder um, oder sie verdorrt. Jedesmal müßen Stauden und Bäume senkrecht in die Erde gesezt werden; Sobald man sie zwingt von der senkrechten Direction abzuweichen, stöhrt man ihren Wachsthum, die Hecke wird nicht dicht und nicht schön, und jede Staude treibt nur nach der äussern Richtung Zweige, nicht nach der innern. Man lasse grüne Rasenstücke ausstechen, umgekehrt auf die Wurzel der Staude legen, welches der Hecke sehr gut bekömmt.

Die

Die Hecke läßt man entweder unbeschnitten 7 Jahre stehen, oder man schneidet im nächsten Frühjahr die Staude eine Spanne lang über der Erde ab. Ihre Zweige treiben denn nach aller Richtung aus. Sind einige Stauden ausgegangen, werden die beyden Nachbarspflanzen eingeknickt in die Erde gebracht, und hölzerne Gabeln dazwischen gesteckt, eine von diesen Pflanzen schlägt gewis an, und treibt Wurzeln in die Erde. Sobald ein Zweig auswärts getrieben wird, daß er fast senkrecht steht, muß er abgeschnitten werden, denn die Hecke muß in die Höhe treiben. Sie muß auch durch 2 Menschen mit Dornbänder eingebunden, und die Zweige der Hecke ineinandergeflochten werden, so daß eine Wand nach Art der Korbarbeit geflochten wird, nur muß man sich hüten, die Zweige zu zerknicken. Im nächsten Frühjahr läßt mans verbessern. Im 4ten, 5ten Jahr ists eine trefliche Hecke. So wie die Hecke in die Höhe kömmt, muß man ans Beschneiden denken, und zwar jährlich um Johannis; nicht im Frühjahr, weil sonst das Holz zu stark wächst.

Die Weisdornhecken werden selten über 6 Schuh hoch, daher sie nicht zur Befriedigung gegen das Wild dienen, aber sie dauern über 100 Jahre.

Viele haben die Hecken durch Bäume emballiren wollen, das taugt aber nichts. Die Hecke wird gewis unter den Bäumen löcherich. Um die Passage durch eine solche Oefnung zu verhüten ist das beste Mittel, Pallisaden in 3 Ecken zu setzen die beiden nächsten Stauden herunter zu bringen, so behalten die Stauden völlige Freyheit zu wachsen.

3) Hollunder, Sambucus nigra. Man kann diese Staude zu allen Zeiten in die Erde stecken, am besten im März, sie wird auch nicht leicht vom Vieh angegriffen. Die Blüthe und Beeren haben etwas Giftiges, Schweistreibendes. Soll die Hecke gut werden, so verlangt sie ein Geländer, welches kostbar ist, und in wenigen Jahren wird sie unten sparrig, daher ist sie nur in Gesellschaft anderer Pflanzen zu Hecken zu gebrauchen.

4) Ahorne aller Art, besonders der Masholder, haben festeres Holz, wachsen geschwinder, können geschnitten werden. Acer campestre, nur dann wenn lezterer sehr alt, wird er Löcher bekommen, und die Schafe müßen durch Dorne davon abgehalten werden, sonst sind die Ahorne mit breiten Blättern sehr schöne Hecken.

5) Flieder, Silberblüthe weis und blaue. Wenn sie dick gepflanzt werden, giebts eine artige Befriedigung.

6) Schlingenbaum, Viburnum lantana mit andern vermischt wird es eine hohe schöne Hecke.

7) Linde, Tilia. Man kann aus ihr ganz allein Verzäunungen machen.

8) Colutea arborescens, Blasenbaum, Senna in Dieskau beym Hospital stand die schönste

sie Hecke, weil das Horn und Borstvieh wegen dessen Dichte und Steifigkeit nicht durchbrechen kann.

9) Ligustrum vulgare, Rheinweide wächst ungemein geschwind, verlangt aber durchaus ein Geländer.

10) Wilder Jasmin, dergleichen Geländer wächst schnell und leicht besonders an schattigten Orten.

11) Berberis, Berberis vulgaris, sonst auch Sauerdorn. Die Beeren sehen aus wie rothe Johannisbeere, jedoch kleiner. Die Säure übertrift die Citronensäure, und da sie wegen ihrer gesündern Säure sehr theuer bezahlt werden, sollte man sie häufiger pflanzen. In den nördlichen Ländern Rußland, Schweden entschädigt man sich dadurch gegen die Hainbuche, die man dort nicht ziehen kann. Wenn man die Staude schneidet, bedeckt das Laub das Holz nicht hinlänglich, und trägt nicht so viel Früchte.

12) Man hat auch den Versuch gemacht, die Weiden zu Hecken zu gebrauchen, es ist aber wenig gelungen. Für einen nassen morastigen Boden taugen sie durchaus nichts, sie gehen auch meist in die Höhe, treiben zu wenig Seitenzweige. Beschneidet man sie, so gehen sie bald aus.

13) Schwarzdorn, Schlehendorn taugen zu Hecken nicht, sie erfrieren nicht selten im Win-

Einundzwanzigstes Kapitel

Winter, treiben ausserordentlich zu 18, 20 Schuhe weit ins Land, und saugen es aus.

14) Deswegen taugt auch die Haselstaube nicht, ob man sie gleich oft genug in Hecken findet.

15) Die Befriedigung mit Birken ist gut, schickt sich aber nur für Thon und Sandländer, wo man das Land nicht so sehr schäzt. Den Winter über wird um den ganzen Garten der Wall so angelegt. Man sticht eine Menge Rasenschollen aus, legt sie umgekehrt dahin, wo der Wall werden soll auf beyden Seiten übereinander, dazwischen zur Ausfüllung andere Erde oder etwas Steine. Oben muß man nothwendig gute Erde werfen. Gewöhnlich macht man den Wall 4 = 5 Schuh tief und oben 3 Schuh breit. Die Birke wird im Frühjahr eingesezt, und zwar ehe der Saft in die Birkenruthen getrieben hat. Eine halbe Elle weit wird jede Pflanze gesteckt. Dies ist die einzige Hecke in doppelten Reihen und zwar auf den Rehfuß (in forma quincunci . . . .) Nach 2 Jahren werden die Birken eingeknikt, mit einer hölzernen Gabel befestiget, und Rasen darauf gelegt. In 4 Jahren ist der Wall so dichte, daß niemand durchbringen kann. Man sezt auch zuweilen noch Stachelbeere dazwischen. Die Birken wachsen äusserst schnell. Alle 3 = 4 Jahre werden sie auf dem Wall abgeköpft, und man bekömmt brauchbares Holz.

16) Zu innern Gartenwänden ist der Taxus bekannt, der leicht auf allerhand Boden fortkommt,

kommt, und verschieden geschnitten werden kann. Will man davon eine Pyramide haben, so muß man Zweige dazu abschneiden, die gerade gewachsen sind; will man sie zu Hecken, so nimmt man dazu die krausgewachsene Zweige, welche die Gärtner Federn zu nennen pflegen. Das Rindviehe so wie mehrere Thiere crepiren vom Genuß der Nadeln sehr leicht.

17) Die Hainbuche ist die schicklichste, weil sie sehr leicht anzulegen, allenthalben leicht und schnell wächst, sich unter der Scheere halten läßt, bald ausschlägt, lange grün bleibt, das grüne sehr angenehm ist, und das Laub alles Holz so bedeckt, daß man es für eine grüne Wand oder Tapete hält, auch sehr lange dauert, indem man Hecken über 100 Jahre alt hat. Wenn freylich Ziegen daran kommen, so thun sie ganz erschrecklichen Schaden, auch werden keine Wände so sehr von Maykäfern und Insekten angegriffen, als die Hainbuchen.

Ihre Behandlung. a) Die Stauden dürfen nicht zu dicht gesezt werden. Das allergeringste ist 3 Zoll auseinander, besser einen Schuh, sie schlagen dann mehr Seitenzweige aus. Nur muß zuvor alles Unkraut und faulende Holz ausgerottet werden. b) Im 2ten Frühjahr, wo sie auch gesezt werden, schneidet man sie bis zu einer Höhe von 2 - 3 Schuhe ab. Davon wird die Hecke unglaublich schnell wachsen. c) In den ersten 3 - 4 Jahren muß die Hecke bloß mit dem Meßer gezogen werden, und nicht mit der Scheere. Das Beschneiden muß Johanni, nicht im Frühjahr geschehen, weil sie sonst leicht verbluten.

18) Die Corneliuskirsche, ist besonders zu Hecken dann schön, wenn ihre eßbaren Beeren reif sind.

19) In Erfurt habe ich einen Zaun von wilden Birnkernen anlegen sehen, wo von 8 zu 8 Schritt ein Stamm aus der Hecke in die Höhe gieng, und gepropft worden ist.

20) In England hat man die schöne Hülse zu Hecken Ilex aquifolium. Sie ist in Westphalen einheimisch, will sich aber nicht einzeln im Garten bauen lassen. Im Sommer muß man sie gegen die heiße Sonne, und im Winter da wo sie nicht wild stehet, gegen die strenge Kälte verwahren. Sie hat verschiedene Varietäten, besonders die mit einem gelben Rand auf jeden Blatt.

Wählt man einen Platz zum ökonomischen Garten, so muß er in der Nachbarschaft nicht der niedrigste und nicht der höchste seyn. Ist er zu hoch, so ist er dem Wind und der Kälte zu sehr ausgesezt. Ist er zu tief, so ist er immer sumpfig, dumpfig, den Ueberschwemmungen und schwarzen Schnecken ausgesezt und wird endlich sauer.

Auch hüte man sich vor abschüßigen Gegenden, denn der Regen spült sonst immer die feine Gartenerde weg. Ist dies aber nicht zu vermeiden,

den, so wird der Garten in Terassen abgetheilt, mit dazu gehörigen Mauern versehen; Da sich aber darin die Schnecken gern aufhalten, müssen sie alle Frühjahre mit neuen Mörtel umschmieret werden.

Soll ein Garten gut seyn, muß er durchaus gegen Süden und Südosten frey seyn, gegen Norden und Nordost Beschützung haben.

Ist der Boden sehr thonigt, so ist es allemal besser, als wenn er sehr sandig ist. Man kann wenigstens jenen noch eher zu guten Boden machen als diesen, da man ganz erstaunlich giessen muß.

Jeder neu anzulegende Garten muß gewendet oder reolet werden, weil die Gartenwurzeln tiefer gehen, als die Getraidewurzeln. Wenden heißt 3 = 4 Schuh tief eine Grube machen, und die Erde darein werfen, da zulezt eine Grube bleibt, so wird die zuerst aufgeworfene Erde an das entgegengesezte Ende gebracht. Reolen heißt die Erde durch ein Erdsieb werfen, wodurch alle Wurzeln und Steine abgesondert werden. Damit die Erde nicht verschlimmert wird, düngen die Gärtner dazu, oder lassen sie ein Jahr liegen.

Damit kein Plaz im Garten ungenuzt bleibt, theilt man ihn in 3 Theile, wovon alle Jahre ⅓ Theil gedüngt wird. Das eine Feld, das vorlängst gewesen, wird mit Hülsenfrüchten bestellt, die keinen frischen Dünger annehmen, und

und auf magern Lande leicht fortkommen: Z.E. Erbsen und Bohnen. Im nächsten Jahr wird gedüngt und auf diesem Drittheil alles gezogen, was einen guten Boden verlangt. Sallat, Kohl, Spinat, Cellerie, Gurken, Endivien, Kürbiße. Im folgenden Jahr alle Gewächse, die keinen frisch gedüngten Boden verlangen, alle Wurzelgewächse, Zwiebelpflanzen, Kartoffeln, Mayrüben. Im 4ten Jahr wieder Hülsenfrüchte.

Dagegen könnte man einwenden, die Abtheilung sey unregelmäßig. Man theile daher den Garten in 4 Theile durch Creuzwege, der 4te dient etwa zu Mistbeeten, Gartenblumen oder auch zur Ergänzung, wenn man etwas mehr von einem Gewächse bauen will, als man auf den übrigen ¾ Theilen Platz hat.

Die Beete sollen rechtwinklicht seyn zu Ersparung des Holzes, die Gänge in den Gärten zu 7 Schuh, die kleinen zwischen den Beeten zu 1½ Schuh breit. Die Gänge belegt man mit durchrolten auch groben Sand, Gerberlohe, die aber einen unangenehmen Geruch hat, am besten mit dem blauen Thonmergel, der in Holland häufig dazu gebraucht wird, aber an wenigen Orten vorkommt. In Holland läßt man auch oft die Fragmente der Conchylien dazu anwenden.

Die Beete werden statt des schädlichen Buchses mit Gewürzkräutern eingefaßt, als Salbey, Thymian, Raude, Perllauch, Gartenkresse, Sauerampfer, Englischen Spinat, Schnittlauch, Schalotten, sogar Zwiebeln, Majoran, Spicanarbe,

Aeussere u. innere Einth. d. Gartens. 13

canarde, Pfefferkraut, Porre, Petersilie, Kör-
bel, Knoblauch, Dragun, wie ich bei der gnä-
digen Frau von Milkau in Wormstedt gesehen
habe.

Das Graben und Düngen muß im Herbst
geschehen, blos der Theil des Gartens, wo der
Winterkohl gestanden, wird im Frühjahr gegraben. Die nassen Stellen können nie zu Früh-
gewächsen bestimmt werden. Auch Winter und
Wurzelgewächse darf man nicht auf feuchte Plätze
bringen. Am besten kann man sie mit Kohl oder
Kartoffeln bestellen. Pflanzen, die früh kommen sollen, müssen auf die höhere Gegenden,
die spät kommen sollen, auf die niedrigen Terassen gebracht werden.

Den Saamen ziehe man sich soviel möglich selbst, weil der Betrug ganz ungeheuer ist,
und zwar von solchen Pflanzen, welche die schönsten im ganzen Garten sind. Das beste Mittel
frühe Erbsen zu bekommen ist jedesmal die zuerst
blühende Stauden zum Saamen zu behalten.
Der Sallat, der zu bald, ehe er ein Haupt gemacht, aufschießt, taugt nicht zu Samen. Verschiedene Abarten von einerley Gattung darf
man nicht zusammenpflanzen, wenn man Saamen
davon haben will, z. B. krausen und breitblättrichen
Kohl, der Saamenstaub fällt leicht von dem einen auf den andern. Einerley aber ists, ich mag
den Samen oben aus der Spitze, oder unten
auf den Seiten nehmen. Der Saame darf nicht
eher abgenommen werden, bis er völlig reif ist,
und zwar bey trokner Witterung, man hängt den
Strunk

Strunk am Faden auf, oder in einen reinen Beutel auf dem Boden, wo keine Sonne hinkömmt, und verwahrt ihn sicher gegen die Mäuse. Schüzt man die Samen gegen alle Luft, so verlieren sie die Kraft zu keimen, die sie sehr lange behalten. Reichart hat die schönste Tabelle darüber gegeben. Z. E. Kohlsamen kann 5=6 Jahre dauern, Erbsen 4 Jahre, Gurken 7=8, Sallat 3=4 Jahre. Bey Gurken, Melonen und Kürbißarten hat Hofrath Beckmann eine kleine Ausartung bemerkt, wenn sie zu früh gesäet werden.

Bey sehr kleinen Samen läßt man vor der Aussaat das Land fest treten, oder mit einem Bret fest schlagen, dann wird gesäet, und hierauf mit einer Harke überrechet, z. B. Thymian. Hat es nach der Aussaat stark geregnet, so muß das Land, wenns wieder trocken geworden, und der Same noch nicht gekeimt hat, mit einer Harke leicht überfahren werden.

Nicht alle Gartenpflanzen werden durch Samen, sondern durch Keime und Ableger fortgepflanzt, z. E. Zuckerwurzeln, Artischocken, weil einige Pflanzen bey uns nie Samen tragen, bey andern derselbe nicht reif wird. Zu den ersten gehören die Schalotten, die nie bey uns blühen. Der Kartoffelsamen wird nicht alle Jahre reif. Einige kann man doppelt fortpflanzen, und man veredelt die Art, wenn man sie aus Samen bauet, wo sie weit schöner werden. Zuckerwurzeln haben meist in der Mitte etwas hartes, das man nicht essen kann, man zieht sie daher aus Samen

Samen, der im October gesäet, und die Pflanzen im Frühjahr eben so bald da sind, als die aus Keimen gezogene.

Verpflanzen der Küchengewächse geschieht theils, weil sie zu dicht wachsen, theils aber und vorzüglich, weil sie da am besten gerathen, obgleich durchs Versetzen das Wachsthum der Pflanzen ein wenig aufgehalten wird, daher solche Pflanzen, die für unsere Sommer zu kurz sind, nie verpflanzt werden sollten. Alle Verpflanzung geschieht Abends. Das Eintauchen der Pflanzen in Mistbrühe ist durchaus unnütz und nicht selten für sie verderblich, indem es die Fäulniß erleichtert. Hingegen ist es nöthig, die Pflanzen sogleich zu begießen, nur darf man das Herz nicht beschädigen, indem sonst nie etwas aus der Pflanze wird, und das Laub darf nicht naß gemacht werden.

Das Begießen ist nichts anders als der Stellvertreter des Regens, bey den Gartenpflanzen am nothwendigsten, weil die Gartenerde (Humus) am meisten von der Dürre leidet. Am besten geschieht das Gießen im Sommer Abends. Kann jedoch eine Pflanze nicht so lange warten, so nimmt man eine Ruthe oder Strohwisch, und besprengt sie ein wenig. Im Frühjahr und Herbst gießt man des Morgens, denn es kommen oft sehr kalte Nächte.

Ist kein Bach in der Nähe, so kann man einen Teich anlegen, dessen Boden aber mit Thon ausgelegt wird. Will man das nicht, so muß

muß ein Brunnen gegraben werden. Die Gärtner behaupten, das frische kalte Wasser schade den Pflanzen, allein dies hat keinen Grund, denn die Erfahrung lehrt das Gegentheil, man darf nur kein Wasser zum Begießen nehmen, welches in einem hohen Grade der Fäulniß begriffen ist.

Mist und Treibebeete giebt es a) freye, die nur einen Sommer dauern, wenn man noch späte Melonen ziehen will. Besser sind b) die eingesenkten, die mit einem Kasten eingefaßt verschloßen werden können. Durch sie kann eine größere und anhaltendere Wärme bewirkt werden, als man im Klima hat. Ihre Absicht ist 1) die Erstlinge zu ziehen, 2) später bis in den Winter noch etwas grünes zu haben, 3) solchen Pflanzen Schutz zu schaffen, denen unser Klima zu rauh ist, 4) den Gewächsen einen beßern Geschmack zu geben.

Die Vorfahren hatten die Gewohnheit queer vor Norden eine Mauer zu ziehen, und neben hin auch eine andere gegen Osten herum, die Treppenweise gemacht worden. Diese Einrichtung taugt nicht. Solche Mistbeeten liegen viel zu dumpfig. Eingeschloßene Luft und feuchter Boden sind ihnen durchaus schädlich, es darf nie eine Dachtraufe dahin geleitet werden. Am besten ist den Platz etwas hoch zu wählen, und zwar einen etwas kiesichten. Der Gärtner muß nahe bey denselben seyn. Die Erde eine solche, die lange keine Pflanzen getragen, die beste ist die unter einem grünen Rasen von der Wiese, Schlamm

Schlamm aus den Gruben, wenn er sich gekörnt hat. Man muß durchaus einen Erdbehälter haben, ein paar Jahr daran sammlen, und wenn man eine Schuppe hat, die Erde darunter bringen. Ruhig darf sie nicht liegen, sondern man muß sie zuweilen umwerfen damit sie nicht vom Unkraut entkräftet wird. Statt der Gerberlohe nimmt man Eichenblätter wie auch andere, und macht verschiedene Lagen davon zwischen dem Mist.

Zu den Kästen ist altes Tannenholz das beste, das mit Oel angestrichen wo den. Eine Bedeckung ist nöthig, die Nässe abzuhalten, die Wärme zu erhalten. Die besten sind freylich die Fenster, welche aber die Sache sehr vertheuern. In Frankreich und Elsaß nimmt man gläserne Glocken, aber diese sind a) zerbrechlich, b) laufen in kurzer Zeit an, und werden undurchsichtig, da unter den Fenstern die Pflanzen Freyheit haben sich selbst auszubreiten, besonders die rankenden: Gurken, Melonen. c) Man verliert bey der Glocke mehr Raum, doch sind sie für einzelne Pflanzen gut.

Zu den Rahmen der Fenster ist alles Tannenholz das beste, alle müßen von einerley Gröse seyn, damit sie auf jedes Beet passen, die Glasscheiben durchaus eingekittet werden, welche von gekochten gemeinen Leinöl Bleyglätte, kleingeriebene Kreide und Bleyweis gemacht, und wenn sie dicke, noch etwas dicker Terpentin hineingeworfen wird, bis man es mit den Fingern drücken kann, und in einer Blase im Keller aufbewahrt wird.

ar Th.   B   Die

Die Fensterscheiben sollen dazu dienen die Sonnenwärme zu vermehren. Die Sonnenstrahlen vermögen am meisten, wenn sie rechtwinklich auffallen, daher die Fenster nicht horizontal liegen dürfen, sondern schräg und zwar soviel, daß die Sonnenstrahlen den Sommer über senkrecht darauf fallen.

Zu Pflanzen sind sie von 4 - 5 Zoll hinlänglich breit, zu Gurken und Melonen 7 Zoll. Des Nachts bedeckt man sie mit Matrazen von Rockenstroh oder Schilf. Sie müßen an allen 4 Seiten etwas überschlagen, um den Regen abzuleiten. Auch aus Kuhhaaren kann man die Matraze machen lassen. Aber bey einem starken Regen saugen sie zuviel Wasser ein, und zerdrücken das Fenster. Zuerst muß man gehörigen Mist und zwar Pferdemist haben, er muß ausgeklopft und geschüttelt werden. Hat man nicht Pferdemist genug, so werden die Mistarten sorgfältig gemischt, auch Loh und Baumblätter darunter gethan. Er muß gleich hoch zu liegen kommen, denn wird er mit Füßen getreten, der Kasten darauf gesezt, Erde soviel nöthig hineingethan und gerade gerechet. Einige Gärtner begießen die Erde noch einmal mit Wasser, das taugt aber nichts, denn die Mistbeete dampfen nachher zu stark, so daß fast alle Pflanzen darauf zu Grunde gehen. Sind die Mistbeete gut angelegt, welches in einem Tag geschehen, so erfolgt die Gährung in 2, 3, 4 - 8 Tagen, daß man kaum die Hand darin erhalten kann. Es kann auch erst in 10 - 14 Tagen die Wärme nach einem warmen Regen erfolgen. Wenn die Beete besäet sind, so ist alles in Gefahr zu verbrennen. Bey diesem Unfall ist

ist das einzige Mittel hin und wieder Luftlöcher einzubrechen bis auf den Dung herunter. Die Dünste hängen sich ans Glas an, wodurch sie verwittern und wenig mehr taugen. Daher die Fenster mit einem Schwamm zuweilen abzuwischen, welches dadurch erleichtert wird, wenn die Fenster oben und unten auf beyden Seiten passen. Hat ein Mistbeet eine Zeitlang gebauert, so nimmt die Fruchtbarkeit ab. Um das zu hindern wird von auſſen Mist angelegt, auch Gräben voll Mist um diese gefüllt. Das Begießen muß mäßig geschehen. Der Gärtner muß wißen, wie er die Pflanzen auf den Mistbeeten folgen laſſen soll, und welche Pflanzen nebeneinander gezogen werden können. Z. B. Melonen wollen keine Luft, Vizebohnen und Wurzeln verlangen viele. Möhren, Radiſſe und Sallat sind gemächlich nebeneinander zu ziehen.

Einige schädliche Dinge bey den Mistbeeten sind a) die Kälte. In den nördlichen Ländern sezt man Feuerbecken mit Kohlen über das Mistbeet. In Holland hat man eiserne starke Polzen, die man glühend macht, und in die vier Ecken vors Mistbeete steckt. Dieses lezte ist im Winter das beste. b) Schwämme Champignons zeigen, daß die Erde sauer geworden, man muß sie sogleich herausnehmen, und da, wo die Schwämme stehen, frische Erde einlegen. Sind sie am Holz, so müſſen sie abgekrazt, die Stelle verscharret, oder mit Kreide abgerieben werden. c) Vögel, man darf in Abwesenheit nicht zu viel Oefnung laſſen.

Zweiundzwanzigstes Kapitel.

Gartengewächse.

Die Eintheilung der deutschen Gartenkräuter ist folgende. 1) Kohlgewächse Olera, deren Blätter zur Speise dem Menschen, die Strünke dem Vieh dienen. 2) Wurzelgewächse Radices, deren Wurzeln eßbar sind. 3) Zwiebelgewächse Bulbosae, welche genießbare Zwiebeln haben. 4) Sallatgewächse Acetaria, deren Blätter ungekocht können gegessen werden. 5) Schotenfrüchte Legumina, deren genußbare Samen in Schoten wachsen. Aepfelkräuter Cucurbitaceae, deren Aepfel eßbar sind. 7) Spargelkräuter Turiones, deren aus den Wurzeln kommende Sprossen gespeiset werden. 8) Blumenfrüchte Disci, deren Blumenboden eßbar sind. 9) Beerenkräuter Bacciferae, die der genießbaren Beeren wegen gepflanzt werden. 10) Gewürzpflan-

zen

gen Condimenta, die zur Würze der Speisen dienen.

Der Rathsmeister Reichart in Erfurt sowohl in seinem Land und Gartenschatz, als Pastor Lüder in seinen Briefen über die Bestellung eines Küchengartens haben unter allen Schriftstellern das beste geliefert, was wir über Gartengewächse haben, nichts destoweniger waren auch diese theils zu weitläufig, theils haben sie besonders der erstere mancherley Unrichtigkeiten, die einen Liebhaber nur zu sehr irre führen können; ich habe deswegen, um gegenwärtiges Buch nicht zu gros zu machen, im Verlag des Herrn Buchhändlers Pech zu Frankfurt am Mayn, ein besonderes Werk über die Gartengewächse geschrieben, welches zwar aus Reichart, Lüder und andern neuern zum Theil genommen, zum Theil aus meinen Erfahrungen geleitet an Kürze, Gründlichkeit und Deutlichkeit die vorhergehende zwar nicht entbehrlich, doch minder kostbar machen soll.

Dahin verweise ich meine Leser, und will daher nur die ländliche Gartengewächse abhandeln.

1) **Kohlgewächse.** Kraut, Kappus, weißer Kopfkohl.

In Erfurt trägt ein gut gerathener Acker mit Kraut 76 Thaler ein.

1) Das Land, auf den Kraut gebauet wird, muß gut gedüngt werden, auch ein Jahr ums andere gepferchet, oder mit Schlammerde überfahren seyn. Herr Rentmeister Brenken in Nie-

Niederklingenburg im Paderbornischen hat zu seinem Krautland einen ausgetrokneten Teich genommen, und versichert doch, wenn er dieses Land nicht von den Schafen pferchen ließ, bekäme er die schöne Köpfe nicht, die ich in den Michaelisferien 793 da bewunderte.

2) **Die Beschaffenheit der Lage des Krautlandes.** Es muß der Sonne ganz blos liegen, und immer beschienen werden. Am Berge würde das Kraut, so wie im hizigen Thal verbrennen; im feuchten, naßen, sumpfigen Ort ersaufen. Also im freyen Feld will es stehen, nicht an Gebäuden, nicht auf einem Land, das mit Bäumen besezt ist, nicht von Hecken umgeben, die ganz hellgrüne kleine Raupe, die keine Haare hat, frißt sonst die Blätter des Hauptes, so wie eine dunkelgrüne harigte größere Raupe die äussern Blätter des Stocks verzehrt. Doch verlangt das Krautland ein nahes Wasser zum Begießen. Daher das Dorf Tüttleben bey Gotha so schönes weit bekanntes Kraut bauet, und es ist eine wahre Lust am Abend die Tüttleber mit ihren Sprüzkübeln das Wasser in die Höhe schleudern zu sehen, damit es sich in die kleinsten Tropfen zertheilt wie Sprühregen herablaßen kann.

3) **Die Bearbeitung des Feldes.** Das Kraut bedarf vieler Säfte. Es muß auch fest wider die Winde, also tief stehen und wurzeln; das Krautland muß einen halben Schuh tief umgegraben werden und zwar zweymal. Einmal vor Winter in großen Stücken, das
zwey-

zweytemal 14 Tage vor der Verpflanzzeit gedüngt, umgegraben, und mit dem Karst Stufen oder halb Schuh tiefe Löcher, die einen Schuh breit, 3 Schuh von einander abstehen, gehauen werden ꝛꝛ

4) **Die Düngung.** Ein Beet von 120 Quadratschuhen bedarf jährlich einen guten Wagen Dung. Einige glauben, man dürfe nicht zuviel thun, die Erfurter hingegen düngen ausserordentlich, und ich glaube auch, daß das Kraut den Dung am besten vertragen kann. Vor Winter ist's am besten zu düngen, und gleich unterzugraben.

5) **Krautsaamen.** Die größten und festesten Häupter, die die meisten und größten Blätter, die längsten und dicksten Dorschen haben, wo Haupt, Blätter und Dorschen am mildesten und eßbursten sind, die weit einlaufen, deren Blätter keine große dicke harte Rippen haben, deren Häupter schön weis und gelb sind, wähle man zum Samenkraut; will der Samenstengel nicht aus dem Haupt heraus, muß es vorsichtig übers Kreuz geschnitten und nach einigen Tagen immer nachgeholfen werden, damit nicht an den Seiten die Triebe heraustreten. In der Nähe darf kein anderer Kohl stehen, keine Hecken und Bäume, sondern ein steter Wandel vorübergehender Menschen seyn, damit die Vögel verscheucht werden. Um die Erdflöhe zu vertreiben muß Asche 2-3 Tage aufgestreuet, oder öfters mit Wasser besprenget werden. In der

der Mitte des Märzes werden sie aus den Kellern ins Land gebracht.

6) Man säe im März, weil die Erdflöhe noch nicht da sind. Vor dem Frost lasse man sie mit frischen Strohmist oder Tannensträucher bedecken, weswegen man von einer halben Elle zur andern Stecken in Bögen steckt, um das Reißig darauf zu legen. Im Schatten fressen die Erdflöhe nicht. Die Saat geschiehet in Reihen eine gute Spanne weit voneinander.

7) **Die Sez- oder Pflanzzeit.** In den ersten Tagen des Maymonats verpflanzt man. Früh verpflanzt giebt vollkommene Köpfe, und sichert im Herbst vor Frühfrost. Ist die Pflanze eine Viertelelle lang, hat 4-6 Blätter, die Stiele so dick wie Rabenkiele, so werden sie entweder Abends spät, wenn die Hitze nachläßt, oder zur Regenzeit und zwar 1, 2, 3 Stunden nach dem Regen gepflanzt, damit es nicht zu schmierig ist. Die Stufen müßen 8-14 Tage ja noch eher gemacht seyn. Wie sehr fehlen diejenige, die erst zu Johannis pflanzen. Sie wenden zwar ein, daß sich das Kraut doch nicht früher schließet als gegen den Herbst, allein das Kraut wird größer, gewinnt mehr an Blättern.

8) **Die Art zu pflanzen.** Ehe man die Pflanzen herausnimmt, muß das Beet ½ ja ¾ Schuh tief wohl durchnäßet werden, nach einer halben ja ganzen Stunde ziehe man erst die Pflanzen mit der Hand aus, oder mit den Grabescheit, lege sie sanft in den Korb, damit noch

Mut-

Muttererde daran bleibt, und seze sie: Man kann Sallat auch Runkeln zwischen 4 Krautpflanzen sezen.

9) **Pflege des Krauts bis zu seiner Ausnahme.** In jede Stufe wird Gyps, Salzbözig wider die Hasen gethan, man behäufelt jeden Stock mit Erde bis an die Blätter, ja man nimmt die Erde von den Runkeln, und bringt sie ans Kraut. Jemehr Erde angehäufelt wird, desto mehrere Wurzeln entstehen, jemehr Wurzeln, desto größere Ansaugung, desto mehr Nahrung, desto größer die Frucht. Das Abblatten muß nicht gewaltsam geschehen. Die Raupen werden durch herumgepflanzten Hanf, Salz und dergleichen vertrieben. Die Stöcke können mit großen Nuzen mit Waschseifenwasser begossen werden.

10) **Die Art der Wegnahme des reifgewordenen Krauts.** Der Kohl wächst dann erst recht, wenn die Tage kurz und die Nächte lang werden. Das Kraut darf nicht naß, nicht gefroren, sondern trocken an einem warmen Herbsttag in die Scheune gebracht, die Köpfe abgenommen, auf Bretern einzeln gelegt werden. Einige lassen den Strunk nebst den Blättern stehen, einige hauen den Strunk am Boden ab, noch andere reißen den ganzen Stock aus.

11) **Nuzung der Häupter, der Blätter und Dorschen.** Hat das Kraut einige Tage gewelkt, oder es ist trocken mitten

im

im Tag bey anhaltender Wärme eingebracht worden, so werden entweder die Blätter, die den zu vielen Saft verloren haben, gefüttert, oder fürs Vieh als Sauerkraut eingemacht. Ich kenne Pächter, die nur dann ihre Jahres-Butter und Jahres-Käse machen lassen, wenn die Krautblätter gefüttert werden. Vom eingemachten Kraut erzählt Pastor Knecht folgendes:

Landwirthe, damit sie alles mindeste in der Wirthschaft zum besten nuzen, und das kurze Futter ihrem Vieh noch schmackhafter machen, schneiden die Blätter von Kohl, Kappus, Mangold, wozu auch die von den Burgunderrüben schicklich sind, welche sie im Herbst sammeln können auf dem Hechselstuhl grob, treten das geschnittene in Fäßer ein, doch so, daß auf jede Lage Kraut ein wenig Salz gestreuet wird, beschweren es, und giessen Wasser darauf gleich dem sauren Kraut, so für die Menschen bereitet wird. Ich habe dergleichen eingemachtes Kraut gesehen, welches durch den Winter so eingefroren war, daß man nichts davon nehmen konnte, nachmals im Frühjahr war es dem Rindvieh das angenehmste Futter.

Was soll man mit dem erfrornen Kraut machen? Ich habe es nun 2mal erlebt, und zwar 1786 und 91. Es kamen Fröste, allein der erfahrne Landwirth hatte es schon vom sel. Grosvater gelernt, daß diese nicht schädlich seyen, sondern daß das Kraut nach erlittenem Froste erst recht gut und süß werde. Allein auch hier
sollten

sollten die Empiriker wieder zu Schanden werden. Zwischen dem 12ten und 13ten November 86. kam ein so schrecklicher Frost, als der Frost zu Anfang Jenners seyn kann, und hielt noch den folgenden Tag an, dadurch erfror das Kraut bis auf das innerste Blatt. So sah ich auch 791 besonders viel in Niedertrebra.

 D. Anton in Görlitz schrieb: Mich traf dieser Zufall auch sehr stark. Mehr als 700 Schock großes Kraut, wovon ich doch das Schock um acht Groschen verkauft hätte, macht 233 Rthlr. 8 Ggr. gieng mir ganz zu Schanden. Es war traurig anzuschauen, wie das volle Kraut so elend da stand, und mancher, zumal nah bey den Städten, vielleicht den größten Theil seiner Jahreseinkünfte verlor. Nun entstand die Frage bey den Oekonomen, ob man denn mit diesem Kraut, das zu stinken anfieng, gar nichts machen könne? — Die alten Praktiker wusten nichts davon, von den Vorfahren war nichts ähnliches überliefert worden, und der hundertjährige Kalender hatte nichts davon in den Planeten gelesen. Die mehresten versuchten es, da der Gestank, nachdem der darauf gefallne Schnee vergangen, und alles wieder aufgethauet war, sich aus dem Kraute gezogen hatte, dasselbe mit dem Rindviehe zu verfüttern, und dieses fraß es gern. Auf einmal erhob sich in der Meißner Gegend ein Viehsterben, das durch eingebrachtes ungesundes fremdes Vieh war verursacht worden, und die Aerzte fanden bald die Krankheitsquelle in der Fütterung des erfrornen Krauts, und brachten es wirklich dahin,

hin, daß mancher Wirth ihrer Beweislosen Theorie Glauben beymaß, sein Kraut nicht verfütterte — auch nicht in den Mist werfen — sondern gleich den boshaften Selbstmördern in ein Loch auf einem Anger vergraben ließ. Wer klüger seyn wollte, ließ es abhacken, und auf den Acker verfaulen, so machten es auch die Niedertrebraer Anno 791. Mir schien das Kraut sehr unschuldig an dieser Pestilenz zu seyn, und ich dachte, wäre es schädlich, so würde es mein Vieh nicht so begierig fressen. Ich ließ also mein Kraut Wagen voll herein holen, und ins Brühfutter thun; meinen Kühen schmeckte es gut, und keine ward krank, oder bekam einen Zufall, den man auf Rechnung des Krautes hätte schreiben können. Allein ich war doch nicht im Stande es ganz zu verthun, ein großer Theil blieb auf dem Felde, wo es durch wiederholte Fröste und Schnee ganz unbrauchbar ward, alle Kräfte und Säfte verlor, und am Ende abgehackt, und mit untergeackert werden mußte. Ich machte einen Versuch, und ließ ein Faß voll schorpen und mit Salz fürs Vieh einlegen. Man lachte über mich, versicherte mich, es würde nichts daraus, alle Mühe sey verloren, und ich ließ mich abschrecken, mehr zu thun. Jezt bedaure ich es. Dieses eingelegte erfrorne Kraut ist ein vortrefliches Futter, hat einen sehr angenehmen Weingeruch, und wird von dem Vieh gern gefressen. Hätte ich mehr eingelegt, so würde ich jezt das noch als Sauerkraut füttern können, was auf dem Felde nicht genuzt werden konnte. Einige Wirthe haben den nemlichen Versuch gemacht, und so bewährt gefunden, als ich,

ja

Gartengewächse. 29

manche haben Sauerkraut für Menschen daraus gemacht, das recht gut war, nur etwas weichlicher schmeckte. Das will ich mir merken, und wenn mir mein Kraut wieder erfrieren sollte, es nicht umkommen lassen, es nicht vom Felde weg verfüttern, sondern fürs Vieh einsalzen, und wenn mir ganze Gesellschaften von Aerzten eine Viehseuche daraus vortheoretisiren wollten. So weit D. Anton.

Winterblattkohl

ist nichts anders als grüner Wirsing am Ende Julius gesäet, nach Michael 1/2 Schuh ins Quadrat im Schatten unter Bäume gepflanzt, daß die Blätter ein paar Zoll über der Erde sichtbar bleiben, wird so lange zur Speise geblattet, bis man Erbsen, Bohnen und junge Wurzeln hat. Dann werden neue Pflanzen dahin gesäet, und die vorigen an das Vieh verfüttert. Reichart versichert, daß er alle Jahre vier und mehrere Aecker damit gepflanzt, viel Geld gelöset, und sein Vieh habe gute Nahrung zulezt gehabt.

Blumenkohl

ist die delikateste Art. Er wird von den Gärtnern theils vor Winter theils im Februar gesäet. Die im Februar gesäeten kommen nicht aus dem Mistbeete, wenn die Pflanzen Samen tragen sollen. Lange Zeit hat man den Samen aus Italien kommen lassen, daher der Cyprische, Asiatische Blumenkohl. Die im August gesäete werden gegen Michaelis verpflanzt, und gehörig bedeckt, im Frühjahr tragen sie Köpfe und im Som-

mer Saamen. Blumenkohl liebt einen sehr
freyliegenden Garten und in diesem die erhabensten Plätze.

Den Landwirthen rathe ich einer meiner
Blutsfreundinnen nachzuahmen. Diese säet ihren Blumenkohlsaamen 8 Wochen vor Johannis,
und verpflanzt ihn mit andern aufs freye Feld.
Niemand in der ganzen Gegend um Mechterstedt
hat derbern und weißern Blumenkohl, als sie.
Die Früchte, sagt schon Palladius, gerathen
nicht besser, als auf einem offenen freyen und
gegen die Sonne schräg liegenden Platz. Am
augenscheinlichsten trift das bey dem Blumenkohl ein. Dieser geräth in einem eingeschlosse-
nen Garten nie so gut, als auf dem freyen
Feld, denn in einem Garten ist die Sonnenhitze stärker, als auf freyem Felde, der Käse
des Blumenkohls wird folglich durch diese stärkere Hitze vor der Zeit auseinander und in die
Blüthe getrieben, daß er also keine großen Käse
ansetzen kann.

Kohlrabi

wenn sie frühzeitig verpflanzt überhaupt so behandelt werden, wie ich bey dem Kraut gelehrt,
gelangen sie zu einer ziemlichen Größe. Herr
Amtmann Fröbing baute in Ehrenstein eine
Englische Glaskohlrabi unter andern und zwar
durch Gyps und Schafmist, die 13 ℔ wog.
Herr Consistorialrath Cellarius in Rudolstadt
hat sie erhalten, weil er daran zweifelte. Der
Winterkohlrabi wird in England sehr häufig
zum Futter gebraucht.

Win-

Gartengewächse. 31

Winterschnittkohl

und Kohlrubensaamen ist eins. Ersterer wird nur am Ende Julius gesäet. Wenn der Schnee weggeht, kann er zur Speise abgeschnitten werden, und dies alle 10 - 14 Tage.

Kohlruben

Zum Saamen nimmt man die beste stärkste, am wenigsten zackigte, die oben eine dünne röthliche Schale haben. Den Saamen säet man mit den gewöhnlichen Gartensaamen, damit man die Pflanzen gegen das Ende Mayes versezen kann. Sie dürfen nicht zu tief in die Erde gesezt werden, sondern wie sie vorher standen, und warte sie so, wie das Kraut. Sie verlangen keinen gelinden, sondern starken und schwarzen Boden. Frische Düngung fodern sie nicht, doch muß der Plaz das Jahr vorher gedüngt seyn, z. B. einen Gerstenacker, oder der das Jahr zuvor Kraut trug. Im neuen Erdreich gedeihen sie am besten, auch im Torfboden. Behacken muß man sie gleich, wenn die verpflanzten Sezlinge anfangen zu wachsen, dann noch dreymal, zugleich muß das Unkraut mit der Hand ausgezogen werden.

In Mechterstedt wird Kohlrubensaamen zum Theil erst im August gesäet, auch im Herbst die kleinsten Kohlruben aufbewahrt, und im Frühjahr verpflanzt, weil sie denn nicht in Saamen gehen, und die Blätter davon als ein herrliches Gemüse gegessen werden.

Die

Die Blätter fürs Vieh nehme man nicht eher ab, als bis sie von selbst gelb zu werden anfangen, füttere sie grün oder trokne sie. Die Kohlruben sind für Menschen und Vieh ein vorzügliches Gewächs. Sie lassen sich in einem guten Keller in troknen Sande wohl eingepakt bis gegen den Frühling aufbewahren, ich habe in diesem troknen Sommer bey dem Herrn Rathsmeister Volkhardt zu Salzungen von 10 · 15 ℔ schwer gesehen, die im Sand gewachsen waren.

Wenn sie gekocht sind, schüttet man sie hernach in ein Gefäß, rührt sie mit einem stumpfen Besen eine Zeitlang brav durcheinander, bis das Wasser ganz schleimicht ist, und gießt es dem Melkvieh aufs Futter, so vermehrt es die Milch ganz besonders. Zur Mastung sind sie ganz besonders, weil sie viele Mehltheile enthalten, wie denn auch nach des Herrn D Glaser's in Suhla Vorgeben nicht nur Brod, sondern viel angenehmer als Kartoffelbrod schmecken soll, auch diesem an Güte weit vorzuziehen sey.

Man läßt nämlich die Kohlruben sauber waschen, die äussere Schale abschneiden, wie man sonst thut; wenn man sie zur Speise braucht, sie werden in kleine würflichte Stückchen zerschnitten, in Sieben trocken gemacht, damit sie recht dürre gemahlen werden. Zu einem ℔ dieses Mehls kommen 2½ Loth Sauerteig nebst etwas Salz gewöhnlicher maßen gebacken. Das Mehl läßt sich lange und gut aufbehalten, nur muß es vorhero recht trocken gemacht, an einem

trofnen

Gartengewächse. 33

troknen Ort hingestellt, oder sonst in troknen Gefäßen vor der Luft bewahrt werden, sonst wird es gerne feucht. Ehe die Würfel gemahlen werden, muß man sie über dem Ofen oder in einem Backofen oder an der Sonne recht hart und dürre werden lassen, sonst läßt sichs nicht gut mahlen. Das auf der Mühle übrige faserhafte Zeug behält man statt Kleien besonders. Wenn übrigens einige Menschen zu Blähungen geneigt sind, kann man ein wenig Feldkümmel, Fenchel, Coriander, Anis mit unter backen. Die Kohlruben werden über Winter mit dem Kopf auf den Sand gestellt, und so besser verwahrt, die Kohlruben des Herrn HofCammeraths Bühl in Coburg haben den Vorzug vor andern, weil sie 14 ℔ schwer werden.

Englischer Kohl, gelber Blattkohl, perennirender Kohl wird durch abgerissene Nebenzweige vermehrt, erfriert nicht, sondern drückt sich an die Erde, wird meist an den Rabatten und zwar an den Mauern weggepflanzt, seine gelbgrüne Blätter werden im Frühjahr als Schnittkohl gegessen.

Das Aufbewahren zum Winterfutter verträgt der sogenannte Jesuiter Kohl, wie ihn Herr von Pfeiffer nennt Brassica maxima canadensis, dessen Saamen diese Väter aus Amerika mitgebracht haben sollen. Er erreicht Mannshöhe, ist perennirend, kann sehr oft geblattet werden, und liefert am Ende doch eine Menge ölreichen Saamens. Im Göttinger ökonomischen Garten erreicht er eine Höhe von 6 Schuh. Die untern Blätter erhalten eine Länge von

2r Th.   C   mehr

mehr als vier Schuh und eine Breite von 2 Schuh. Er muß oft und stark behäufelt werden. Die Blätter geben eine zwar nicht vorzügliche aber doch nicht unangenehme Speise, und wegen der Menge derselben ist er zur Fütterung gut, aber er leidet, wie die meisten Kohlarten von der Kälte.

Um nun alle Kohlgewächse den Winter über fürs Verfaulen zu bewahren, und sie gleichwohl dem Vieh schmackhaft zu erhalten ist kein besseres, als das schon vom Freyherrn von Hohenthal in seinen Oekonomischen Nachrichten bekannt gemachte Mittel, die Kohlgewächse samt den Strunken klein zu stampfen, und gleich dem Sauerkraut einmachen und mit Salz vermischen zu lassen. Die Anwendung dieses Mittels ist wenig Unkosten unterworfen. Man gräbt im Stalle selbst an einem schicklichen Ort ein Bierfaß in die Erde, füllt es wechselsweise mit klein gestampften Kohl und Salz an, stampft alles fest ein, und beschwert den Deckel mit Steinen; soll dieses Sauerkraut gefüttert werden, so nimmt man jedesmal soviel nöthig heraus, vermischt es mit ⅓ Heckerling von Sommerstroh, und bereitet daraus dem Vieh schmackhafte und gedeihliche Mahlzeiten.

Göttingen bauet seines Salpeterlandes wegen beynahe nichts als Kohl. Ich verweise hier die Leser was nach dem Spargel stehet.

2) Wurzelgewächse

leiden keinen frischen Dünger, berührt die Wurzel den Mist, so giebt es Nebenzacken. Frische und

und starke Düngung treibt das Kraut in die Höhe, die Kraft des Düngers geht ganz in die Blätter, die Wurzel bleibt klein. Ist aber das Land fett, und nicht eigentlich mast, so vertheilt sich die Kraft in beyde, das Kraut wird ansehnlich, und die Wurzel zugleich stark. Sie gedeihen nicht in niedrigen feuchten Böden, verlangen tiefes, tiefgegrabenes Land und zwar vor Winter, ist das Land nicht fein und klar, und die Wurzel kömmt auf eine harte Erdscholle, so theilt sie sich ebenfalls. Der Saame darf auch nicht von zackigten Wurzeln genommen werden. Sie müßen ganz frisch, nicht abgetroknet ins Winterbehältniß gebracht werden, das unten einige Zoll Sand haben will, dann können die Wurzeln mit einem Fuß hoch trockenen Sand um sie vor Frost zu sichern beschüttet werden.

Die Wurzelgewächse werden in Spindelförmige und knollige eingetheilt.

Meerrettig.

Mir ist keine Frucht bekannt, die soviel einbringt. Der Arbeit ist wenig, und bestehet in Bearbeitung der Erde, Pflanzung der Wurzeln, Ausjäten des Unkrauts, Abputzen der Seitenäste, Ausheben der Hauptwurzeln, und Aufbewahrung der Setzlinge.

Keine Raupen schaden dieser Frucht, keine Erdflöhe zerstören sie, kein Hagel schadet. Jena gewinnt jährlich etwas ansehnliches. Das Mandel kostet 5 gr. und werden ganze Fuhren nach Gera und andern Orten verführt. Er ist besser als der Erfurtische. Auf der sogenannten In-

Zweiundzwanzigstes Kapitel

sel und an der Oelmühle wächst der schmackhafteste.

Er verlangt einen recht fetten starken Boden, keinen sandigen oder morastigen, am besten einen das Jahr zuvor rejolten und stark gedüngten Acker jedoch nicht mit frischem Mist, weil sonst die Wurzeln fleckig werden, oder man grabe recht tief, reinige das Feld von Steinen, Unkraut, besonders von Quecken. Alle sechs Jahre verändert man den Standort.

Ist das Land im Herbst gehörig zubereitet, so werden im Frühling drey Schuh breite Beete nach der Schnur abgestochen, diese in 3 schmale Streifen abgetheilt, wovon der Mittlere 18 Zoll die übrigen 9 Zoll zur Breite haben. Die 9 Zoll breiten Streifen 8 Zoll tief ausgegraben, und damit der mittlere 18 Zoll breite 8 Zoll erhöhet und rundlich gemacht. Der mittlere Streifen dient zur Pflanzung, die Gräben zu Fußsteigen und Erhaltung der Feuchtigkeit.

Um die Mitte des Aprils geschiehet bey trockener Witterung die Pflanzung. Die Wurzeln sind dann gut, wenn sie die Stärke einer Schreibefeder höchstens eines kleinen Fingers und 10 - 16 Zoll zur Länge haben, dabey glatt und gerade gewachsen sind. Jeder der zwey Pflanzer nimmt ein Schock der über Winter im Sande aufbewahrten Setzlinge, giebt jedem Setzlinge, der von allen Wurzelfasern gereiniget ist, an beyden Enden einen frischen Schnitt, bohrt mit einem glatten runden, eines Fingers dicken

und

und 18 Zoll langen Stock in das erhöhete Beet alle 10 Zoll auseinander ein wagerechtes und nur gegen 3 Zoll mit Erde bedecktes Loch, worein die Wurzeln der Länge nach hineingeschoben, das stärkste Ende ein wenig hervorragt, so daß die Wurzeln nicht gegen, sondern zwischen einander liegen, und einen Raum von 5 Zoll haben. Auf ein Beet oder eine gevierte Ruthe zu 256 ☐ Schuhen kommen 6⅔ Schock oder 408 Stück Sezlinge.

Die Seitenwurzeln darf man nicht dulden, deswegen entblöset man im Julius die Meerrettigwurzel von der Erde, schneidet alle Nebenwurzeln sauber weg, und bedeckt sie von neuem mit Erde. Die Stangen werden dadurch glatt, und erhalten die Dicke von 2 Zoll.

Nutzung. Von den 408 Sezlingen sollen nur 300 Stück fortkommen, das 100 zu 12 gr. trägt eine Quadratruthe 1 1/2 Thaler, mithin 75 Quadratruthen 112 1/2 Thaler.

Möhren.

Die beste Zeit die Möhren allein, oder Möhren und Anis zusammen zu säen ist, sobald der Schnee die Erde verläßt, etwa den 9ten März. Man läßt den Acker vor Winter graben oder pflügen, der im vorhergehenden Jahr wohl gedünget gewesen, weil in frisch gedüngtem Land die Möhren nicht leicht gerathen, indem die Erde zu locker keine Feuchtigkeit hält, die Möhren vom Dung auch fleckigt und unschmackhaft werden.

Man nimmt 1 ℔ Möhren, die dürre gemacht, so lange mit den Händen gerieben werden, bis die Körner von ihren Stacheln gesäubert nicht mehr zusammenhängen. Mit diesem ℔ Möhren werden 12 Nößel Anis gemengt, man säet solche bey stiller Luft, läßt das Land mit der Egge doppelt bestreichen, damit der Acker klar, und der zarte Same eher durchbrechen kann. Bey trockener Witterung liegt der Same ein Vierteljahr bis 16 Wochen. Bey warmer feuchter Witterung geht er nach 9 - 10 Wochen auf. Sind die Möhren 1 1/2 Zoll lang, so wird mit Behutsamkeit gejätet. Anstatt das zweytemal zu jäten ist es sehr nützlich die Möhren umzuhacken, und rund herum die Erde aufzulockern. Es macht zwar eine kleine Mühe mehr als jäten, trägt aber sehr viel zu einem guten Wachsthum bey, auch wo sie zu dick stehen, müssen viele ausgehackt oder ausgejätet werden, sie bleiben sonst klein, und geben weniger ins Gemäß, vornemlich muß man auf guten Samen sehen, der oft mehr Schuld als die Erdhöhe hat.

Auf einen Acker werden 140 - 180 Körbe Möhren gewonnen. Die Art Möhrensaft zu machen ist folgende.

Man lieset die schönsten ohne Rostflecken aus, schüttet sie in einen Kübel, gießt reines Wasser darüber, läßt etliche Stunden die daran hängende Erde weichen, wischt sie mit einem wollenen Lap-

Gartengewächse. 39

Lappen ab, wirft sie noch einmal ins Wasser, damit keine Unreinigkeiten unter den Saft kommen, hackt oder stößt sie klar, kocht sie so lange, bis sie sich mit den Fingern zerdrücken lassen, wozu 2 bis 2 1/2 Stunde gehören, preßt sie in einer Presse durch, bis keine Brühe mehr darin ist, schüttet die ausgepreßten troknen Möhren in einen Kübel. — Mit Wasser gemengt und Schrot darunter werden sie den Mastschweinen gegeben, wovon das Fleisch einen feinen Geschmack bekömmt.

Die ausgepreßte Brühe kocht man nun heftig, macht den Schaum fleißig herunter, bis sie anfängt zähe zu werden, dann macht man gelinderes Feuer so lange, bis sie anfängt zähe zu werden. Das Feuer wird noch gelinder gemacht, bis der Saft sich um ein Messer, das man hineintaugt, herumwickelt, dann ist er gerathen und wird in reine Töpfe gebracht. Ein klein wenig Brod bringt einen Topf in Gährung und verderbt ihn. Ein Korb voll Möhren giebt 1 Maas Saft.

Dieser Saft ist den Kindern sehr gesund, und vertreibt die Würmer. Den Alten ist er eine trefliche Brustarzney. Wenn Butter und Käse theuer sind, ist der Möhrensaft eine Abfertigung fürs Gesinde.

Wer neumelkende Kühe hat, und die Möhren klar stößt, unter den Heckerling mengt, bekommt viele Milch und Sahne.

C 4

Zweiundzwanzigstes Kapitel

In England füttern mehrere Oekonomen mit gutem Erfolg ihre Pferde statt des Habers mit Möhren und Salz, und empfehlen dieses Futter als sehr vorzüglich. Man füttert damit dreymal des Tages auf jedes Futter 8 ℔ gerechnet. Zu jedem Futter thut man 24 Loth Buchwaizenmehl, und 4 Loth Kochsalz. Man legt diese 8 ℔ nicht alle auf einmal dem Pferde vor, sondern vertheilt sie in 2 - 3 Theile, mit etwas Heu zwischen jeder Portion, wie man überhaupt alle Pferde füttern sollte. Das Salz unter den Möhren macht, daß die Pferde gern Heu fressen, und nicht soviel trincken, als wenn man sie mit Haber füttert. Dieses Futter erhält den Pferden einen guten Athem, Kraft und Stärke, und ist fast noch einmal so wohlfeil als Haber.

Im Gothaischen wird eine Klafter Holz für 40 Körbe Möhren gegeben, und der Korb kostet 6 gr.

Pastinaken

thun es den Möhren in der Fütterung zuvor, und können auch ohne besondere Aecker dazu zu widmen in Menge erzogen werden. Man säet sie mit Gerste vermischt aus, ist die Gerste zeitig und eingeerndtet, so lockert man das Land mit einer kleinen Hacke ein wenig auf, wodurch die kleinen Pastinaken Luft bekommen, fleißig wachsen, im Spätjahr, besser im Frühling ausgehoben werden, und als eine zuckersüße Wurzel roh, oder gekocht für das Rindvieh und Schweine ein Leckerbissen sind.

Gewi-

Gartengewächse.

Gemeine Ruben.

In dem Breisgau und Elsaß ist man auf die Anpflanzung der gemeinen weißen Rüben sehr versessen. Man hat derselben zweyerley, runde und länglichte, von welcher letztern Gattung man von 6 bis 7 ℔ auch noch schwerere sehen kann.

Mit diesen Ruben mästet man das Vieh, welches meistens nach der Mastung in das französische oder in die Schweitz, ohne daß dem Lande an seiner Nothwendigkeit etwas mangle, ja vielmehr, daß mehrere tausend Gulden fremdes Geld in das Land gebracht werden, verkauft wird. Die Kühe, wenn sie mit dem Kraut der Rüben in gehöriger Vorsicht und mit Rüben gefüttert werden, geben davon wohl Milch und Butter, beyde die Ochsen und die Kühe vielen und guten Dünger.

Man säet in Schwaben die Rüben auf eine Weise, die besonders verdient angemerkt und empfohlen zu werden. Mit dem Rübensaamen werden auch Erbsen, Wicken und Haber ausgeworfen. Geht dies zusammen auf, so haben die Rüben vor den Erdflöhen Schirm, und wird niemand den Rübenacker für das, was er ist, ansehen. Sind die Erbsen, Wicken und Haber bis zur Blüthe erwachsen, so werden sie herausgerissen, und dem Vieh verfüttert. Diese Weise die Rüben zu pflanzen ist in Rücksicht der Futtervermehrung sehr nützlich und einträgträglich; und wenn man düngt, werden die Rüben auch gros.

In den Weinbergen pflegen auch Einige Rubensaamen nach dem Felgen auszustreuen. Sie erlangen vollkommene und grosse Rüben, und machen einen Staat daraus.

In dem Breisgau machen die Rüben wegen ihres Ertrages in der Wirthschaft einen beträchtlichen Artikel aus. Durch die Rüben, welche man um den andern zu einem bessern Wachsthum zu verhelfen, aus dem Acker nimmt, und durch die Blätter, die von den Rüben im Acker häufig gesammelt werden, kann das Vieh lange Zeit gut gefüttert, und auch zur künftigen Mastung vorbereitet und angetrieben werden. Sind dann die Rüben ausgewachsen, so gehet erst die rechte Mastung an, ohne daß Früchte dazu verbraucht werden. Es gedeihet auch diese Mastung so treflich, daß Herr Pastor Knecht in einem Stall ein paar Ochsen gesehen, welche nach Genf verkauft worden, die auf 1900 ℔ geschäzt wurden. Was aber die Fütterung und Mastung des Viehes noch schäzbarer macht, ist die Menge und Güte des Dungs, so dabey gemacht wird.

In Schwaben sonderlich in Zeiten, wo die Früchte in hohen Werthe sind, kommt ohnehin das Mästen mit Früchten zu theuer zu stehen.

Die

Der das erste Accessit bey der Berliner Preisfrage über die **Stallfütterung** erhalten, hält die weißen Rüben wegen ihrer wässerichten Bestandtheile gut zu Vermehrung der Milch, aber nicht zur Mastung. Fürs erste ist kein Grund vorhanden, warum wässerichte Bestandtheile mehr als mehlichte die Milch vermehren sollten? fürs andere ist es irrig, daß sie nicht zur Mast taugen, und eben so irrig, daß die Möhren nahrhafter sind, und sich besser zur Mastung schicken. Es verhält sich just umgekehrt. Man schneide weiße Rüben in kleine Würfel, lasse sie troknen, und demnächst schroten, so läßt sich daraus ein beträchtliches an weisser Stärke, folglich an dem vortreflichsten Mehl ziehen. Man mache aber den Versuch an Möhren, so wird kein Mehl zum Vorschein kommen. Ausserdem heißt es der Leichtgläubigkeit der Menschen spotten, wenn die mästende Kraft der weißen Rüben geläugnet wird, da, wie oben erinnert, viele tausend wo nicht Millionen Malter zur Ochsenmastung gewiedmet werden, und die französischen Schlachter und Gerber einen mit Rüben gemästeten Ochsen am liebsten kaufen, und am theuersten bezahlen, weil das Fleisch von vorzüglichem Geschmack und die Häute sehr gut sind. Fürs Melkvieh sind die Rüben nicht so gut, als die Möhren, weil sie der Milch keinen vortheilhaften Geschmack geben.

Hinter Naumburg von der nakten Henne bis Halle werden die Rüben wie Tobacksblätter an Bindfäden gereihet, und an den Häusern aufgehängt, wo sie troknen, und die ich nach dem neuen Jahr noch so hängend antraf.

Zweiundzwanzigstes Kapitel

Märkische Rüben.

Die Märkischen oder Teltauer Rüben in der Nachbarschaft von Stendal und Teltau in der Mittelmark sind die delikatesten. Sie wachsen im sandigen mit Thon gemengten Boden. Der Same muß aber von Zeit zu Zeit aus der Mark geholet werden. Das Land wird mit einem Bret festgeschlagen, dann wird der Same eingesäet, und ein wenig bedeckt. Um sie zu erhalten muß man sie erst hinlegen, damit das Kraut welk wird, dann wird das Laub abgeschnitten, und die Rüben zwischen Sand in den Keller gebracht; schneidet man aber das Laub zugleich ab, so verlieren sie Saft und Kraft. Im Würtembergischen Journal der Gärtnerey werden sie, weil sie auch da gezogen werden, weitläuftig beschrieben.

Die Steckrüben müßen früh im May und weitläuftig gesäet, und, wenn sie wie eine Federkiehle, versetzt werden. Man zieht deshalb 8 Zoll breite Furchen, und setzt sie darein in Löcher, die man mit dem Pflanzenstecker gemacht hat. Man behäufelt sie nach und nach immer mit Erde, bis um jede Pflanze ein Hügel entstanden ist, so kommen sie zum Gewichte von einigen Pfunden. Sollen sie im November schon gegessen werden, so haben sie noch einen herben Geschmack. Sie halten sich auch im Winter, wenn er nicht gar zu kalt ist, und schmecken dann besser, als wenn man sie in Keller im Sande aufbewahrt hat.

Selle-

Gartengewächse.

Sellerie.

Dieses bis ins Frühjahr brauchbare Gewächs muß, sobald die Erde aufgehet, dünne und ganz flach in guten, fetten, feuchten, schwarzen Boden gesäet werden, und zuweilen sanft begossen. Knollsellerie besonders der Leipziger ist der beste. Unter acht Wochen geht er manchmal nicht auf, und wird in der Mitte des Junius verpflanzt. Aller Sellerie wird in einem fetten und feuchten Boden größer süßer und zärter als in einem trockenen. Er verlangt keine frisch gedüngte Beete, sondern solche, die im vorigen Jahr mit vermoderten Kuhmist stark gedüngt, späten Braunkohl getragen, und den ganzen Tag die Sonne haben. Das Land wird 1¼ Fuß tief umgegraben, jedes Beet hat 4 Reihen einen Fuß jede von einander, und 5-6 Zoll tiefe Furchen. Sie werden 1 Fuß ins Kreuz gesezt, damit die Wurzeln in die Runde wachsen, diese werden verstuzt, und oft begossen, denn der Sellerie liebt die Feuchtigkeit, und wird stärker, je öfterer er bey dürrer Witterung begossen wird. Er wird behäufelt, nur das Herz darf nicht mit Erde bedeckt werden. Will man Sallat zwischen Sellerie einige Wochen früher pflanzen, so wird ersterer groß, ehe lezterer beywächst. Ist vor Winter Wintersallat oder im Frühjahr Kohl, Radiese gesäet worden, so braucht es nicht neu umgegraben zu werden, das Unkraut wird bis in die Mitte des Julius weggehackt, im November ausgenommen, die Krone zur Hälfte abgeschnitten, mit Erbsstroh, wo keine Mäuse im Garten sind, zugedeckt, oder in Keller gebracht.

Zweiundzwanzigstes Kapitel

Es giebt Knollen Sellerie, wo der stärkste Sallatesser kaum zwey Stücke essen zu können im Stande ist. Die Knollen werden wie eine mittelmäßige Kohlrabi dick, und sein Kraut weit über 1 Elle hoch, auch der Busch so dik, daß er ein Duzend Herze enthält. Solchen Knollensellerie baute der sel. Postverwalter Rost, von welchem ich aus Freundschaft das Schock mit einem halben Laubthaler bezahlte.

Man prätendirt, daß das Selleriekraut, wenn er angewachsen, beständig umgetreten werden soll. Der Sellerie soll dadurch viel dicker werden, wovon ein Weimeraner eine 5jährige Erfahrung haben will, so wie die Frau von Ipnker in Denstädt eine zweyjährige.

Kümmelwurzel

ist eben die Pflanze, die den Kümmel trägt, und nicht von dem Feldkümmel unterschieden. Sie schmeckt besser als Petersilienwurzeln. Der Wiesenkümmel ist ein ganz herrliches Futterkraut, das man wirklich vermehren sollte. Die ersten Blätter, wenn die Kümmelpflanzen kommen, können sehr gut zu einem frühen Kohl dienen. Sie hat eine eßbare Wurzel, wenn man sie wirklich pflanzt, kann den Winter über im Lande stehen bleiben, und giebt ein wohlschmeckendes Gemüß. Mehr von dieser zweyjährigen Pflanze bey den Handelskräutern, denn sie wird um Halle und in Frankreich wegen des Samens mit Fleiß gebauet.

Scor-

Scorzonerwurzel.

Ist nicht mit der Haberwurzel zu verwechseln, die erste hat eine schwarze Haut, die andere eine weislich gelbe. Geben die zerbrochenen Wurzeln keine Milch mehr, so sind sie zu alt. Beyde sind sehr gesunde Zugemüße.

Runkelruben.

Durch nichts gewißer als durch Ruben und Kleebau wird die Viehzucht unglaublich befördert, und statt der Brache das Land zum Getraidebau zubereitet. In Frankreich und England bauet man sie sehr.

Sie machen 1) einen reinen mürben und lockern Boden.

2) Entziehen demselben sehr wenige Nahrungssäfte, da sie solche wie alle Gewächse mit breiten und saftigen Blättern mehr aus der Luft als aus der Erde nehmen.

3) Sie geben sogar dem Boden mehr Nahrungssäfte wieder, als sie aus demselben empfangen haben, und verschaffen ihm eine zum Getraidebau so vortheilhafte Zubereitung und Düngung, daß die Nothwendigkeit einen Theil der Aecker Brache oder unbestellt liegen zu lassen, gänzlich wegfällt.

4) Die Dickrüben können, sobald sie nur 6 bis 8 Blätter haben, alle 14 Tage abgeblattet werden,

werden, wachsen zu einer solchen Größe und Schwere, daß ein Stück gewöhnlich 12 bis 15 ℔ auch zuweilen 18 ℔ wiegt, und geben einen Ertrag, welcher von einem Morgen die Nutzung jeder Rübe und ihrer Blätter nur zu 2 pf. gerechnet auf 80 Rthlr. von dem Verf. des Hausvaters geschäzt werden.

5) Sind die Blätter sowohl als die Wurzeln selbst, wenn sie zerstoßen werden, für alle Arten Vieh ein sehr angenehmes, gedeihliches und bey dem Hornvieh viele und fette Milch bewirkendes auch zur Mastung dienliches Futter; Ja die ersten jüngsten Blätter können wie Spinat zu Kohl appretirt werden.

6) Die Blätter werden von Raupen und Schmetterlingen nicht angegriffen.

7) Ein Morgen giebt soviel Futter als 2 Morgen der gemeinen Wiesen. Die Wurzeln lassen sich in einen Keller oder andern trocknen vor Frost gesicherten Ort bis ins Frühjahr aufhalten und verfüttern.

Der Morgen giebt 12 Wagen voll Rüben. Die Hirsche stellen dem Kraut nach.

Man säet sie in ein Gartenland, verpflanzt sie aufs Feld, oder legt auf dem Feld den Saamen Reihenweise, steckt ihn 6 Zoll weit, zieht die überflüßigen aus. Der beste Boden ist der mürbe, fette, mit etwas Sand vermengte und etwas tiefe. Sie stehen gern trocken und in der
freyen

freyen Luft und Sonne. Man verſetzt ſie 1 1/3 Schuh weit. Beym Setzen ſoll nicht viel über ⅓ Wurzel in die Erde kommen. Auch wird die Erde von dem obern Theil der Wurzel weggeräumt, damit ſie mehr in die Dicke wachſen.

Zu Denſtedt bey Weimar ſind Stücke zu 20 ℔ gezogen worden, und der Herr Oberamtmann Holzhauſen hatte mehrere von 10‐14 ℔, welche ich ſelbſt gewogen, ja der Paſtor Mayer verſichert, daß er 18pfündige und ſchwerere gezogen. Will der Herr Recenſent meiner kurzen Grundſätze der Landwirthſchaft es nicht glauben, ſo wird er dazu nicht gezwungen, nur lächerlich hätte er dieſe Angabe nicht machen ſollen, da es doch eben nichts unglaubliches iſt, vielmehr ſcheint es, als wenn er weder gereiſet, noch ſeine Gegend Fleiß und Cultur beſäße.

Kartoffeln.

Das beſte Geſchenck aus Amerika, das uns gegen Hungersnoth ſo ziemlich ſchützt. Sie laſſen ſich nicht wohl aufheben, ob ich gleich in Cammern auf Eſtrich das ganze Jahr Kartoffeln zu Klöſen aufbewahrt habe, und es noch thue. Freylich dürfen ſie da nicht in feuchte Keller gelegt werden. Auch kann man ſie in Fäßer packen, Sand darüber ſtreuen, um ſie zu conſerviren. Ferner je früher ſie aus der Erde genommen werden, deſtoweniger halten ſie ſich, doch darf man ſie auch nicht zu ſpät heraus nehmen, weil ſie ſehr leicht von der Kälte leiden.

Zweiundzwanzigstes Kapitel

Da soviel von diesem Gewächse geschrieben worden, kann ich mich kürzer fassen. Die besten zum Legen sind von mittelmäßiger Größe wie eine welsche Nuß, die Samenkartoffeln werden gleich im Herbst ausgelesen, im Frühjahr in ein Land gebracht, was im Dung zum drittenmal trägt, damit sie nicht zu stark ins Kraut wachsen; sie verlangen ein Land, das freye Luft und Sonne hat, nicht zu feucht liegt; schwarzes oder mittelmäßiges mit Sand vermischtes Erdreich lieben sie. Sie wollen ein vor Winter und nicht frisch gegrabenes Land. Nicht später, als höchstens in der Mitte des Aprils 2 Fuß weit ins Kreuz 6 Zoll tief und in jedes Loch nur eine, auch müßen sie mit der Hand fest an die Erde gedrückt werden. Vom Unkraut gereiniget werden sie, wenn sie eine Hand hoch angehäufelt sind. Will man sie mit Kalk überstreuen, so muß dies, so wie sie aus der Erde kriechen, geschehen, und dann geegget werden. Die Pfälzer legen in das Kartoffelloch 2 Erbsen, auch eine Bohne, und befinden sich wohl dabey. Weil sie ausarten, sucht man die aus, welche am frühesten blühen, und nimmt von ihnen den Knollen zu Samen aufs künftige Jahr. Daher 40 und mehr Abarten. Das Kraut muß über der Erde stehen bleiben, bis man die Kartoffeln ausnimmt, und nicht wie in der Gothaischen Flur im Monat Juli. Man darf sie nicht zu oft auf dieselbe Stelle stecken, etwa alle 9 Jahre, und dann müßen sie feucht in den Keller gebracht werden.

Als Viehfutter sind sie zu empfehlen, aber meint Herr Hofrath Beckmann, als Schweinfut-

Gartengewächse.

ter taugten sie nichts. Die Göttingischen Mehl-
würste wären dadurch schlechter geworden. Daran kehren wir uns nicht.

Zu Pferdefutter werden sie im Brandenburgischen häufig und mit gutem Succeß mit Heckerling vermengt, und klein gestoßen gebraucht.
Sie müßen aber jeden Tag frisch gestoßen, und
vorher wohl gemengt werden.

Ja die Engländer rathen die wilden sogenannten Viehkartoffeln an die Pferde zu füttern.
Sie haben diese Fütterungsart fortgesezt, und
versichern, daß nach einer kleinen Diarrhöe sich
die Pferde wohl dabey befänden und stark würden. Auch ich habe bey meinen 2 Ackerpferden
im Jahr 92 die Viehkartoffeln gefüttert, und
ich muß sagen, meine Pferde befanden sich wohl
dabey, aber statt der Diarrhöe wurden sie hart-
leibig, schwizten im Stall, und ich mußte beständig das Glaubersalz bey der Hand haben.

Herr Forster zählt die Kartoffeln unter die
Nachtschattenpflanzen, die mehr oder weniger
giftig sind, und glaubt sie erzeugten Trägheit
und Unempfindlichkeit, allein der berühmte D.
Smith behauptet, daß die Schotten und Irr-
länder dem vielen Genuß der Kartoffeln ihre
Stärke, Munterkeit und frische Farbe zu
danken hätten, ja er behauptet, daß keine Speise einen entscheidenderen Beweiß ihrer Nahrhaf-
tigkeit und ihrer ungemeinen Zuträglichkeit für
die Kräfte und die Gesundheit der menschlichen
Constitution aufzuweisen hätte, auch daß bloß
die

Zweiundzwanzigstes Kapitel

die Unmöglichkeit belobtes Gewächse einige Jahre für den Verderb zu bewahren, das gröste Hinderniß sey, warum sie nicht die Hauptnahrung der sämtlichen verschiedenen Stände eines Volks werden könnten. Die Schweizer haben gefunden, daß da, wo 12000 ℔ Getraide wächst, 20000 ℔ Kartoffeln werden.

Das Nahrungsmittel, fährt Hr. D. Smith fort, so ein Kartoffelfeld trägt, giebt an Quantität demjenigen, das ein Reisfeld hervorbringt, nichts nach, und ist derjenigen, die ein Waizenfeld trägt, weit überlegen. Zwölf tausend Pfund Kartoffeln von einem Morgen Landes ist keine reichlichere Erndte als zweytausend Pfund Waizen. Wenn man aber auch die Hälfte des Gewichts für Wasser abzieht (und dieses ist sehr viel) so trägt ein solcher Morgen Kartoffeln immer noch sechs tausend Pfund Nahrung, oder dreymal soviel als der Morgen Waizenfeld, obgleich Hr. v. Pfeifer meint, daß man eine mehlichte getroknete Substanz gegen die andere abwägen solle, da denn das Getraide zuverläßig den Vorzug behalten würde. 6 Körbe Kartoffeln in Ehrenstein, mit Asche gedüngt, gaben 120 Körbe, das ist doch wohl mehr als Waizen gewachsen wäre?

Die gelben sind am angenehmsten zum Verspeisen, die kleine Englische oder Zuckerkartoffeln die schmackhaftesten und können von jedermann erzeugt werden. Hier ist das Recept. Man nehme die im Herbst am Kartoffelkraut wachsenden grünen Aepfel oder Samenbehältniße, lasse

sie

Gartengewächse.

sie an einem lüftigen Ort trocken werden, thue sodann den kleinen Samen heraus, säe ihn im Frühling an einer der Sonne wohl ausgesezten Mauer, verpflanze demnächst die jungen Pflanzen in gutes mürbes Erdreich, so bekommt man den ersten Herbst eine Menge ganz kleiner Kartoffeln verschiedener Art, Geschmack und Farbe, wovon der Besitzer die anständigsten das folgende Jahr auf die gewöhnliche Art legen, folglich sich Englische und mehr neue Kartoffeln verschaffen kann.

Wenn die Kartoffel so dick abgeschält wird, daß der Keim unbeschädigt bleibt, liefert sie eben so reiche Erndten, als wenn man die ganze Kartoffeln legt.

Der aus Kartoffeln bereitete Puder ist wegen seiner alkalischen Eigenschaft freßend, folglich den Haaren nachtheilig, die Stärke aber nicht zusammenhaltend genug um in großen Stücken gewonnen zu werden.

Sowohl das Kartoffelkraut verursacht Abnahme der Milch, als auch das Abschneiden desselben ist den noch wachsenden Kartoffeln selbst nachtheilig, und sezt sie im Wachsthum zurück. Man überfahre das Kraut mit einer Walze, Tonne, oder trete es mit den Füßen zusammen, damit es absterbe. Sobald die Kartoffelpflanze blühet, fängt sie an kleine Früchte in der Erde anzusetzen, wird nun das Kraut abgeschnitten, so schlägt es von neuem aus, grünt. Dies erfodert

Zweiundzwanzigstes Kapitel

sobere Nahrung, die den Kartoffeln in der Erde entzogen wird.

Sind die Kartoffeln ausgehoben, wird das Kraut in die Viehställe zum Einstreuen angewendet, im Paderbornischen verbrennt.

Mit gekochten Kartoffeln werden Tauben und Hühner im Winter gefüttert, so auch Gänse, Enten, Indianischen Hühner, Hechte, Forellen besonders Karpfen.

Dem Melkvieh sind Kartoffeln am nützlichsten, wenn man sie wäscht, roh mit dem Stoßeisen zerstößt wie die Runkeln, mit Hechsel vermengt, und so füttert. Zum Mästen des Rindviehes und der Schweine kocht, zerstößt und mit Schrot vermengt, denn für sich allein geben sie wenig Fett, nur Fleisch.

Die Kartoffeln werden im Backofen gedörret, so sind sie für Schweine mästender, und fürs Rindvieh bey der Sommerstallfütterung eine Arzney und Futter zugleich. Eine Arzney gegen den Durchlauf von nassem Futter und ein Futtermittel gegen das Abnehmen der Milch, sind getroknete und geschrotene Kartoffeln.

Die Waidkühe brechen an der Milch weniger oder gar nicht ab, wenn sie bey regnichter Witterung Hechsel mit Kartoffelschrot oder feuchten Klee mit Hechsel und Kartoffelschrot vermengt bekommen.

Gartengewächse.

Zwiebelgewächse.

Die schönste Sorte von Zwiebeln sind die Schalotten und Rockambole. Erstere werden gegen Anfang des Septembers in die Erde gelegt, es kann aber auch erst im Frühjahr geschehen. Um Jacobi, wenn das Laub gelb wird, werden sie aus der Erde genommen. Leztere weil sie sich doppelt vermehren, einen mildern gelindern Geschmack haben, als der gemeine Knoblauch. Frischgeriebene Zwiebeln heilen die Wunden des tollen Hund- und Otterbißes.

Salatpflanzen.

Von ihnen sagt Eobanus Hessus, dessen dichterisches Talent heutiges Tags ganz verkannt wird, weil sich keiner seiner Mitbrüder (er war ein Carthäuser Mönch) geschickt genug fühlt, oder sich über die Stockfische erhebt, dieses Mannes Verdienste an den Tag zu legen.

Hortorum Lactuca decus, quia friget et humet,
Saepe leveis somnos conciliare solet.
Atque ut corporibus reliqua omnia vincit alendo,
Sic vivi succus sanguinis inde venit.
De tuenda valetudine.

Hülsenfrüchte.

Bohnen. Sie wachsen im dritten, vierten Jahr nach der Düngung. Je weniger das Land fett ist, desto weniger hoch, desto mehr Früchte

Früchte bringen sie. Nicht den geringsten Frost können sie vertragen, ja sie verfaulen bey anhaltender Näße.

Die Schwerd- oder Säbelbohnen die einen Fuß lang und 1 Zoll breit werden, wovon Herr Legationsrath Bertuch in Weimar das ℔ nach Schweden ehedem mit 2 Groschen verkauft hat, sind zum Grünessen, wie zum Einmachen die besten, einträglichsten, wohlschmeckensten. Ferner die türkischen, dann die Zwerg oder Krugbohnen, zum Trockenessen die Zucker, und die schmale Schoten habende Schwerdbohnen. Sie werden in Erfurt nicht gestängelt.

Die kleinen weißen Erbsbohnen werden auch nicht gestängelt, in dem Erfurtischen stark gezeugt, und viele Aecker damit bestellet. Es bringen die Erfurther solche mehrentheils auf Aecker, welche Brache liegen sollen, die sie in dem späten Herbst hierzu ackern und zugleich mit der großen Egge zu überfahren pflegen, wobey sie es beruhen lassen, bis zur Bestellzeit, zu Ende des Aprils, sonderlich wenn keine Fröste mehr zu besorgen sind. Alsdenn machen sie mit einer kleinen Hacke kleine Grübchen zwey bis 3 Zoll tief und 1½ Schuhe weit von einander und werfen in ein jedes 3 - 4 Bohnen, jedoch daß sie nicht aneinander zu liegen kommen, sondern darzwischen ein Raum von 1 - 2 Zoll bleibet. Hierauf werden die Grübchen mit Hülfe der breiten Hacke wiederum zugescharret, und die Bohnen also mit der Erde bedecket.

Einige

Einige laſſen auch das Land im Frühjahre hierzu ackern und beſtreichen, und die Bohnen alſobald auf jetzt gemeldte Weiſe legen, doch iſt von derjenigen Begattung und Zubereitung der Länderey, die vor dem Winter geſchiehet, mehr zu halten, indem die Feuchtigkeit, welche den Winter über in den Acker gebracht worden, ſolchergeſtalt viel länger darin erhalten wird. Hingegen wenn der Acker hierzu im Frühjahre zubereitet wird, und nach dem Beſtellen keine Regen oder vielmehr Dürre und auszehrende Winde erfolgen, ſo bleibt die Erde locker und hohl, daß die Bohnen zum Theil vermodern und verderben.

Noch andere nehmen die Zubereitung des Ackers und die Beſtellung auf dieſe Art vor, welche ich faſt vor beſſer halte, als die vorige. Sie pflügen nemlich langſam im Herbſte das Land, welches ſie hierzu gebrauchen wollen, voneinander, und laſſen es alſo liegen bis ins Frühjahr. Wenn die Beſtellzeit herbeygekommen iſt, alsdenn pflügen ſie ſolches ein oder 2ſpännig fein zart nicht mit über 3 Zoll tiefen und kleinen Furchen wieder zuſammen. Wenn ſie nun zum andernmal herumfahren, ſo zetteln ſie die Bohnen einzeln nach einander in die Furche hinein, ſo daß ſie 3 Viertelſchuh auch wohl bald etwas näher, bald aber auch etwas weiter, welches man im Hineinwerfen nicht ſo genau haben kann, zu liegen kommen, woran auch ſoviel nicht gelegen iſt. Alsdenn werden wiederum 2 andere Furchen gepflüget und abermal die Bohnen hineingeworfen, bis man auf ſolche Art mit dem ganzen

zen Lande fertig ist. Diese 2 Furchen geben zwischen den gesäeten Bohnen einen Raum von anderthalb Schuhen, daß man ganz bequem hindurchgehen, und das hervorgewachsene Unkraut den Sommer über 1 auch 2mal mit einer breiten Jätehacke reinigen kann.

Sobald diese Bohnen eingeerndtet sind, wird der Acker voneinander gepflügt, und vor oder nach Michaelis mit Winterrocken bestellt.

Dieses haben die Bauersleute den Erfurtischen Bürgern abgelernt, indem sie viele Malter erziehen, und den Fuhr- und Kaufleuten überlassen, welche dieselben nach den Seestädten schaffen.

Einige pflegen alle Bohnen in die Gärten zu stecken, auf Beete, welche sie 5 Schuhe breit machen und in 3 Reihen eintheilen.

Es können auch mit solchen Bohnen die Rabatten wie auch die Wege eingefasset werden, welches keinen Uebelstand in den Gärten macht.

Wenn nun diese Bohnen im Felde oder in den Gärten reif und dürre geworden sind, so werden sie ausgerauft, und auf dem Acker 1 oder 2 Tage liegen gelassen, damit die übrigen vollends trocken werden. Man läßt sie hernach wie die Gerste in Bündel zusammen binden, und nach Hause auf einen lüftigen Boden bringen, damit die darinn annoch befindliche Feuchtigkeit vollends ausdünstet. Haben sie einige Wochen

chen also gelegen, so werden sie wie andere Kornfrüchte gedroschen, geworft und gesiebet, daß der Staub und Unrath herausgeht. Das Stroh samt den Saamenhülsen ist ein trefliches Futter vor die Schafe, sie lassen, wenn ihnen hievon ein Bindel vorgeworfen wird, nicht das allergeringste übrig.

Die Erbsen.

Im Garten wachsen sie erstaunend hoch auf, aber auch die Schoten sind ganz einzeln und wenig zu finden. Dieses zu vermeiden müssen die Erbsen weitläuftig gesäet werden, und mit wenigen Stiefeln bedeckt werden. In der Mitte des Beetes müssen die kleinsten Stiefeln stecken, und am Umfange die größesten.

Die frühzeitigen Erbsen, Pisum hortense minus sind hellgelbe, rund und schön anzusehen, und wenn es die rechte Art ist, so müssen sie, wenn man sie gleich nach ihrer erlangten Reise wieder stecket, gegen den Herbst noch einmal zum Essen dienlich werden.

Zu diesen Früherbsen müssen die Beete vor den Winter gegraben und zurecht gemacht werden, welche die Erfurter Gärtner im freyen Felde auf den Aeckern also anlegen. Nach der Mitternacht Seite werfen sie die Erde mit dem Grabescheite 2 Schuh hoch in die Höhe, und nach Mittag zu machen sie das Beet ganz lehne oder abhängig.

Solche Beete aber dürfen nicht breiter denn 5 Schuh queer über den Acker gemacht werden, und dienen sonderlich hierzu solche Aecker, welche nach Mittag zu in etwas abhängig liegen. Diese Beete nennen die Erfurter Lehnen oder vielmehr Leiten.

Dergleichen Beete werfen sie viele nacheinander auf, und lassen allezeit einen Gang darzwischen, daß sie die zeitigen Schoten zu beiden Seiten erreichen können, welche sie mit einem Messer überaus behutsam abschneiden, damit sie keinen Stengel beschädigen und vernichten. Von diesen Beeten liefern sie gewiß zu Ende des Mayes oder längstens auf das Frohnleichnamsfest ausgeläuferte Erbsen.

Die Zeit, diese Erbsen auf die Beete zu stecken, ist, sobald man im Frühjahre in die Erde kommen kann. Sie werden 4-5 Zoll weit von einander Reihenweise nach der Gartenschnur und 2-3 Zoll tief mit einem Pflanzer gesteckt.

Wenn diese Beete ihre Dienste gethan, und das Stroh darauf gelb und reif geworden, so räumen sie solches hinweg, machen den Acker wiederum gleich, und bestellen hernach Rüben, Möhren, Pastinak, oder auch Winterrocken darauf.

Noch ist hierbey zu gedenken, wie diese Leute so behutsam ihre Saamenerbsen, daß sie bey der recht frühzeitigen Art beständig bleiben, erziehen. Sie geben nemlich auf allen diesen gemachten

Gartengewächse. 61

machten Lehnen oder Beeten genau Achtung, welche Stengel hier und da zuerst anfangen zu blühen. Diese zeichnen sie mit einer kleinen Ruthe von Weiden oder alten Besen, und binden sie mit einem Faden jedoch nicht zu feste daran, damit sie solche merken können. Von diesen schneiden sie keine einzige Schote ab, sondern laßen sie alle reif werden, und behalten sie zum Saamen auf.

Ob sie gleich Fröste bekommen, so schadet es ihnen doch nichts. Auch wenn sie albereit hervorgewachsen sind, und hiervon abspringen sollten, so schlagen sie dennoch wieder aus, und treiben eben sowohl ihre Ranken, als wenn sie keinen Frost erlitten hätten.

Viele verkaufen diese Schoten in Erfurt Ackerweise an die Höcken, welche sie abpflücken, die Erbsen ausläufern und Mösel oder Schoppenweise mit Nutzen verkaufen.

Das Stroh, wenn es auf der Futterbank geschnitten wird, giebt ein gutes Futter unterzumengen vor das Rindvieh; vor die Schafe aber werden die Bündel ganz oder zerstreuet hingeworfen. Den Pferden ist es nicht dienlich, sondern vielmehr schädlich.

Kürbiß.

Die gemeinen Kürbisse werden in Ungarn und Franken in sehr großer Menge angebauet. In andern deutschen Gegenden verkennt man
die

die Vortheile derselben und vernachläßigt ihren Anbau, da doch ihre Fruchtbarkeit groß, ihre Wartung gering ist, und sie mit schlechten Boden vorlieb nehmen. Sie dienen

1) zur Speise, die auf mannichfaltige Art zubereitet werden kann. — In Liefland macht man von den kleinen unreifen Kürbißen noch einen besondern Gebrauch. Man durchschneidet selbige, nimmt die weichen Theile und Samen heraus, füllt sie wieder mit gehacktem Knoblauch, Zwiebeln, Pfeffer, Ingwer, englisch Gewürz; bindet beyde Hälften zusammen, kocht sie solange in scharfen Eßig, bis die Schale etwas weich wird. In solchem Eßig hebt man sie zum Gebrauch auf. Man ißt sie statt Sallats, und nimmt sie auch zur Erhöhung des Geschmacks zu einigen Fleischgerichten. Diese zubereitete Kürbiße heißt man Mangut.

2) In Deutschland wird ein ganz guter Brey daraus gemacht. Die Kürbiße liegen so lange bis sie mürbe werden, dann schält man sie, wenn zuvor die Kerne herausgenommen worden, kocht sie, und läßt dieses Wasser durch ein Tuch laufen, preßt das Wasser aus, alsdenn werden sie in Milch gekocht, und fleißig umgerührt.

3) Zu Brey gekocht mit einem Zusatz der Hälfte oder eines Drittels Mehl backt man ein nahrhaftes Brod, welches besonders zur Zeit der Theurung für Arme gebraucht werden kann.

4) Si

Gartengewächse.

4) Gekocht und unter geronnene Milch gemischt giebt dem davon gemachten Käse einen angenehmen Geschmack.

5) Von geschälten jungen Ranken bereitet man Sallat, und selbige mit Spargelbrühe gekocht geben ein dem Spargel ähnliches Gerücht.

6) Die Kerne geben ein feines süßes Mehl zu gutem Backwerk — besonders aber ein vortrefliches und besseres Oel als Baumöl. 1 ℔ Samen giebt ¾ ℔ vortrefliches Oel. (Ein Apfel hat 630 - 650 Körner und eine Pflanze leicht ein Paar Aepfel.

7) Kürbiße gekocht, ausgedrückt, bey gelinden Feuer zur erforderlichen Dicke gebracht, vertritt die Stelle eines Honigs.

8) Zur Fütterung des Viehes, wenn sie mit Krauteisen in kleine Stücke geschnitten und unter die Brühe oder sonstiges Futter gemischt werden. Die Kühe werden davon milchreich. — Schweine werden eher fett als mit Getraideschrot, und dazu können auch die kleinen nicht völlig reifen gebraucht werden. In Tyrol baut man sie häufig und füttert Schweine und Rindvieh damit. Sie treiben besonders die jungen Schweine stark auseinander und befördern das Wachsthum.

9) Zur Nahrung der Fische. Man mästet sie schnell, wenn man große dicke Kürbiße pflanzet, die entzwey schneidet, jede Hälfte aushöhlt,

höhlt, und mit Leim oder dergleichen schwerer Erde ausfüllet, damit sie im Wasser sich auf den Boden hinabsenken. Man bindet beyde Theile des Kürbis mit Bachweiden zusammen, und wirft sie an verschiedenen Orten ins Wasser. Sie nähren die Fische gut, und machen sie fett.

10) Die Flaschenkürbiße (Cucurbita lagenaria) haben eine Schale, die von Zeit zu Zeit härter und fester wird, und zu dauerhaften Trinkgeschirren und Wassergefäßen dient. Sie werden ausgeleert, überall rein gemacht und ausgepicht.

11) Die Pomeranzenkürbiße, (Cucurbita ovifera) eine kleine vortrefliche Art, dienen zur zierlichen Bekleidung der Lauben und Hütten in Gärten.

12) Die Herkuleskeule (trichosanthes) wird eben dazu angewendet, wie ich in Capuzinergärten gesehen.

Gurken

die man zeitig verlangt, müßen in den ersten Tagen des Mayes, auch schon nach der Mitte des Aprils an die Morgensonne in gut gedüngtes oder sonst sehr fettes Erdreich bestellt werden. Die man zum Einmachen bestimmt, werden am besten erst zu Ausgang des Mayes gelegt. Die Gurkenbeete müßen 5 Fuß breit seyn, jedes Beet bekommt zwey Reihen, jede 1 Fuß vom
Weg

Weg und 3 Fuß voneinander. Zwischen die zwey Reihen, als auch auf beyden Seiten kann Sallat gepflanzt werden. 1½ Zoll werden die Reihen voneinander gemacht.

Man schüttet die Gurken in ein Glas Wasser, wo die oben auf schwimmende abgesondert, eine von der andern 2 Zoll gelegt, mit dem Rechenbalken fest angedrückt, und mit Erde bedeckt wird. Haben sie 4 Blätter, so muß jede 2 Zoll Platz bekommen, und die zu dichte stehen, werden mit der Maurerkehle verpflanzt, das Unkraut weggescharrt, und solange die Gurken gerade stehen, die Erde oftmals an sie angehäufelt. Wo der Sallat weggeschaft ist, wird eine Reihe kleiner etwa 3 Schuh hoher breitzweigigter Stiefeln, wie bey den Erbsen, gesezt, damit die zwey Reihen nicht in einander wachsen, sondern sich von jeder Seite an den Zweigen hinaufschwingen. Auswärts wird auch eine Reihe Stiefeln gesezt. Damit wenn die Gurken nach dem Wege hinauslaufen, sie den Weg nicht bedecken, sondern daran hinaufwachsen. Ein solches Feld wächst oft über eine Elle in die Höhe, und genießet desto besser freye Luft und Sonne. Ihr Wachsthum wird außer dem fleißigen Behacken durch öfteres gelindes und sanftes Begießen, welches in trockenen Zeiten täglich geschehen muß, befördert. Sogar die gelegten Gurkenkerne müssen einigemal, wenn trockene Witterung einfällt, begossen werden, um das Aufgehen zu erleichtern. Die längsten, glättesten, und die am ersten reif werden, dienen zum Samen. Hierzu lasse man nur eine, die zunächst an der Wurzel hängt.

2r Th.   E   Der

Der Neumüller bey Jena löset aus seinen Gurken jährlich 60 Thaler, ohne die er selbst als Sallat genieset, und einmacht. Ehe sie noch anfangen zu ranken, belegt er sie auf beyden Seiten mit Tauben, Hühner und Schafmist. Auch zwickt er die vielen Blätter aus, damit mehr Luft eindringen kann.

Bey meinen Schwiegereltern fraßen die Schnecken alle Gurkenpflanzen; ich legte, um sie daran zu stören, lebendigen Kalk in zwey Reihen, so nahe, daß sie den Gurken nicht mehr beykommen konnten. Allein der größte Vortheil bestand darin, daß der Kalk die im Lande befindliche Dungtheile auflößte, denn vor und nach selbigen Jahr erhielten sie nie wieder soviele Gurken als dasselbige Jahr.

Spargel.

Man lasse einige Fuder Sand anfahren, und mit Gartenerde mischen, so wird man mit wenig Dünger den herrlichsten Spargel erhalten. Ein trokner milder lockerer Boden ist ihm dienlich. Naßer bindender Thon ist dazu nicht. Eine von Mitternacht gegen Mittag ein wenig abhängige der Sonne reichlich ausgesezte und gegen die rauhen Mitternachtswinde vermittelst lebendiger oder todter Zäune geschüzte Lage ist ihm zuträglich. 1 1/2 bis 2 Fuß tief wird rejolt, 3 Fuß breite Graben gemacht, diese mit Thon ausgeschlagen 6 Zoll Erde darauf geworfen, dann 8 Zoll wohlverfaulten Kuhdung, und 1 1/2 Fuß tiefe Erde endlich darauf gebracht. Für feuchten und

schw=

schweren Leimboden ist nichts besseres als Pferdedünger.

Im Frühling, wenn die Erde troken, wird sie ganz schmal und tief umgegraben, 5 Fuß breite Beete nach der Schnur abgetreten, die Gänge 2 Fuß breit, und die Ecken des Beets mit 4 kleinen Pfählen bedeckt, aus den Gängen aber die Erde erhöhet. Auf dem Beete werden drey gleich weit entfernte Linien abgeschnüret 2 1/2 Fuß voneinander kleine Pfäle gestekt ⁘ Die Pfäle sind 2 Fuß lang 2 Zoll stark, sie bleiben stecken und haben einen doppelten Nutzen, erstens um zu wißen, wo eine Pflanze weggeblieben, auch wird man beym Umgraben zweytens vom Pfal erinnert, wo eine Pflanze steht.

Im März wird die Pflanzung bey trockener Luft angefangen, sonst im April. An den Pfählen werden 1 Fuß tiefe und eben so breite Löcher gegraben. Man nimmt lieber einjährige Pflanzen statt zwey dreyjährigen, sie können schon im zweyten Jahr und nicht, wie viele thun, im 3ten 4ten gestochen werden, denn 1) nutzt man unter dieser so langen Zeit sein in den Spargel verwendetes Capital nicht, und dann so gut ein aus der Wurzel von neuem ausschlagender Baum über der Erde weggeschnitten wird, in der Absicht den Nahrungssaft enger einzuschließen und ihn zu zwingen, seine nährende Kraft der Wurzel allein zuzuwenden und solche zu verstärken, eben so schadet der starke Zug der Stengel, wenn zuviele in die Höhe schießen. Da die Hügelspitz reichlich 6-8 Zoll niedriger wird,

wenn

wenn der Mist so stark zusammen fault, als die Oberfläche des Beetes ist, so müßen die Pflanzen um so viel höher kommen, nemlich bey jeden Pfahl werden 2 Pflanzen, wenn zuvor einige Hände voll feine Erde auf den Dung gebracht worden, gesezt, und leise mit der Hand angedrückt.

Ist der Boden nicht der beste, wird Spargelsamen gesteckt, wozu die Zeit der Februar ist, und die Beete werden nicht erhöhet. Alter Same wird 6 - 8 Tage in Wasser eingeweichet, und an einen mäßig warmen Ort hingelegt. Bey jedem Pfahl werden 4 Löcher gemacht, in welche 4 Körner kommen. Die 2 stärksten läßt man nur stehen. Im Herbst legt man Hornspäne auf das Beet, und 2 Zoll hoch wohlverfaulte Misterde.

Ein Viertel Acker wird auf 40 Thaler genuzt, ja durch das Spargeltreiben werden die Einkünfte noch erhöhet. Man bedarf hiezu kein Treibehaus, sondern vom Februar wird zwischen die Spargelbeete, wenn die Erde zuvor ausgegraben worden, recht langer frischer Pferdemist zur Erwärmung gebracht, festgetreten, und alle 14 Tage erneuert. Die Beete werden des Nachts mit Strohmatten bedeckt, bey Sonnenschein mit Fenstern.

Der Spargel wird an den meisten Orten tief gelegt, weil man ihn vor der freyen Luft in acht zu nehmen. Will man ihn äusserst dick und zart treiben, so läßt man vom Töpfer Kegel von schlechten Thon mit einer offenen Spize

machen,

machen, und bedeckt die hervorkommende Spargel damit.

Um ihn auf einige Tage zu erhalten, legt man ihn in eine Schale mit kalten Wasser, wechselt damit alle Tage ab, so bleibt er ganz frisch.

Von Artischockenpflanzen die auf Mistbeeten gezogen werden, ist von 17·18 kaum eine gut, nemlich sie sind alle stachelicht und klein. Gewöhnlich pflanzt man sie daher durch Sprößlinge fort. Im Winter muß man alles Laub wegschneiden, und die Pflanze erst mit Baumlaub dann mit Mist bedecken. Die Mäuse gehen sie dann nicht so sehr an, weil das Laub ein Geräusch macht. Um sie recht schön zu ziehen, begieße man die Artischocken im Sommer alle Tage mehreremal.

Braunkohl

hat 3 Arten. Den großen Pommerschen Kohl fürs Vieh, den niedrigen krausen Kohl, der in Erfurt Tarkohl genennt wird, an der Erde wegkriecht, nicht erfriert und mürbe ist, für Menschen. Den Braunschweigischen hohen krausen Kohl 1 1/2 Elle hoch) für beyde. Nirgends wird mehr Kohl gebauet als um Göttingen. Die Ursache, warum dort kein Kraut wächst, und der Kohl so gut geräth, soll das Salpetrige Land seyn.

Zweiundzwanzigstes Kapitel

Der Handschuchsheimer hat, wenn der Reps vom Feld ist, seine Blaukohlpflanzen schon so weit erzogen, daß er das Feld mit besezen kann; Da er näher gepflanzt wird, so bedeckt er den Boden noch bey Zeiten, und diese Nacherndte ist ihm für den Winter weit schäzbarer als der Reps, weil sie bey den strengsten Winter unter Schnee und Eiß sich erhält, und zu einer Zeit verkäuflich ist, wo man an allen frischen Gemüse Mangel leidet. Sie trägt daher mehr ein, als die Fruchterndte, ist auch weit ergiebiger. Auf einen Morgen rechnet man 15000 Schock Kohl weil diese Felder alle Jahre gedüngt werden, kann man dafür 60 Gulden rechnen, den Reps 50 fl. Summa 110 fl. wovon der Zins von 1000 fl. Kapital reichlich bezahlt wird. Das abfallende Kraut und Strüncke samt dem Stroh dienen zur Fütterung, und bezahlen wenigstens den Dung.

Ein Acker mit Blaukohl oder mit Reps giebt ein reiches Winter und Frühjahrsfutter, und wenn man im Frühjahr Klee darein sáet, so ersezt dieser das Kraut, und man erhält einen guten Kleeacker nach diesen Gewächsen. Blaukohl schaft zu einer Zeit Futter, wo man sich manchmal nicht zu helfen weiß.

Winterspinade.

Rammelt in seinen ökonomischen Abhandlungen S. 53. zeiget, wie der Winterspinade in solchen Gegenden, wo die Felder der allgemeinen Trift nicht unterworfen sind, in großer Quantität

tät auf dem Felde, und besonders zum gesunden frühzeitigen Viehfutter gebauet werden könne. Man solle den Samen auf die noch nicht ganz magern abgeerndteten Gerstenfelder, und wenn solches auch erst im September geschähe, in deren Stoppeln, nachdem der Acker gestürzt ist, oder die Stoppeln untergepflügt sind, säen; im April und May fürs Vieh abschneiden, wenn solches zweymal geschehen, ihn statt des dritten Abschneidens mit Schafen abhüten, und darauf im Junius die Spinadestoppeln unterackern, diese würden zugleich den Acker ungemein gut mit bessern. Er merket mit an, daß Spinade kein Land aushungere.

Vielleicht können sich manche, die vieles Gesinde zu speisen haben, dieses zu Nutze machen, und solches in dem sogenannten magern oder Hungerquartal ohne Unkosten mit Winterspinade beköstigen.

Zum Beschluß wiederhole ich, daß ich blos auf die Gartengewächse in Hinsicht auf Viehfütterung mein Augenmerk gelegt, weil ich glaubte, mehr für den Landwirth als für den Gärtner sorgen zu müssen, und zwar

1) bey den Kohlgewächsen auf Kraut,

2) Winterblattkohl,

3) Blumenkohl,

4) Kohlrabi,

5) Win-

72 Zweiundzwanzigstes Kapitel

5) Winterschnittkohl,
6) Kohlruben,
7) Braun oder Blaukohl,
8) Winterspinade.

Nützlichkeit der Mistgauche im Gartenbau.

Ein Engländer erhielt aus seinem Küchengarten bey der Bedüngung mit Mistgauche eben so vielen Nutzen als beym Ackerbau. Wenn der Boden umgegraben, und im Winter aufgeworfen ist, läßt er ihn mit diesem Dungwasser eben mäßig besprengen. Bey dem nachherigen Graben im Frühjahr wird diese Düngbrühe mit der Erde wohl vermischt, welche ihm reichliche Erndten von Hülsenfrüchten und Küchengewächsen liefert.

Hauptsächlich bemerkt man, daß seine Krautköpfe, Bohnen, Erbsen viel süsser schmecken, als die seiner Nachbarn, welche mit Pferdemist düngen.

Besonders gerathen die Zwiebeln dabey sehr gut, und kommen viel eher zur Zeitigung als bey der Düngung mit Stallmist.

Eine gleiche Wirkung thut dieses Dungwasser bey den Spargeln.

Uebrigens ist es wohl unnöthig zu erinnern, daß diese Düngung für die freystehenden sowohl

sowohl als Spalierbäume von gleich großen Nutzen sey, nur muß man dazu drey Theile gemeines, und nur einen Theil dieses Dungwassers nehmien.

Reichard in seinem Land und Gartenschatz schreibt: Einige Hauswirthe achten die Mistlacke so hoch, daß sie zur Winterszeit das Eis davon als eine gute Düngung auf ihre Aecker schaffen. Und ist mir (schreibt Reichard) unter andern ein gewisser Gartenliebhaber drey Stunden von unserer Stadt bekannt, welcher den Winter über seine gefrorne Pfütze mit Aexten aufhauen, und die Stücken Eis auf seine Spargel und Meerrettigbeete fahren ließ, welche hernach bey dem Thauwetter zerschmelzten, und nach und nach in die Erde sich einsenkten. Hiervon erhielt er ungemein dicken Spargel und Meerrettig, welcher leztere, wenn er auf dem Reibeisen gerieben wurde, so gelinde und so gut aussah, wie die allerschönste weiße Semmelkrumen. Diese Aufführung des Mistpfützeneises hat er alle Jahre nacheinander vorgenommen, wodurch er mit Erzeugung und Verkaufung des Spargels und des Meerrettigs guten Nutzen sich verschafte.

Wenn man solche Stücken Eiß auf die Wiesen fahren, ordentlich ausbreiten und zerwerfen läßt, so wird man zwar im ersten Jahre an dem Grase den Nutzen nicht sonderlich, wohl aber in den darauf folgenden Jahren augenscheinlich spüren.

E 5   Lust-

Zweiundzwanzigstes Kapitel

Lustgärten.

Man hat dreyerley Einrichtungen. 1) Die Holländische ist die älteste. 2) Die Französische, die man durch die 3) Englische vertrieben.

Die erste war die geschmackloseste. Man besezte einen ungeheuer großen Garten mit einer erschrecklichen Menge Varietäten einer Gattung, z. B. mit Tulpen. So wurden immer grünende Bäume gesezt, besonders der Taxus, weil er die Scheere auf alle Weise leidet. Man legte allerley Grotten und Cascaden an, besezte sie mit Conchylien, Erzstufen, Corallen und machte so einen sonderbaren Mischmasch. Die Gänge belegte man mit bunten Sand und die Beete mit vielen Muschelschalen, und so die Grotten mit Statüen. In Deutschland haben vornemlich die großen Handelsstädte und Reichsstädte es nachgeahmt. Dieser Geschmack verlor sich aber.

2) Im Anfang des jetzigen Jahrhunderts durch die Einführung des französischen. Man ließ diejenigen, die Palläste aufführten, auch die Gärten anlegen. Die Regel der Symmetrie wurde in die Gärten gebracht, und sie erhielten nun lauter architectonische Zierrathen. Viele Alleen, Lauben, Bogengänge, Springbrunnen und Cascaden rc. Diese große Pracht von Versailles wurde bald den Ausländern unter dem Namen des neuesten Geschmacks bekannt. In Deutschland machten sie zuerst am Hofe ihr Glück, besonders bey den geistlichen Fürsten, z. B. in

Würz-

Gartengewächse.

Würzburg, Veitshochheim, Bamberg. Auch dieses ist der ächte Geschmack nicht, denn ein Garten von zu vieler Symmetrie ermüdet bald, da man ihn leicht kennen lernt.

3) Die Engländer haben endlich einen mit raffinirten Geschmack eingeführt, welche die Natur nachzuahmen zum Grundsatze machen, und besonders auf schöne reizende Aussichten sehen, so wie man sie in der Natur antrifft. Man hat Berge, Thäler, Inseln, Wälder, Rudera, Monumenten, Ströme, Wiesen hineingebracht. Diese Gärten sind mannichfaltige Landschaften geworden. Wer einen solchen anlegen will, muß die schöne Natur untersuchen. Das Regelmäßige muß wegfallen, die Gränzen versteckt man, wirft Mauern und Stacketen weg, weil das Freye dem Auge gefällt. In China ist dieser Geschmack lange vor den Engländern gewesen. Wir können in Deutschland ihn nicht ganz erreichen, da die Engländer ungleich reicher sind, und es ist in dreyfacher Rücksicht gut. Sollten wir Nachahmer der Natur seyn, und sie wird mehr verdorben, weil sie sich in die Launen der großen Herren fügen soll ꝛc. 2) Wird statt unsrer nützlichen Obstbäume eine Menge wilden Holzes angepflanzt, wovon das wenigste nutzbar ist. 3) Und zwar das bedaurenswertheste, daß das kultivirte Land, z. B. das beste in Meiningen zu englischen Anlagen verwendet wird. Der Parc des Herzogs von Bedford in England enthält 3500 Acres; aus diesem könnten 13 Pachtungen gemacht werden, da eine Pachtung von mittlerer Größe 275 Acres faßt, und der Pacht eines

solchen

solchen Guths 142 = 350 ℔ Sterlinge Renten tragen könnte. Der Wörlitzer hält unter den deutschen 6 Stunden im Umfang. Wie viele Menschen könnten davon nicht ernähret werden!!

Im Journal des Luxus und der Moden steht eine Abhandlung über englische Garten-Anlagen auf beschränkten Plätzen im Junius 1790, wo es heißt:

Es ist in der That kein wahrer und vortheilhafter Zuwachs der Cultur, daß im Verhältniß der vergangenen Zeiten gegenwärtig der Küchengartenbau mehr ausgebreitet auf freyen Felde getrieben werde, denn daduch geht ja vieles Land für den so nothwendigen Getraidebau verlohren, welches bey unserer zunehmenden Bevölkerung mit zur Steigerung des Getraidepreises wirkt.

Mit diesen Sätzen bin ich gar nicht einverstanden, denn es ist nach dem Geh. Rath Reinhard in Carlsruhe der höchste Grad der Kultur, wenn der Acker mit dem Grabescheit bearbeitet wird, weil darnach mehr Getraide wächst. Die Kultur besteht nicht in der Vielheit der Aecker, denn viele Aecker können weniger Getraide geben, als wenige gut bearbeitet. Die Erhöhung der Getraidepreise müssen wir in ganz andern Ursachen suchen, z. B. in den vielen Brandweinbrennereyen, die ehedem nicht waren.

Drey

Dreyundzwanzigstes Kapitel.

Handelsgewächse.

1) Kümmel,
2) Fenchel,
3) Anis,
4) Waid,
5) Krapp,
6) Johannisblut,
7) Wau,
8) Handförmige Rhabarber,
9) Süß-

9) Süßholz,

10) Safran,

11) Canariensaat,

12) Coriander,

13) Schwarzkümmel,

14) Siebenzeiten,

15) Senf,

16) Dotter,

17) Buttersamen,

18) Sonnenblumen,

19) Saflor,

20) Mohn,

21) Kohlsaat, Winterreps, Winterrübsen, Sommerrübsen, Chinesischer Oelrettig.

22) Toback,

23) Lein, Sibirischer Lein,

24) Hanf, desgleichen Sibir.

25) Hopfen,

26) Seidenpflanze.

Man

Handelsgewächse.

Man mag diese unter dem allgemeinen Namen der Spezerey, oder Manufactur, oder Fabrikgewächse betrachten, ist gleichviel. Der Landwirth erprobe erst durch Versuche diejenige, die theils in dem Landstriche am besten gerathen, theils sich am leichtesten und sichersten absetzen lassen. Doch mache er immer mit denen den Anfang, die nach dem gewöhnlichen Fruchtbau den wenigsten Dung erfodern.

1) Kümmel.

Herr von Hofmann zu Dieskau bey Halle meldet, daß der Kümmel auf seinem Guth Dieskau im Jahr 791. seit 22 Jahren das erstemal misrathen sey, weil im August eine große weiße Made die jungen Pflanzen gefressen, und nur die stärksten verschont gelassen habe, indem die Saat desselben im Frühjahr und nicht im Herbst geschehen sey, wie dies die folgende Versuche erprobet hätten, da die Herbstpflanzen durch ihre Stärke den Maden widerstanden.

Kümmel bezahlt Mühe und Arbeit gut, wenn er gut geräth, und er geräth gut bey guter Bearbeitung in guter Witterung.

Ein Stück Landes von 5 Wispel Aussaat soll mit Gerste besäet werden, und wir wollen eine reichliche Erndte zum 5ten Korn annehmen, beträgt also 25 Wispel.

Nun soll das Wispel recht viel, 20 Thaler gelten, soviel galt es aber nicht einmal im Jahr 1789. Facit 500 Rthlr.

Das

Das nemliche Stück Land von 5 Wispel Aussaat mit Kümmelpflanzen besteckt gab 41 Wispel Kümmel. Ein Wispel hat 12 Centner, ein Centner kostet izt 3 Rthlr. 12 gr. ich weis jedoch die Zeit wohl, da der Hr. Oberamtmann Holzhausen den Centner nicht für 9 sondern nur für 11 - 12 Rthlr. verkaufte, also zu 3¼ Rthlr. den Centner machen 41 Wispel 1722 Rthlr.

Zwischen dem Kümmel werden im ersten Jahr Kraut oder Kohlruben gebauet, die man nicht einmal rechnen will.

Wer wird nun einem Holzhausen verdenken wollen, wenn er in jedem Jahr 6 Wispel Aussaat mit Kümmel stecken läßt.

Der beste Boden zum Kümmelbau ist eine tiefe fette und mürbe Erde. Wer guten Lehmboden hat, der mit etwas Sand vermischt ist, kann den Kümmel mit Vortheil bauen. Jemehr sich die Erde dem Gartenland nähert, je besser ist es.

Im Sommer wird 2 bis 3mal gepflügt, gut gefaulter kurzer Mist mit untergeackert und klar geegget, im Frühjahr abermals geackert, klar geegget, der Saame sehr dünne gesäet, so daß die Pflanzen 6 Zoll weit auseinander stehen. Sind sie ohngefähr 3 Zoll hoch, gejätet, wo sie zu dick stehen, ausgezogen und auf leere Plätze gepflanzt.

Wer die Pflanzen, wenn es ein wenig geregnet hat, mit kleinen Hacken behackt, thut sehr wohl.   Hr.

Handelsgewächse.

Hr. Holzhausen säet den Kümmel nicht, sondern läßt das Jahr vorher ein Stück gutes ungemistetes Land umgraben, und den Kümmel ohngefähr im Monat August, wie man den Kohlsaamen säet, ausstreuen. Zu Ausgang des May oder Anfang Junius wird er nach einem Regen, damit die Pflanzen desto eher bekleiben, ordentlich in Reihen, wie man Kraut zu pflanzen pflegt, eine ViertelElle weit auseinander gepflanzt. Die Kümmelpflanzen werden zweymal im Sommer gehackt und vom Unkraut gereiniget.

Selten erhält man im ersten Jahr etwas weniges Kümmel, sondern erst im 2ten. Wenn die mehresten Körner reif sind, wird er eingeerndtet, wollte man so lange warten, bis alle Körner die gehörige Reife haben, würden die besten verlohren gehen.

Auf jedes Beet wird eine Person gestellt, die jeden Stock behutsam auszieht, und den Saamen sogleich in ein neben sich stehen habendes hohes Faß abklopft oder abreibt, und das Stroh hinter sich auf das leere Feld wirft. Ist das Faß voll, so wird es in Säcke ausgeschüttet, und der Kümmel zum weitern Abtroknen nach Hause geschaft.

Man braucht hiezu zwar einige Leute mehr, aber erstlich wird das Dreschen erspart, 2) bekommt man vielen Kümmel mehr, 3) wird die Frucht bey guter Witterung sogleich ohne Schaden nach Hause gebracht, 4) wenn Regenwetter einfällt, muß man ja auch Leute haben, die den Kümmel alsdann bey guter Witterung auseinander setzen müssen.

Diese Methode ist besser, als wenn man den Kümmel mit der Sichel abschneidet, in Gebunde bindet, einige Tage bey guter Witterung im Felde in kleine Haufen aufstaucht, und wenn er trocken genug ist, einfährt, drischt, und gut reinigt. Es geht aber viel Saame verloren.

Holzhausen giebt seinen Dreschern Land um die Hälfte, und die Pflanzen dazu, bey der Erndte kauft er ihnen ihre Hälfte auch noch ab.

Den ersten Saamenkümmel darf man aus keinem Kramladen kaufen, weil man ihn daselten gut und frisch erhält.

2) Fenchel.

Die Fortpflanzung des Fenchels geschieht durch den Saamen, ist eine zweyjährige Pflanze, verlangt wie Kümmel ein gutes und gut zubereitetes Land. Da er erst im 2ten Jahre die rechten Früchte bringt, so werden die Pflanzen 1 bis 2 Fuß weit auseinander verpflanzt, ein paarmal behackt und von allem Unkraut gut gereiniget. Im August fangen die Dolden nach und nach an ihre Farbe zu verändern und der Saame reif zu werden. So wie ihre Saamenkörner anfangen reif zu werden, muß eine Dolde nach der andern abgeschnitten werden, ehe dieselben ausfallen. Die abgeschnittenen Dolden bindet man an ihren etwa 6 Zoll langen Stengeln

Handelsgewächse.

geln in kleine Gebunde und läßt sie an einen luftigen und trofnen Ort vollends abreifen. Wenn alles trocken genug ist, kann man die Saamenkörner abreiben und vollends rein machen.

In den Apotheken findet man die Wurzel den Saamen, das Kraut und die Blumen. Die Wurzel wird unter die fünf größern eröffnenden Wurzeln gezählt, und ist sowohl eingemacht, als uneingemacht zu haben. Aeusserlich zertheilen dieselben wie auch das Kraut und der Saame pflasterweise so aufgelegt die vom Stoßen oder Schlagen entstandenen blauen Mähler und Beulen. Sie heilen auch die geschwollenen Brüste der Weiber und zertheilen die Knoten in denselben. Es widerstehet auch die Wurzel allem Gifte, und das Decoct davon wird sonderlich wider den Rauch des Queckſilbers angepriesen, wenn ihn nemlich die Goldarbeiter bey dem Vergolden mit dem Athem an sich gezogen. Die Saamen sind noch kräftiger als die Wurzeln, und werden daher vorzüglich gebrauchet. Man bedient sich derselben sowohl in Decocten als auch mit Zucker überzogen zu Stärkung des Magens die Blähungen zu vertreiben, die Schärfe der Säfte zu verbessern, und den Auswurf der zähen Feuchtigkeiten durch die Brust zu befördern. Der Fenchel soll auch sonderlich die Augen stärken. Man pflegt deswegen den Saamen zu kauen, um den Hauch aus dem Munde in die Augen zu blasen, oder mit dem abgezogenen Wasser angefeuchtete Leinwandläppchen auf die Augen zu legen, oder ein besonderes Augenwasser aus den Stengeln des Fenchels zu verfertigen. Die

marktmarkigen Stengel werden ausgehölet mit gestoſſenem Zuckerkand angefüllet, die Oeffnung wieder mit Wachs verschloſſen, und in den Keller aufgehängt, da denn nach und nach einige Feuchtigkeit herauströpfelt, und mit solcher entweder allein oder mit Rosenwaſſer vermischt pflegt man die Augen zu benetzen. Die Dolden mit dem halbreifen Saamen oder auch nur den Blüthen gebraucht man wie die Dillkronen bey dem Einmachen der Gurken. Auch werden solche getroknet als Tobak geraucht wider das hartnäckige Kopfweh ungemein gepriesen. Uebrigens ist der Fenchel den Bienen ein überaus angenehmes Gewächs. Auch giebt man Fenchel und Honig den trächtigen Kühen, wenn ihnen Blut abgeht, und man besorgt, daß sie verwerfen möchten, auf Brod ein. Wegen der großen Tugenden des Fenchels sagt der Italiäner Finochio e pane mi basta, Fenchel und Brod ist alles, was ich bedarf.

3) Anis.

Der Anis ist eine Specerey, die weit verführt werden kann, und dem Landmann ziemlichen Vortheil gewährt. Der Centner wird mit 6 Rthlr. und noch höher bezahlt, und 3 Centner giebt der Acker.

Wenn der Centner 4 - 5 Rthlr. kostet, kann ihn der Landmann nicht bauen, 1) wegen des vielen Aufwandes, 2) weil er mit 2 - 3 Pferden sehr tief geackert werden muß, 2 Rthlr. Jäterlohn vom Ar. 1 fl. vom Dreschen und rein-
machen,

Handelsgewächse.

machen, so daß 4 fl. Aufwand ist. Der Acker wird sehr ausgesogen: in der Kornerndte weil er in die Brache gesäet wird, verliert man ein Drittel ja die Hälfte Frucht.

Wenn die Fruchtpreise schlecht sind, so kommt auch bey dem wohlfeilen Anis viel Gewinn. In 3 Jahren sind von 3 Dörfern 468 Aecker bestellt nur a 2 Centner 936 Centner, der 7, 7 Rthlr. 12gr. kostet, nur zu 6 Rthlr. gerechnet 5616 Rthlr. in einem Jahr 116 Acker a 232 Centner a 6 Rthlr. 1392 Rthlr.

Zum Anisbau wird eben nicht der allerbeste Ar. erfodert, wenn er nur sonst eine gute Lage hat, d. h. nicht zu sehr in der Tiefe liegt, wo sich die Nebel und Thaue aufzuhalten pflegen. Erhabene Gegenden, wenn auch der Acker etwas steinigt nur in guter Besserung ist, liebt er.

Man ackert das gewesene Sommer nun Brachfeld im Herbst mit 2 - 3 Pferden so tief als man kann, theils des Unkrauts wegen, dessen Wurzeln herauskommen und ausfrieren sollen, theils tiefen lockern Boden zu veranlassen, daß der Acker die Winterfrüchte gut annimmt und behält. Manche graben noch besser ihren Acker.

Der Anispatron waren die 40 Ritter, nachdem aber dieser Name in manchen Calendern nicht mehr steht, ist es der 9te Merz. Man band sich so fest an diesen Tag, daß man seinen Anis auf den Schnee säete. Es ist gut, wenn er er sehr frühzeitig gesäet wird, denn er gehet eher auf, wird eher reif, und kömmt vom Lande, ehe die Thaue, die ihm so schädlich sind, zu häufig werden. Wer ihn im Herbst säet, kommt den Miswachs zuvor, denn er bekommt eher Blüthen und Körner, ehe die Pfeifer noch recht seiner mächtig werden können.

Sobald der Anis aufgehet, muß er gejätet werden, und das sehr genau, jedes kleine Gräschen, das sich zeiget, muß mit einem kleinen spitzigen Hölzgen locker gestochen und mit seiner Wurzel herausgezogen werden, an 1 Ar. jäten 2 Personen 6 - 7 Tage. Nach einigen Wochen wird er mit einer kleinen schmalen Hacke behackt, das Gras herausgelesen und heißt Ruhren. Die Anisstengel darf man nicht umhacken, umtreten. Vor der Blüthe muß dies, wenn das Gras überhand genommen, noch einmal geschehen. Zur Zeit der Blüthe darf niemand im Anis umhergehen.

Sehen seine Körner silbergrau, ist er am schönsten reif, welches sich im Monat August zuträgt: er wird wie der Flachs gerauft, in Bindel gebunden, auf große Böden ganz locker auf seine Stengel gesezt, händerweis zusammengebunden, auf Wäschleinen, die man hin und her ziehet, gehängt, um ihm soviel Luft zu geben, als ihn durch die Bodenlöcher und aufgehobene Ziegeln gegeben werden kann.

Nach einigen Wochen, wenn er dürre, wird er an einem schönen heißen Tage in Tüchern von Boden

Handelsgewächse.

Boden herabgetragen, damit nichts verlohren geht, und an solchen Orten, die die Sonne gut haben, dünne auf Knotentücher gesezt, ist er ein oder zwey Stunden recht von der Sonne gebrannt worden, wird er in die Scheuer geschaft und gedroschen: ist er nicht recht dürre, so geht er nicht gut vom Stroh, es muß ein guter Tag und Leute genug zum Handthieren seyn. Er wird geworfft, damit nicht soviel Anis in die Spreu kommt, dann gerollt, gesegt.

Der Anis ist eine sehr mißliche Sache. Nichts ist mehr und plötzlicher der Gefahr zu verderben unterworfen, als der Anis. Denn er hat 3 Hauptfeinde, die ihn schrecklich ruiniren können.

Der erste ist der Aniswurm, der aus dem Maykäfer entstehet, im Frühjahr findet man ihn häufig, wenn gegraben und geackert wird. Er ist kurz und dick, und hat einen röthlichen Kopf. Dieser naget dem Anis, wenn er einen etwas starken Stengel und Wurzel hat, die Wurzel ab, daß er umfällt und verdorret.

Der zweite Feind ist die Anisraupe oder der sogenannte Pfeifer. Er ist eine weißlicht grüne Raupe, die, wenn der Anis blühet, sich in dessen Sterne sezet, sie mit seinem Gewebe zusammen zieht, sich einspinnt, und dadurch hindert, daß er ausblühen und Körner bekommen kann.

Der 3te Feind ist der Thau, wenn der Anis im Reifen ist, fällt er stark auf ihn, macht ihn ganz schwarz, wodurch er seine Kraft verliert und taub wird. Dieses Unheil kann seine eigne Ausdünstung auf den Böden stiften.

Zu den Vortheilen gehört die Benuzung der Spreu, wozu alles ausser dem Stroh von dem Anis abgehende gehört, die grossen und kleinen Beine oder die äussersten Spizen vom Anisstroh. Der Scheffel Anisspreu kostet von 3 - 6 gr., von einem Acker bekommt man 6 - 7 Viertel aus der Spreu wird Anisöl. Die Asche des Anisstroh thut bey dem Einkalken bessere Dienste als der Kalk. Das Stroh giebt eine heftige und langgedehnte Glut, und hat keinen Brand.

4) Waid.

Ist ein dem Thüringer Land eigenthümliches Gewächs. Es wird zwar jezt in Brandenburg, Schlesien, Oesterreich und Hannöverschen gebauet, ist aber dahin gekommen, und hier immer besser als dort. Vormals war er das stärkste und einträglichste Product unseres Landes, daß sich, seit dem der Preis sehr gefallen, vermindert hat. Vom Jahr 1740 bis 770 kostete das Schock Waid noch 3 4 - 5 nie unter 2 Groschen. Seit 770 bis jezt 18 - 22 pf. statt 100 Acker stehen jezo 20. Die Menge des Indigo, die Erfindung blauer Farben, der häufige Anbau des Waids in andern Ländern sind die Ursache.

Gotha, Erfurt, Langensalza, im Gothaischen Friemar, Pfertingsleben, Moschleben, Eschenberga, Bellstedt, Hausen, Pfullendorf,

Buff-

Handelsgewächse.

Buffleben, Warza. In Friemar habe ich ihn selbst behandeln gesehen, wo er und in Hausen und Pfullendorf der beste ist; Im Erfurtischen zu Tröchtelborn wird er noch auf den heutigen Tage gebauet.

Nichts kostet mehr Mühe und Aufwand als Waid. Er verlangt den besten Acker, und dieser muß gut gedüngt seyn. Folgendes sind die Ausgaben:

Rthlr.	gr.	pf.	
1	20	•	Einen Acker zweyspännig zu ackern und den Mist darauf zu fahren.
1	•	•	Den Acker zweymal zu jäten.
•	5	•	Eine Metze Saamen, und denselben zu säen.
•	9	•	Drey Personen den Waid zum erstenmal zu stoßen.
•	9	•	Denselben zu ballen, und die Ballen aufzulegen.
•	8	•	Den Waid beyzuführen, und mit 2 Pferden zu mahlen.
•	1	•	Demjenigen, der ihn mahlen muß.
•	4	•	Das Land zu schuren und zu eggen.
1	3	•	Bey dem zweyten Stich.
1	3	•	Bey dem dritten Stich.
•	16	•	Den Waid bey den Verkauf wegzufahren.
•	4	•	Der Herrschaft Abgabe von einem Acker.

6 Rthlr. 10 gr.

Dreyundzwanzigstes Kapitel

Selten kann man den Waid dreymal in einem Sommer stoßen, wenn er also nur zweymal kann genommen werden, so bleibt er über Winter stehen, und wird das künftige Frühjahr zu Ende Aprils zum dritten mal gestoßen, da er alsdenn Kompst Waid heißt, der wegen der harten Stengel und Rippen etwas schlechter als der Sommerwaid ist, und von welchem die Waidhändler 3 Schock für 2 bey dem Kauf rechnen.

Der Ertrag von einem Acker ist gemeiniglich 150 Schock Ballen, welche, wenn das Schock 18 pf. kostet, 9 Rthlr. 9 gr. betragen, da dann nach Abzug der obigen Unkosten nicht mehr als 3 Thaler übrig bleiben.

Vergleicht man nun den Fruchtbau mit dem Waid, so findet man, daß er izt das wenigste abwirft, doch sind ihm noch einige Umstände günstig.

1) Ist der Waid keinem gänzlichen Miswachs unterworfen, in dürren und kühlen Sommer geräth er zwar nicht so gut, wie bey nassen und warmen, doch immer, daß man zufrieden seyn kann. Kein Frost, kein Ungeziefer, keine Schloßen verderben ihn: zerschlagen auch leztere seine Blätter, so ist er in etlichen Wochen wieder beygewachsen.

2) Wo Waid gestanden, steht dann vortrefliche Gerste. Durch das tiefe Ackern, Jäten und Schuren wird der Acker merklich gebessert.

3) Die

3) Viele Landleute bearbeiten ihn unter der Hand, und ersparen die Ausgaben durch Arbeiter.

4) Gemeiniglich kömmt im Herbst baares Geld. Man braucht sein Getraide nicht auf einmal auszudreschen und loszuschlagen.

5) Der Krapp

ist eine in der Färberey so allgemein brauchbare Wurzel, daß solche von keinem Färber entbehret werden kann. Sonderlich ist derselben Gebrauch für die Zitz- und Cattunfabriken so wichtig, daß alle haltbare Farben in diese Zeuge blos durch den Krapp darein gebracht werden, wie denn die Wurzel nicht nur die rothe, sondern auch die braune und schwarze, ja alle mittlere Farben, als Pfersigblüth, Violet, und Mordore herfürbringt, je nachdem man vorher die weißen Cattuntücher mit verschiedenen Salzen eindrückt. Der Krapp ist auch ein großes Ersparniß bey den Blaufärben, weswegen solcher von dem Wollenfärber sowohl zum Roth, Braun, als auch zum Blaufärben gebraucht wird. 2) Der Verbrauch dieser Wurzel ist so beträchtlich, daß nur in der Schweitz und Deutschland alle Jahre über 150,000 Centner verbraucht werden; die nach einer mäßigen Berechnung eine Summe von 4 Millionen 5 hundert tausend Gulden baaren Geldes aus diesem Reiche nach Holland ziehen. Itzt bauet Deutschland noch nicht den 6ten Theil davon, da es doch überdies eine Waare ist, die wegen ihrem hohen Werthe und unbegränzten Gebrauch die Ausführung in alle 4 Welttheile verträgt, und zu einem Gegengewicht

gebraucht

gebraucht werden könnte, die ungeheure Summe zu bilanciren, welche Deutschland in den Ost- und Westindischen Produkten verschwendet. 3) Rotterdam und London sind die Hauptmärkte für den Krapp, und da würden wir eine schlechte Figur machen, wenn wir mit ein paar Duzend Krappfässern aufgezogen kämen, und weiter nichts mehr liefern könnten. Hier muß man nicht mit 100 sondern zu 1000 Centnern anbieten können, sonst stehet einem der dortige Krapphändler nicht an, weil der oft in einem Tag 100 Centner verkauft, woran wir Jahr und Tag zu liefern hätten. 4) Der Preis des grünen Krapps ist per Centner 2 fl. 30 kr. bis 3 fl. der gemahlene aber gilt von 10-80 fl., je nachdem solcher fein oder geringes Gut ist. Der Preiß des Sortenkraps ist bald steigend und fallend immer aber hoch, wie er denn 1781 zu Frankfurt am Mayn so gestiegen, daß die erste Sorte auf 64 Reichsthaler, die zweyte auf 44 Rthlr., und die dritte auf 22 Rthlr. der Centner gestiegen ist. 5) Christ sagt: daß in seiner Gegend — Frankfurt am Mayn — auf einem Acker, wo man die besten Früchte bauet, dennoch nur 1 fl. Gewinn gerechnet werden dürfte, wenn man dagegen vom Krapp 5 fl. bezöge. Hundert Reichsthaler bis 200 fl. fügt er hinzu, ist nichts ausserordentliches, aus einem hierländischen Morgen Krapp zu ziehen, so auch in der Pfalz, im Durlachischen bekömmt man auf dem Morgen vom 160 Rheinländischen ☐ Ruthen 10-15 Centner gedörrte Wurzeln. Im Durlachischen ist das Land schon so durch den Krappbau in Kultur gebracht worden, daß manche

che beym Anbau im kleinen auf einen Viertel Morgen Land über dreyßig Centner grünen Krapp geerndtet haben. Der Ertrag in mittlern Jahren ist gemeiniglich 70·80 Centner grüner Wurzeln, welche 10 Centner dürren Krapp geben. Mehlthau, dürre und ausserordentliche Winterkälte können diesen Ertrag bis auf 20 oder 25 Centner vermindern, man hat aber auch im Gegentheil Beyspiele, daß auf einem Morgen 150 bis 160 Centner gewachsen, je nachdem Gartenmäßig gedüngt worden. 6) Kann in den Pfäden Kraut, Blumenkohl, Ruttfeln und andere Kohlarten gepflanzt werden, die nirgends besser und delikater werden, als im Krapp. 7) Von einem Morgen Krappheu sind schon 24 fl. gelöset worden, wir wollen nur 16 Centner und diesen zu 45 Kr. rechnen, beträgt 12 fl. Mein Vieh, sagt Gugenmus, ist nie gesünder und schöner, als wenn solches mit Rüben und Krappheu gefüttert wird, welches mein gewönliches Futter ausmacht, es ist grün und trocken ein kräftiges Futter für Pferde und Rindvieh. 8) Da es die Knochen der Thiere, welche davon fressen, ganz roth färbt, so können diese Knochen zu Messer und Gabelschalen gefertiget werden, wie Schubart von Kleefeld für viele Couverts hatte. 9) In der Medicin ist es ein gelinde laxirendes Mittel, in Knochen und andern Krankheiten zu gebrauchen.

Der Krappbau in Kurpfalz.

Der Krapp oder die Färberröthe wird seit 1764 in Kurpfalz gebauet, man hat mit wenigen

gen Pflanzen angefangen, und diese Cultur nach zehn Jahren jetzt so weit gebracht, daß nun jährlich über tausend Centner fertiger Krapp im Lande fabricirt wird; sein Werth und seine Güte ist so entschieden, daß man solchen dem Holländischen völlig gleich schäzet, und deswegen wenig mehr von dorther kommen läßt, wenn man den einheimischen in genugsamer Menge haben kann.

Diese Färbewurzel nimmt mit allen Erdreich vorlieb, nur ist es nicht rathsam, solche in naßen steinigten Boden zu pflanzen, weil im ersterm Fall viele Gräben nach Holländischer Art gemacht werden müßen, damit das Wasser abgeleitet werde, wodurch nicht nur die Arbeit vermehret wird, sondern auch viel Land ohne Noth verlohren geht, in steinigtem Boden aber geht das Ausgraben langsam, und man muß die Wurzel zu sehr zerhauen, welches mehrere Kosten verursacht. Der beste Boden zu diesem Gewächs ist ein mehr trocken als nasser Leim oder Sandboden, lezterer ist am vorzüglichsten, wenn er recht gedünget werden kann, nicht nur weil der Sand leichter zu bearbeiten, und die Wurzel leichter auszugraben, auch von der daran hangenden Erde zu reinigen ist, sondern auch weil der Krapp oder die Färberröthe auch in der Qualität darin viel besser wird, als in einem schweren Thon oder Leimboden, indessen darf man den Leim oder Lettenboden nicht scheuen, wenn nur solcher trocken liegt; von welcher Art aber auch der Boden seyn mag, so muß man nicht vergessen, solchen fordersamst soviel möglich

Handelsgewächse. 95

lich mit wohlverfaulten Dung zu düngen, und vor dem Pflanzen den Acker wenigstens dreymal zu ackern und zu eggen, damit das Unkraut sauber ausgerottet, und die Erde fein zertheilet, auch der Dung soviel möglich zerrissen und mit der Erde vermischet werde; deswegen muß man den Dung bey Zeiten im Februar auf den Acker bringen, und sogleich ausbreiten, kann man dieses aber im Winter thun, und den Dung unterackern, so ist es desto besser. Man rechnet hier zwölf Wagen Dung mit 4 Pferden auf einem Morgen der 40,000 ☐ Schuhe enthält, kann man aber 16 solche Wagen mit Dung auf den Acker bringen, so thut man noch besser, weil der Dung das wichtigste Augenmerk und Beförderungsmittel ist, und man gemeiniglich so viele Centner dürre Wurzeln erhält, als man Wagen Dung auf den Morgen Land bringt. Dahingegen trägt ein magerer Acker bey aller Vorsicht, bey der besten Lage und Erdart, ohne Dung kaum soviel, als die Tageslohn und Zubereitungskosten erfordern. Wenn der Acker solchergestalt zum Anpflanzen der Färberröthe zubereitet worden, so erwartet man die Zeit des Setzens, welches am Ende des Aprils oder in dem Monat May geschiehet. Die Pflanzen, welche zu dieser Absicht dienen, werden von alten Krappstöcken abgerupft, als welche am Ende des Februars anfangen hervorzukeimen wie die Spargel, und gemeiniglich bis an das Ende des Aprils so hoch über die Erde hervorwachsen, daß sie ohngefähr 9 bis 12 Zoll lang werden, wennn man nun diese Schossen von den alten Stöcken abreiset, so haben solche um diese Zeit

unten,

unten, so tief sie in der Erde stehen, kleine gelbrothe Wurzeln, welche, wenn sie in den Boden kommen, sogleich sich weiter ausbreiten und die Grundtheile der Wurzel ausmachen. So tief aber die Pflanze in den Boden gesezt wird, so weit wird auch das Kraut zur Wurzel, weswegen man auch das Kraut oder die ganze Pflanze so tief in den Boden sezet, daß nur die Gipfel oder Spitzen oben ein wenig über der Erde hervorstehen. Man wartet gemeiniglich mit dem Versetzen dieser Pflanzen, bis ein guter Regen erfolget, der den zubereiteten Acker wohl durchfeuchtet, oder man gießet die Gräben und Löcher, worein die Pflanzen gesezt werden, bey heißem trockenen Wetter mit Wasser an, damit die Pflanze in den naßen Boden komme, weil solche sonst verdorren würde; auch muß man nicht vergessen, solche unten in die feuchte Erde anzudrücken, wie man es mit den Krautpflanzen beobachtet, weil die Pflanze bey dieser heißen Jahrszeit leicht verwelket, wenn sie nicht mit den Wurzeln in der feuchten Erde fest stehet, und aus solcher sogleich die Nahrung saugen kann.

Die Art und Weise, nach welcher man den Krapp anzulegen pfleget, ist in hiesiger Gegend verschieden, im Anfange machte man es wie die Seeländer (von denen man den Krappbau erlernt hat) und legte die Pflanzen reihenweise in 4 Schuh breite Beete, in welchen eine Reihe von der andern einen halben Schuh entfernt stund, hernach aber zwey Schuh zu den Gräben, womit die Länder oder Beete zugedecket werden, liegen bleiben, etwa nach folgender Figur:

Da

Handelsgewächse.

Da man aber hierdurch vielen Platz verlohr, welcher zwischen den Beeten leer liegen blieb, und noch dabey mehr Arbeit zu verrichten hatte, indem man im Spätjahr die Erde aus den Zwischenräumen bb herausnehmen, und auf die Länder aa werfen mußte, so versuchte man eine andere Methode, insonderheit da man sah, daß der Krapp im Winter nicht erfriert, wenn solcher auch nicht mit Erde bedeckt wird, auch es wahrscheinlich ist, daß das nasse und sumpfichte Seeland seine Einwohner zu dem vorhergehenden Bau durch Gräben genöthiget habe, welches aber im trocknen Lande unterbleiben könne; man besezte deswegen den ganzen Acker Reihenweise mit Krappplanzen, ohne Zwischenräume leer liegen zu lassen, und der Erfolg zeigte, daß man dadurch nicht nur das Grabenmachen und Zudecken der Beete ersparen, sondern auch auf diesem sonst verlohrnen Drittheil Acker ein Drittheil Krapp mehr erbauen konnte, welche Bauart jedoch nur in trockenem und temperirtem Erdreich anzupreisen ist, da man hingegen in nassem Lande die Gräben, um das überflüßige Wasser abzuleiten, beybehalten muß. Aber auch bey dieser verbesserten Bauart des Krapps zeigen sich noch große Unvollkommenheiten, indem die Pflanzen nicht nur so nahe gesezt werden, daß man mit keinem Instrument bequem darin arbeiten kann, sondern die Wurzeln wachsen zu bald zusammen, nehmen einander die Nahrung und werden nicht

2r Th. G groß

groß genug, um einen vollkommenen Krapp zu erhalten. Bey dem Ausgraben erhält man daher nur dünne Fleischwurzeln, und sehr viele Haarwurzeln, welche einen geringen Krapp liefern, dahingegen die dicken Wurzeln fast lauter feinen Krapp geben, und nicht halb soviel Haut und Haarwurzeln enthalten.

Da es bekannt ist, daß das weite Setzen alle Wurzelgewächse weit größer und ergiebiger macht, so hat man endlich auch die dritte Bauart versucht, und die Krappsetzlinge in Reihen zwey Schuhe voneinander gepflanzet, wie man etwa Kraut, Kartoffeln, Welschkorn und andere Gewächse bauet, auch in den Reihen selbst ist man mit den Pflanzen oder Stöcken zwey Schuh voneinander geblieben, dergestalt, daß jeder Stock 4 Quadratschuh Raum enthielt, mithin auf 40,000 ☐ Schuhen nur 10,000 Stöcke stehen, da hingegen nach der vorigen Methode, wo die Pflanzen in den Reihen ½ Schuh, die Reihen aber auch nur ½ Schuh entfernt wurden 160,000 Pflanzen auf den Morgen erfordert werden, welches leztere viel zu nahe scheint, indem in den ersten 4 Wochen die Wurzeln schon zusammen wachsen, und einander in der Folge die Nahrung rauben, wie dieses bey Ruben, Kraut, Kartoffeln und allen Erdgewächsen geschiehet, wenn solche zu nahe gesezt werden, da man hingegen, wenn man nur 10000 Stöcke auf den Acker sezt, in jede Stufe oder zu jedem Stock aber zehn Pflanzen nimmt, soviel Pflanzen auf den Acker bringt, daß solche zwar am Ende des zweyten Jahrs überall zusammenwachsen, fen, weil aber die Stöcke zwey Schuh weit voneinander entfernt sind, so kann man immer darzwischen arbeiten, den Stöcken frische Nahrung geben, und das Unkraut gehörig ausrotten, wodurch die Wurzeln nicht nur weit größer sondern auch nicht soviel Haut und Haarwurzeln erzeugt werden, daß also der Aker in Menge und Güte besser ausfällt, auch wohlfeiler zu bauen und auszugraben ist, weil man alles beysammen an einem Stocke hat, was man nach der vorigen Bauart in zehn bis 15 Stöcken suchen muß. So vorzüglich inzwischen die leztere Methode den Krapp zu bauen ist, so ist doch die erstere mit den Beeten und Gräben die gewöhnlichste, die zwote wird zwar von einigen einsichtigen Landwirthen vorgezogen und befolget, diese leztere aber, nach welcher man die Stöcke, wie die Kartoffeln, in Stufen oder aufgehackte Löcher sezet und anhäufelt, fängt erst an, und der Bauer, welcher gerne bey den Alten bleibt, wendet keine Aufmerksamkeit auf ihre Nachahmung.

Man mag nun eine Bauart wählen, welche man will, so ist nöthig, daß man, wenn die Pflanzen gesezt werden, solche immer von dem Unkraute rein halte; deswegen muß man das Land gleich hacken, sobald man siehet, daß die Pflanzen angewachsen sind. Dieses muß mit vieler Behutsamkeit geschehen, wenn die Pflanzen enge gesezt worden, weil man keine Erde zu den Stöcken ziehen kann, sondern die Pflanzen gerne los hacket, indem alsdann die Sonne durch den aufgelockerten Boden auf die Wurzeln brenbremet, wodurch manchmal die schönsten angewachsenen Plantagen ruinirt werden; will man aber länger warten, so überwächst das Unkraut und das Krappkraut den Boden zugleich, daß man mit keiner Hacke mehr dazwischen kommen, und also den Boden nicht auflockern kann. Das Jäten ist aber langweilig, und giebt der Wurzel keinen lockern Boden, ja man tritt solchen nur mehr zusammen, reißt das Unkraut nur ab, da dann die Wurzel wieder von neuem treibet, und den Krapp, wo nicht im ersten, doch gewiß im zweyten Sommer ersticket, hingegen, wenn die Stöcke zween Schuh voneinander stehen, so kann man gleich in den ersten acht Tagen mit dem Anhäufeln der Stöcke den Anfang machen, wodurch die Stöcke kühle lockere Erde bekommen, die sie nähret, und gegen die Hitze schützet, auch wird das Unkraut im ersten Keime erstickt, der Stock in die Höhe gezogen, daß das Krappkraut über das folgende Unkraut erhaben ist, und solches ersticket, ehe es unter ihm aufkommen kann. Dieses Behacken kann auch in vier bis 6 Wochen hernach wiederholet werden, weil man das Krappkraut auf einem Busch beysammen stehen hat, solches herumlegen, und die Erde darunter nach Verlangen bearbeiten kann, welches macht, daß diese Stöcke bis Martini immer grünen und fortwachsen, da die entgegengesezten gemeiniglich um Michaelis schon abgestanden sind. Man pfleget auch bey der Methode in entgegengesezten Reihen das Kraut zu stecken, das heißt, von einer Reihe bis zur andern in den Boden zu legen, und mit Erde bis an die Gipfel zu bedecken, welches

macht

macht, daß alles Kraut zu Wurzeln wird, und die Gipfel des hervorgelassenen Krauts dergestalt schnell über den Boden herfürtreiben, daß der Acker in kurzer Zeit mit neuem Kraut bedeckt ist. Ob man nun wohl denken sollte, daß man hierdurch doppelt soviel Wurzeln erzeuge, als man Kraut zu Wurzeln macht, so ist dieses doch eine mehr schädliche als nützliche Arbeit, ob sie gleich sehr langweilig und mit Vorsicht verrichtet werden muß, denn man hacket, und reißet dabey viele Stöcke loß, und was man oben am Kraut gewinnt, das verliert man an den Wurzeln, weil das Kraut der Wurzel vollends die Nahrung benimmt, da diese ohnehin zu dichte ineinander stehen, deswegen wird man finden, daß diese eingelegten Wurzeln hohl bleiben, die erstern aber nur wie Strohhalme werden, welche beyde bey dem Dörren vollends wie Zwirnfaden zusammenschrumpfen, woraus hernach ein unzeitiger schlechter Krapp entstehet, dahingegen bey weitgesezten Reihen die jungen Seitenwurzeln immer abgehauen werden, damit die Nahrung den ersten Hauptwurzeln allein zufließe, welche dadurch zeitiger und drey bis 4mal so dick werden, als die eingestreckten Krautwurzeln, wie man denn auch hernach im Dörren und Putzen nicht soviel Abgang erleidet, und einen weit farbereichern und schönern Krapp erhält, als bey ersterer Methode.

Wenn nun solchergestalt der Krapp im ersten Jahr gebauet worden, und sein Kraut anfängt von unten herauf abzudörren, so ist es Zeit, solches abzuschneiden. In diesem Falle giebt es

grün

grün oder gedörrt ein kräftiges Futter für Pferde und Ochsen, dahingegen färbet es die Milch, Butter und Käse roth, weswegen eckelhafte Leute solche nicht gern kaufen, ob solche wohl gesünder und fetter ist, als die Milch von Wiesengras, auch der Urin der Thiere wird roth, wodurch man sich aber nicht abschrecken lassen darf; ja die färbende Eigenschaft dieses Krauts gehet so weit, daß auch die Zähne und innersten Knochen aller Thiere, so davon fressen, ganz roth gefärbt werden, doch hat man hievon noch nicht den geringsten Nachtheil bemerket, sondern diese durchdringende Eigenschaft des Krappkrauts, welche in seiner Wurzel noch häufiger enthalten ist, hat Gelegenheit gegeben, daß man den Krapp bey allen Krankheiten, so von hartnäckigen Verstopfungen des Geblüts und der Lymphe entstanden, als eine bewährte Arzney gebrauchet, daß man also nicht den mindesten Abscheu für die aus dessen Kraut entstandenen Producte hegen darf. Wenn das Krappkraut eingeerndtet ist, so läßt man den Acker ruhig liegen, bis in das folgende Frühjahr, da solcher bey dem Auskeimen sogleich behackt, und von Unkraut gesäubert wird, wo aber der Krapp in Beeten gebauet wird, da werden im Spatjahr nach dem Abmähen des Krauts die Zwischenräume abgehoben, und die Erde auf die Länder oder Beete geworfen, in folgendem Frühjahr aber werden diese Beete gejätet, weil man wegen des eingelegten Krauts mit der Hacke nicht mehr darin hacken kann, nichts destoweniger siehet man doch, daß gemeiniglich das Unkraut in diesen mit aller Mühe gejäteten Beeten doch

den

den ungehackten Krapp in kurzer Zeit überwächset, und mitten im Sommer, wenn solcher noch am besten wachsen sollte, abstehen macht. Wo nun der Krapp weit gesetzt ist, da wird solcher sogleich im Frühjahr, und wenn der Maymonat vorbey ist, also zweymal behackt, da denn derselbe in fetten Aeckern ungemein gut fortwachsen, und alles Unkraut ersticken wird, da der Boden immer locker bleibt, so senkt sich auch die Feuchtigkeit und der Sommerregen leicht zu den Wurzeln, und diese breiten sich dergestalt aus, daß am Ende des zweyten Sommers keine Hand breit Platz auf dem Acker ohne Wurzeln seyn wird, wenn anders bey dem Setzen keine Stöcke ausgeblieben, und das Nachbessern nicht ausser Acht gelassen worden.

Nun schneidet man im September des zweyten Jahrs das Kraut zum zweytenmal ab, und da giebt ein guter Acker gemeiniglich 25 bis 30 Centner dürres Krappheu, welches, wenn es gut gedörrt wird, dem besten Wiesenheu nichts nachgiebt, zumal, wenn man es im Winter geschnitten unter Haber oder Rüben oder Kartoffeln verfüttert. Ich habe Krappäcker, die vier, 5 bis 8 Jahre stehen, und finde, daß die Wurzeln alle Jahre dicker werden, und daß, wenn das Kraut alle Jahre zweymal abgemähet wird, solches wieder nachwächst, und wie ein Kleeacker benutzet werden kann, wie denn auch das Kraut viel zarter und futterhafter ist, wenn die Krappäcker am Ende des Junius und Augusts abgemähet werden, so daß man diese Wurzeln als einen Kleeacker und per-

rennirendes Grasgewächse und als ei‑
nen Farbestoff zugleich benutzen kann.

Gegen Ende des zweyten Sommers und
also 18 Monate nach dem Versetzen wird hier
gemeiniglich der Krapp ausgegraben, welches
mit langen zweyzinkigten Hacken, die wie lange
Bißhacken, aber viel stärker und etwas breiter
gestaltet sind, verrichtet wird, da denn ein Mann
täglich einen Centner ausgraben kann, wenn
der Acker gut stehet, ein Morgen nach obigem
Gehalt giebt 40, 80 bis 130 Centner grüne
Wurzeln. Werden aber diese Wurzeln gedörrt, so
erhält man nur den achten, sechsten oder fünften
Theil, je nachdem die Wurzeln dick und in ei‑
nem trocknen Boden gestanden, auch nach dem
Ausgraben sauber gewaschen oder bey trockenem
Wetter die Erde vor dem Wägen wohl abge‑
schüttelt worden. Die Landleute verkaufen ihre
Wurzeln grün vom Acker hinweg, und erhalten
für jeden Centner zwey Gulden 12, 20 bis 30
Kreuzer, daß also ein Morgen von mittlerm
Ertrag 200 Gulden baares Geld erträgt, wenn
man die Wurzeln ganz roh von dem Acker hin‑
weg verkauft, rechnet man nun das Krappkraut
gegen den Dung, so betragen alle übrige Kosten
mit Setzen, Hacken und Ausgraben höchstens
35 bis 40 Gulden.

Will man aber den Krapp bis zur Färberey
zubereiten, so muß solcher, nachdem er gewa‑
schen, oder von der Erde gereiniget worden, an
der Sonne oder auf einem luftigen Gebäude auf
Horten getroknet, hierauf in einem Zimmer auf
über‑

Handelsgewächse.

übereinander einige Schuh hoch entfernten Gerüsten ohngefehr wie die Ziegler ihre Ziegel trocknen, oder noch besser in besondern dazu erbaueten Darren gedörret werden, wie man am leichtesten zurechte kommen kann, nur ist dahin zu sehen, daß die Wurzel geschwind gedörret, und vor dem Schimmel durch öfteres Wenden und starke Hitze gesichert werde. Ist nun die Wurzel so dürre, daß solche wie dürres Reißig zerbricht, so wird solche abgenommen, gedroschen, und durch Windmühlen oder Siebe von dem Staube oder sonstigem Unrath gesäubert, die geputzten Wurzeln aber werden hernach auf einer Stampfmühle oder andern Mühle mit perpendikular oder aufrecht stehenden Steinen gleich den Oehlmühlen zu Pulver gestoßen und zerrieben. Wenn man die ganze Wurzel untereinander stößet, so bekommt man einen Mittelkrapp, den die Holländer beraubten Krapp nennen, will man aber zwo und mehrere Sorten machen, so läßt man die Stämpfel nur eine kurze Zeit auf die dürren Wurzeln stoßen, da sich dann die Rinde und die kleinen Wurzeln abreiben und zerstoßen, die dicken Wurzeln und der inwendige Theil oder Kern aber lassen sich nicht so leicht zerstoßen, weil die Darrhitze die äussere Haut und die kleinen Wurzeln stärker angreift, und geschwinder durchdörret: wenn also dieser halb gemahlene Krapp durch ein feines Sieb gesiebet wird, so fallen nur die ganz gedörreten und zu Pulver zestoßenen Theile, das ist Haut und Haarwurzeln durch das Sieb, die ungedörrten inwendigen zähen und dicken Wurzeln aber bleiben im Siebe zurück. Da nun die Haut und die Haarwurzeln braun und grau aussehen, so erhält der erste Krapp, welcher durch das Sieb fällt, gleiche Farbe, und wird ordinärer Krapp genennet, dieser ist der schlechteste. Das im Siebe übergebliebene wird abermals gedörret, gestampfet, und gesiebet, jemehr man nun dieses Dörren, Stampfen und Sieben wiederholet, je mehrere Arten von Krapp bekommt man, weil solcher inwendig gegen den Kern oder das Herz der Wurzel immer heller und gelber wird, da man nun diesen für den besten hält, so entstehen die mittlern, feinen, extra und Superfeinen Krapparten, je nach dem man die Theile der Wurzel weit oder nahe an dem Kern absondert: jemehr man hingegen die innern Theile der Wurzel von den äussern absondert, desto schlechter werden diese, und man bekommt also schlechtern ordinären Krapp, je besser der mittlere und feine gemacht wird, eben wie ein Becker der seines Weißmehl auf Kosten des Brodmehls machet. Wer also den grünen Krapp dörret, erhält von 6, 7 oder 8 Centner grünen Wurzeln einen Centner gemahlnen Krapp, wovon die Darre und Mahlkosten per Centner ungefähr 2 Gulden betragen, da hingegen der gemahlene Krapp um 20, bis 25 Gulden verkauft wird, je nachdem die Jahreszeiten, und die auswärtigen Preise sich verändern.

6) Cocus Polonicus, **Polnische Cochenille.**

Die rothen Würmchen, die sich um Johanni, 1) am Knauel, Wegtrittkraute Sleranthus perennis et annuus gemeiniglich nur Johannisblut

blut genannt, noch häufiger als 2) an der Bärentraube Arbutus uva urſi welche nun schon so einheimisch geworden, daß man das ℔ für 4 gr. bey Hrn. Löwe in Quedlinburg erkaufen kann, statt daß mans ehedem als ein ausländisches Gewächs mit 6 bis 8 fl. bezahlte, 3) an den Mauseöhrchen Hieracium piloſella 4) wie auch am Erdbeerkraut Fragaria veſca befinden, und violet-röthlichen Bläschen von der Größe eines Hantfmenkorns ähnlich ſind, werden in Pohlen jährlich etliche tauſend ℔ zu 1 Laubthaler geſammelt, ſind alſo nicht ſo theuer wie Cochenille, und thun die nemliche Dienſte, denn 1 ℔ färbt davon 20 ℔ Wolle. Da die Pohlen ſie an die Türken verkaufen, die Holländer aber unter die Cochenille miſchen, ſollte man doch darauf bedacht ſeyn, die theure ausländiſche Cochenille entweder ganz zu entbehren, oder ihren Preiß durch Aufſammlung dieſer kleinen rothen Würmchen mit blutrothem Safte um Johannis niedriger zu bringen.

Mir ſcheint, die ſogenannte Johanniswürmchen, die bey der Nacht wie Feuer beym Fliegen glänzen, ſind die lebendigen Thierchen dieſes Cocus. Man ſollte daher die Stengel und Wurzeln gedachter Kräuter vorzüglich des Erdbeerenkrautes beſonders zu pflegen, zumal da die Nopalen (Opuntia) eine dornichte Pflanze, auf der in America vorzüglich im Mexico die Cochenille erzielet wird, in unſerer Gegend nicht fortkömmt.

Krünitz in ſeiner ökon. Encyklopödie 8 B. muß über die Wartung nachgeleſen werden.

7)

7) Wau.

Wächst um Jena häufig wild, ob er gleich beym Herrn Oberamtmann Holzhausen in Gröbzig nicht recht fort wollte, ist ein sehr nüzliches Färbekraut und wird zur gelben und Citronen-Farbe auf Seide und Wolle gebraucht, zu dem Ende in Frankreich, England und Holland gebauet. Der grünliche nicht gelbliche Wau taugt nicht allzuwohl zum Färben. Die schwarze und glänzende Samen sind die besten. Das Land darf nicht zu feucht und zu fett seyn, lieber mit Sand vermengt. Im Anfang des Augusts wird es dann gesäet, und leicht eingeegget. Um Michael gejätet, im August des andern Jahrs, wenn die untern Blätter anfangen etwas gelb zu werden, und die Samenbehältniße eine citronengelbe Farbe bekommen auf eine Art, wie man Flachs rauft, ausgenommen, in Bindel zum Trocknen an einen Ort gelegt, wo die Samen herausfallen.

8) Handförmige Rhabarber.

Die Versuche, welche man bey London, in Schottland, bey Moskau, Hamburg, Dresden, Insterburg in Preußen und besonders zu Referthal bey Mannheim im Großen gemacht, bewießen, daß sie sich in Deutschland anbauen laßen. Zu Referthal wurde dazu 1769 ein Stück Land von 20 Morgen zu 160 Quadratruthen eingezäunet.

Wenn

Handelsgewächse.

Wenn die Rhabarber ihre rechte Güte haben soll, so muß sie 15 Jahre im Lande gestanden haben, und dann kann sie der Moskowitischen gleich kommen. In Breslau hat Hr. Riem von der ächten Rhabarber bereits 10jährige in dem Garten eines Kaufmanns Goldberg gefunden, der solche im großen gepflanzt hatte, aber wieder abgehen ließ, weil man sie ihm, als sie 5‒6 Jahre gestanden hatte, nicht für gut und verkäuflich abnehmen wollen. Zu Anpflanzung 15jähriger Rhabarber bestimme man 15 Felder dazu, bepflanze alle Jahr eins damit, und nach 15 Jahre nehme man das erste aus. Für Kapitalisten oder besser für Landesherrn würde diese Methode im Großen sehr thunlich seyn.

Im September wird der Same auf fruchtbare Gartenbeete gesäet. Im Herbst oder Merz wird das Land, das aus guten melirten schon beurbarten Felde bestehet, und zu 6 oder noch besser zu 8 Fuß tief einerley Erdart besizen muß, gut gedüngt und rejolet. Gegen die rauhen Winde muß das Land hinlänglich geschüzt seyn, und eine Sonnenreiche Lage haben.

Kurz vor der Pflanzzeit wird das Land in Beete geackert, und im Maymonat die Pflanzen 3‒3 1/2 Fuß auseinander gesezt, vom Unkraut beständig rein gehalten.

Im 2ten und 3ten Frühjahr wird der im Herbst überlegte Mist weggenommen, und ehe die Pflanzen ihre große Blätter treiben, sorgfältig und tüchtig behackt.

Wiß

Dreyundzwanzigstes Kapitel

Will man die Pflanzen nur 3 - 4 Jahre stehen laſſen, wenigſtens ſo lange ſie bis nur einmal zur Blüthe gekommen, ſo muß man 1 1/2 bis doppelte Portion zu der Wirkung anwenden, die ſonſt einfache Portion von der länger in der Erde geſtandenen leiſtet.

Im Frühjahr, bevor die Blätter ausſchlagen, werden die Wurzeln ausgehoben. 1) Iſt das Frühjahr zum Trocknen die beſte Zeit, 2) ſind die im Sommer ausgegrabenen Wurzeln nicht mehr von der guten Subſtanz, ſondern leicht; auch fehlen den auſſer dem Merz ausgenommenen Wurzeln die ſchönen gelben und röthlichen Adern.

Da die Merzluft ſehr gut zum trocknen, ſo legt man die gereinigten und in Stücke zerſchnittenen Wurzeln auf lüftige Böden, wendet ſie daſelbſt 3 Tage lang täglich 4mal, alsdenn noch 3 Tage lang täglich 3mal, und zuletzt 2mal um, damit immer die Seite ſo oben lang, jedesmal unten hinkömmt: Nach dieſem faßt man ſie in Fäden ein, und hängt ſie zum völligen Abtroknen auf. Sie wird ſo ſchöner, als wenn ſie ſogleich in Scheunen aufgehängt worden wäre. In Rußland wird ſie ſogar zwiſchen Breter gepreßt, welches ihr ein ſchönes Anſehen, obwohl keine Güte beybringt, und mühſam iſt.

Man hat aus Erfahrung, wenn man die Stücke gleich anfangs zum Trocknen aufhängt, verraucht die öhlichte Materie ſehr bald, die
Wur-

Wurzel wird leicht, und verliert folglich alle Kraft. Wenn sie dagegen auf Lischen 4 Tage gewendet und getrocknet wird, zieht sich der Saft recht hinein, verdickt sich, und vereinigt sich sattsam mit der Wurzel.

Die trocken gewordene Wurzeln werden in Küsten gepackt, und zum Verkauf versendet.

9) Süßholz.

Wird auſſer der Gegend von Bamberg nirgends in Deutschland in Menge erbauet, obschon durch den Anbau ein schönes Stück Geld ohne viele Mühe und mit wenigen Aufwand von den Materialiſten gelöſet werden kann.

Ein mageres ſandiges Land mit etwas Schlammerde vermiſcht, iſt das beſte. Iſt das Land nicht zu mager, bedarf es keines Miſtes, ſonſt iſt die bloſe Miſterde, alte Wellerwände, gebrannter Leim der vorzüglichſte Dung.

Es wird tief gepflügt, beſſer eine halbe Elle tief aufgehackt, oder umgegraben.

Im Anfang des März und in der Mitte des Octobers kann die Verpflanzung geſchehen. Man nimmt 10 Zoll lange Rebenſchoſſen von alten Stöcken, die mit einem guten Treibauge verſehen ſind, ſteckt man alle 1½ bis 2 Schuh einige ſagen nur 18 Zoll eine Wurzel gerade unterwärts, daß das Auge etwa 1 Zoll tief unter die Erde kommt.

kommt. Mit einem langen Pflanzstock werden die Löcher gestoßen.

Die Zwischenräume können, wenn zuvor etwas Dung hineingekommen, mit allerhand Küchengewächse, die nicht tief wurzeln, z. B. Lauch, Zwiebeln, Spinat, Salat bepflanzt werden. Die Zwiebeln werden ⅞ ja 1℔ schwer, wenn sie im Winter in der Stube getrocknet worden.

Haben die Wurzeln in guten 3, in schlechten 4 Jahre gestanden, wird der Acker 3 bis 4 Schuh tief eingehackt, und nach dem Gewichte verkauft. Die kleinen Nebenwurzeln läßt man darin, düngt es allenfalls alle 3 - 4 Jahre mit Schlamm, Mistérde, und hat so ein ewiges Süßholzland: Doch kann auch ein solches in der Folge besser zu Getraideland gebraucht werden.

10) Herbst-Safran.

Wird in England, Irrland sowohl als in Franckreich mit Vortheil angebauet. Der Niederösterreicher an der Donau herunter bis nach St. Pölten hat den Vorzug sogar vor dem orientalischen und ist der beste. Von einem hiesigen Studierenden aus Ungarn, dem ich hier öffentlich meinen wärmsten Dank abstatte, und der einer meiner fleißigsten Zuhörer war, habe ich 17 Zwiebeln vom Niederösterreicher Safran erhalten, die noch in meinem Garten gesund und frisch stehen.

Die

Die ächte Art Safran ist derjenige, welcher im Herbst seine Blüthen treibt. Er erfodert ein fruchtbares, mit Sand gemischtes Ackerland, das vorher Gerste oder Erbsen getragen, denn im Leim verfaulen sie sehr gern, im März, wenn der Dung alt und wohlverfault ist, ausserdem aber schon vor Winter gedüngt und zum erstenmal gepflügt, im April oder Anfangs May zum zweytenmal, im Juni geegget, im Juli mit schmalen Furchen geackert, und vor dem Legen mit der Egge recht locker gemacht. In Aeckern, die viel Unkraut haben, wird das Land einmal mehr gepflügt und geegget. Einige bepflanzen noch vor dem Aufschießen der Kiele das Land mit Gewächsen, die nicht gar zu viele Wurzeln schlagen.

Man ackert entweder 4fürchig, oder theilt den Acker in Beete von 1 bis 1 1/2 Elle breit ab, und läßt einen Fußsteig zwischen jedem Beet. Auf solchem Beet ziehet man mit der Gartenschnur 6 bis 9 Linien jede 3 Zoll voneinander, und macht solcher Schur nach eben soviel kleine Rinnen, etwa einen Zoll ja 1 1/2 Schuh tief. In diese Rinnen verpflanzt man die Safranzwiebeln jede 3 Zoll besser 1/2 Schuh voneinander, daß jede, wenn sie mit Erde bedeckt ist, etwa 2 Zoll tief stehet, drückt die Erde nicht fest und derb, sondern nur locker an.

Zu Ende des Juli oder Anfangs August geschiehet die Verpflanzung. Die Zwiebel gleicht dem gewöhnlichen Waldlauch, nur daß sie etwas röther und runder ist, auch wie mit einem graubartigten Häutchen umgeben, und mit säherichten

Dreyundzwanzigstes Kapitel

Wurzeln behangen. Im September oder October kommen aus selbigen Büschelweis grüne sehr schmale schweifigt spitzige Blätter dem Schnittlauch gleich. Sobald solche 2 oder 3 Zoll hoch sind, zeigen sich Blumen mit 5 Blättern, welche den Wiesenzeitlosen vollkommen ähnlich sind, in deren Mitte sich allezeit 3 hochpurpurrothe Fäden auf einem bleichgelben Stiel befinden, welche der eigentliche Safran sind. Diese Blumen, wenn sie sich geöfnet, kann man früh und Abends abreissen, und aus selbigen die Safranfäden aufpflucken. Dieses wiederholet man so lange der Flor dauert, denn es ist nicht selten, daß im 2ten und dritten Jahr eine Zwiebel 10. 12. 15 Blumen, die nach und nach erscheinen, erzeuget, und nur überhaupt jede 24 Stunden blühet.

Je gelinder die Fäden getroknet werden können, desto weniger verlieren sie an Kraft sowohl als auch an ihrem Geruch. Die Trocknung in einem schattigten Zimmer ist immer besser, als in der Sonnenhitze, und die im Ofen am allerwenigsten zu billigen.

Nach dem Abblühen wächst das zarte grüne Kraut auch unter dem Schnee immer fort, und wird erst im Frühjahr gelb und trocken. Das Beete Land muß jedoch rein gehalten, allenfalls während der Ruhe der Zwiebeln mit leichten Gewächsen bepflanzt, im August die Erde mit einer Hacke gelinde gelüftet werden.

Handelsgewächse. 115

Sind die Zwiebeln 3 bis 4 Jahre im Lande geblieben, so werden sie im Juni ausgehoben, und die junge Brut sorgfältig gesammelt, an einem luftigen Ort gehörig abgetroknet, und jede Sorte als die großen, mittlern und kleinsten abgesondert, und so auch eingelegt.

Die Fälle sind nicht selten, daß sich die Safranzwiebeln in drey bis 4 Jahren 5 = 6 bis 7fältig vermehrt haben.

Der Safran wird in der Arzney auch wegen seiner gelben Farbe zum mahlen und Färben angewendet. Seines hohen Preises wegen wird er aber nur zur Seidenfärberey gebraucht. Mit geringer Mühe und wenigen Kosten giebt er, wenn die Anlage größer geworden, nicht nur aus dem Safran selbst, sondern auch aus den Zwiebeln, die sich besonders geschwind vermehren, ansehnlichen Vortheil. Beamte und Pfarrer sollten sich auf diesen Anbau legen.

11) Canarien-Saat.

Ist aus den Canarischen Inseln zu uns gekommen, der Same dient zu weiter nichts, als die Canarienvögel damit zu füttern, womit die Kaufleute ihren Handel treiben.

Das Land pflegt ein solches zu seyn, wo man Gerste oder andere Sommerfrüchte säet, wird wie der Hirse bestellt, und darf nicht dicker als ohngefehr 3 Zoll voneinander gesäet werden.

H 2

Es wird nur einmal gejätet. Da die Körner nicht gern aus dem Stroh gehen, lassen ihn heutiges Tages die Erfurter solange auf dem Feld stehen, bis er bis in die Spitze die Körner fahren läßt, welches besser ist, als die Reichartische Methode, ihn abzuschneiden, wenn Körner und Stroh gelb werden, dann er drischt sich deswegen nicht besser aus.

12) Coriander

wird im Frühjahr gesäet, und ist im Herbst reif. Er verlangt die nemliche Pflege wie der Anis. So gut der Same riechet, wenn er dürre ist, so übel ist der Geruch des grünen Kräuterichs. Die runden Samenkörner haben allezeit zwey Kerne bey sich. Der Wind führet die Körner leicht weg.

13) Schwarzkümmel mit einfachen Blumen.

Wenn dieser Same nicht viel gilt, wird er nicht gezogen, doch wird er in Erfurt jährlich Ackerweise gebauet, weil er Pferden und Rindvieh, so wie das foenum graecum zu Erhaltung ihrer Gesundheit ungemeine Dienste thut.

Der mittelmäßige Acker wird vor Winter gepflügt und geegget, im April oben aufgesäet, untergezogen, und geegget. Vom Unkraut zweymal gereinigt. Es blüht im Juni und Juli. Wollen sich die Samencapseln aufthun, werden

die

die Stengel mit den Knöpfen abgeschnitten, auf Tücher geleget, und solange auf einen lüftigen Boden gebracht, bis er recht dürre geworden, wo man solche ausdreschen läßt.

14) **Siebenzeiten**, foenum graecum.

Die Pflege ist wie bey dem vorigen, hat einen sehr starken und penetranten Geruch. Die Körner sind etwas eckigt eingebogen, gelbe. Das Kraut fast dem Klee gleich, jedoch länglich und etwas gekerbt. Sind die weißen Blümchen abgefallen, kommen lange, krumme und zugespitzte Hülsen wie ein Horn hervor.

Wer sie alle wollte reif werden lassen, würde leicht um die mehresten Körner kommen, weil sie nicht zu gleicher Zeit reif werden.

Ist das Stroh samt dem Samen recht dürre, wird es gedroschen, nicht dicke aufeinander geschüttet, sonst erwärmt er sich, wird schwarz und unscheinbar.

15) **Senf**

mit weißen und braunen Samen, wird im halben April in ein Land, wie beym Schwarzkümmel nicht allzudick gesäet. Er wird um Bartholomäi zeitig, auf einen lüftigen Boden gelegt, und wenn er recht dürre, gedroschen.

118 Dreyundzwanzigstes Kapitel

16) Dotter, Leindotter.

Ein zur Brachsömmerung nützliches Oelgewächs, sein Ertrag ist ansehnlich, es magert das Feld nicht aus, wird zu Anfang des Augusts geerndtet und das Feld kann zur Winterfrucht gehörig vorbereitet werden.

Ein Morgen Feldes trägt 504 bis 672 ℔ Dotter, wovon 168 ℔ bisher für 7 - 9 fl. sind verkauft worden. 21 ℔ Dotter geben 7 - 9 ℔ Oel, es gerinnt in der Kälte nicht, kalt geschlagen wird es nicht so rauh, nach Verfluß einiger Zeit und mehrmahligen Ablassen in andere Fässer angenehm zu Sallat und Backwerk für das Gesinde, weniger dampfend für den Gebrauch in der Lampe. Das Stroh dient zum Streuen, und die Schotten können mit weißen Rüben oder Runkeln vermischt gefüttert werden.

Der Boden muß locker etwas sandig seyn, wird dreymal gepflügt, auch gedüngt. Von der Mitte des Aprils bis zu Ende des Mays gesäet und zwar auf 160 Quadratruthen 3 ℔ bis 4 ℔ Dotter. Sind die Schotten schmutzig gelb, wird er in Tüchern nach Hause gefahren, sogleich gedroschen, der Same aber mit den Schoten bis zum Verkauf vermischt aufgehoben.

17) Butterfamen.

Ist noch kleiner als der Dotter, giebt reichlicheres Oel, wächst als Sömmerung in der Brache und hat mit dem vorigen gleiche Pflege.

18)

Handelsgewächse.

18) Sonnenblume.

Ist in sechserley Betracht nützlich. Erstlich in Rücksicht auf die Blüthe, welche den Bienen bis zur lezten Zeit des Herbstes, wenn Fröste eintreten sehr nützlich ist. Nur dürfen sie nicht zu nahe an den Bienenhütten sich aufhalten, weil sich eben auf den Sonnenblumen der Bienspecht die größte Art Hornißen aufhält, und von da an die Bienenkörbe fliegt, seinen Raub holet, und auf diesen Blumen verzehrt. Zweytens in Betracht des Samens, welcher nicht nur häufiges sondern auch ein köstliches Oel zum Verspeisen zu Salat, wie nicht weniger zum Verbrennen liefert. Drittens, der Same, da er groß und mehlreich ist, kann auch verfüttert werden. Viertens, die Oelkuchen werden vielleicht eine weit bessere Mastung geben, als die von Lein und Reps. Fünftens, die noch jungen, zarten und fleischigten Stengel nimmt man, bricht die Blätter davon, spaltet sie in Stücke fingerslang, ingleichen die Blumenknospen, ehe sie aufgeblühet, schälet und siedet sie ab, und bereitet solche alsdann wie Artischocken. Sechstens, seines Gesträuches wegen, welches manchen Holzmangel ersezen kann. Vorzüglich sollte mann in Gegenden, wo das Holz theuer ist, die Sonnenblumen anbauen und das im Großen. Wenn sie gleich den Boden etwas aussaugen, so bringen sie doch reichliche Erndten.

Sie werden am Ende Aprils gesäet, und dann mit dem Jätehäckgen ungefehr 2 Schuh eine von der andern weggeschnitten. Ist das Land

Land mager, wird es gedüngt, denn künftiges Jahr giebt es dennoch schöne Möhren oder Gerste. Die Samenköpfe werden von den Mäusen sehr gesucht, daher man die Samenköpfe schwebend aufhängen muß, die zum Oel auf Böden, wo die Mäuse rein weggefangen sind. Am besten ists, wenn man die Köpfe Bundweis zusammenbindet, schwebend auf Stangen, wie den türkischen Waizen aufhängt, wenn er trocken, ausmacht und schlagen läßt.

Ein Oekonom am Mayn schreibt folgendes: Etwas brauchbares zur Feuerung für die, welche zwar gutes Feld, aber wenig oder gar kein Holz haben. Die Erfahrung kömmt von einem Oekonomen, der in einer Gegend am Maynfluße wohnt, wo sonst die Klafter Holz einen Louisd'or im 24 fl. Fuß 9 Gulden kostete. Die Fluren sind daselbst fett und schwarz. Einst kam er auf den Gedanken, Sonnenblumen des Oeles wegen zu ziehen, und er erhielt zugleich von den starken Stämmen derselben einen ziemlich reichen Winterbrand, der im Ofen so ergiebig war, als jener von mittelmäßigen Weidenholz. Zwey und ein Viertel Morgen lieferten ihm soviel Feurung, als er sonst mit 40-50 Thaler nicht bestreiten konnte. Nie war ein Ertrag vom Felde größer.

Die Kerne werden daselbst Anfang May gelegt, in gedüngt oder ungedüngtes Land, wenn letzteres fett. Das folgende Jahr wächst kostbare Gerste daselbst. Jede Pflanze muß 1 Elle im Quadrat voneinander Platz haben. Das Oel kommt dem Baumöl bey.

Das

Das Auspressen ist dem Schlagen in Oel-
mühlen vorzuziehen, besonders wenn man so ein
Presse l für 2 1/2 Gulden erhält. Die Menge
des Oels hängt vom Reifen der Körner im Herbste ab. Ein Morgen, der für 12 Thaler Brand
erspart, liefert für 24 Thaler Oel. Acht Tage
läßt man nach abgeschnittenen Scheiben mit den
Kernen die Stengel im Felde liegen, führt sie
zu Hause, hauet sie in 2 Theile durch zu Wel-
len, und legt diese Gebunde in die Zugluft.

19) Saflor.

Der Samen ist ölreich, der zum Oelschlagen und zu Vogel und Hünerfutter dient. Sein
Oel ist besser als Leinöl. In Erfurt sagt Reichart, werden viele Malter in die Oelmühle gebracht, nur wollen die Oelmüller nicht recht
daran, indem die Hülsen sehr hart sind, und
die Tücher vom Auspressen leicht entzwey gehen.

Von einem Pfund Samen kann man bis
7 ℔ Blüthe, und 4 Metzen Samenerndten. Der
Centner des Saflors, der meist zur Färberey
zu Ponceau, Incarnat und Kirschfarbe auf Sei-
den und auf Tücher zum Gelbfärben dient, wird
bis zu 36 Gulden bezahlt.

Die Blätter sind auch von Nutzen, indem
sie getroknet zur Winterfütterung der Schafe
und Ziegen, und die Stengel zur Feuerung gebraucht werden.

Dreyundzwanzigstes Kapitel

Das Land, welches nur wenig und gar keine frische Düngung hat, giebt die meisten Blüthen.

Das Land muß tief vor Winter gepflügt werden, oder noch besser gegraben. 2 - 3 Erfurter Metzen Saflorkerne werden auf einen Acker oben auf gesäet, und mit Rärsten untergezogen, drey bis viermal wird das Unkraut ausgejätet, auch wenn der Saflor zu dicke stehet, mit dem Jätehäckgen weggeschnitten, bis sie 10 - 12 Zoll voneinander stehen.

Sie treiben 10 - 12 Samenköpfe mit ihren Blumen, wovon der mittlere einige Tage eher reif wird. Wenn die Blumen einen Regen bekommen, werden sie mit einem stumpfen Messer abgenommen. Vormittags geschiehet dies, weil er Nachmittag von der Sonne zu dürr wird.

Auf ein solches Beet wird entweder Rocken, oder wenn es vor Winter gegraben, Möhren, Pastinacken, rothe Rüben, auch wohl noch einmal Saflor gesäet. Die nicht stachlichten Stöcke muß man zum Samen wählen. Die Körner werden ausgedroschen, auf einen lüftigen Boden dünne geschüttet.

1 Morgen Saflorfeld bringt soviel ein, wie 3 Morgen Fruchtfeld, wenn es auch mit Waizen besäet worden wäre. Reichart hielt viel auf den Saflorbau.

20)

20) Mohn.

wird wie in Erfurt allein, oder wie in Zerbst ins Möhrenland gesäet. Der weiße Mohn giebt das feinste Oel, da man hingegen in den blauen Mohnköpfen mehrentheils ein Drittheil Körner mehr findet.

In allen Böden, wenn er gut gedüngt, oder von mittlerer Güte sind, kömmt er bey günstiger Witterung fort. Er verfriert aber leicht, und dies geschah im Jahr 792 dreymal. Reife stehen sie oft viele aus ohne zu verderben.

Ein Morgen verlangt 1 1/3 ℔ Samen, indem er sehr dünne gesäet werden muß. In schweren Boden pflegt man 10 Loth mehr zu nehmen. Jede Staude muß eine Spanne weit voneinander stehen, deswegen werden die überflüßigen, wenn der Mohn drey Blättchen hat, mit der Jätehacke weggenommen. Auf dem Frohnleichnamsfest 793, wo ich mit meinen Herrn Commilitonen in Erfurt war, lockerte man schon zum viertenmal dem Mohn.

Bey der Erndte muß man sich wohl versehen, daß die Köpfe recht reif und trocken sind. Die größten Köpfe, die ganz weise und fette Körner haben, wählt man zur Saat.

Ein Viertel Scheffel Mohn giebt 6 Kannen Oel von der weisen Sorte, oder besser aus 1 ℔ weisen Mohn erhält man 4 Loth schönes Oel. Der Geschmack des Oels ist so lieblich, daß selbst
ein

ein ausgepreßter Oelkuchen noch ein nieblicher Bissen für die arme Jugend ist. Um Nordhausen, Erfurt, im Brandenburgischen bedient man sich dieses angenehmen Oels sogar an Herrschaftlichen Tafeln, wo es vor dem Provencer Oel den Vorzug behält.

Das Melkvieh wird da, wo er häufig gebauet wird, mit solchen Kuchen gefüttert, die ihm in Ansehung der Milch sehr zu statten kommen.

Der Plusmacher Hr. v. Eckardt in seiner Experimental-Oekonomie hat einen Vorschlag gethan, gelbe Rüben, Petersilienwurzeln, Pastinatwurzeln, rothe Rüben, Zuckerwurzeln, Zwiebelsaamen, Anis, foenum graecum, Senf, Dill, Schwarzkümmel, Dotter, Kresse, Mohn, Saflor zusammen zu säen.

4 Morgen, schreibt er, lockern etwas sandigen Mittelboden pflüge man 8 Zoll tief, lasse es bis Martini oder 14 Tage nach Martini in Ruhe, befahre es sehr stark mit recht kurzen wohlverfaulten Mist, pflüge ihn 8 Zoll unter, nehme von den 15 Sorten auf 4 Morgen 15 ℔ Samen, vermenge ihn mit 8 Schefel Erde, säe ihn in stillen Wetter, harke ihn unter, und fahre dann mit der Walze darüber. Den Winter über bleibt alles liegen. Im Frühjahr, da andere Leute wegen der Nässe noch nicht im Felde arbeiten können, und der Same unter 5 Wochen nicht aufgehet, auch die Erdflöhe dann kommen, gehet dieser Same 7-8 Wochen zuvor

vor auf, und erhält mehr Sommerzeit zum Wachsthum. 4-6 Wochen nach Johannis fängt alles Wurzelwerk unter sich zu wachsen an, da die über sich wachsende reif sind. Durch Auszichung ihrer Stengel wird die Erde locker, daß Rüben und Wurzeln besser wachsen. Zwischen Ostern und Pfingsten, da anderer Leute ihre kaum aufgegangen, werden die Wurzeln, die Daumensdick, und wo sie am dicksten stehen, ausgezogen und verkauft. Vier solcher Morgen thun mehr Nutzen, als 40 Morgen Gerste. Das andere Jahr gerathen diese Früchte noch besser, weil die Erde tief umgearbeitet, und der Mist nun gefault ist. Die Berechnung fällt auf. Nur ist zu verwundern, wie Hr. CammerRath Succow als Lehrer der Cammeralwissenschaften den Saflor als wahren Safran ungerügt lassen konnte.

21) Reps.

Man hat verschiedene Abarten. Die Niederländer Kohlsaat Franz. Collat wird mit Anfang des Augusts oder gar im Julius gesäet, urd hat die grösten Körner. Hr. von Pfeifer hat eine Preisschrift darüber geschrieben, und den Preis erhalten: Reps wird mit Anfang Septembers gesäet. Winterrübsen hat noch kleinere Körner, endlich der Sommerrübsen die kleinste.

Der Nutzen dieser Frucht ist beträchtlich. 1) Man wird nicht leicht ein Product finden, welches in der Erndte soviel abwirft. Von einem

nem Acker mit Reps kann man 10 bis 11 Scheffel Samen erndten, den Scheffel zu 5 Thaler, auch darüber macht 55 Thaler. Will man selbst Oel daraus schlagen, wenn anders der Same nicht mehlthauig und wohl zeitig geworden, kann ein Scheffel 90 ℔ Oel geben, rechnen wir das ℔ zu 5 gr. was kann man pflanzen, das reicher lohnt. Herr Präsident von Benekendorf rechnet auf 1 Berliner Scheffel 30 bis 32 ℔. Ein jenaisches macht 3 Berliner Scheffel. 2) Das Kraut erstärkt, bestockt sich, kann bis Ende des Weinmonats für das Vieh abgeblattet werden, wovon die Kühe viele Milch geben, ja Schubart von Kleefeld hat im Frühjahr die zu dick stehende Kohlsaat ausraufen, und 10 auch mehrere Wagen voll zur Fütterung heim fahren lassen. 3) Wenn einiger Frost über den Reps gegangen, werden die Blätter gekocht, oder als Salat auf den Tisch als eine niedliche Speise gebraucht. 4) Die Kuchen, die bei dem Oelschlagen übrig bleiben, sind für das Vieh ein trefliches Futter. 5) Das Oel wird im Brandenburgischen, da wo wenig Butter, wie Hr. von Benekendorf versichert, dem Gesinde als Abendspeise zum Brod gegeben. 6) Das Feld selbst wirft in einem Jahr einen doppelten Nutzen ab, denn man pflügt nach der Erndte sogleich den Acker, in 8 Tagen wieder, wirft sodann auf denselben 12 Löffel voll Rübsamen mit oder ohne Erbsen und Asche vermengt. Hat der Acker Trieb genug, so giebt er 200 Körbe voll. 7) Hr. Oekonom Lamprecht in Jena säete mit dem Winterrübsen Klee, und bekam nach der Rübsenerndte noch zwey Kleeerndten, auch werden

den noch Kartoffeln an vielen Orten nach dem Reps gesteckt. 8) Der ausgefallene Reps gehet auf, wird ausgerauft, und giebt dem Vieh ein zartes und sehr gutes Futter. 9) Verdrängt er das Unkraut, besonders den Wildhaber in unsern jenaischen Feldern. 10) In vielen Gegenden läßt man mit dem Stroh einheitzen, allein das ist gefährlich, weil es erstaunlich leicht Feuer fängt, und äusserst schnell wegbrennt, auch das ist ein Fehler, daß man es häufig gerade in den Mist wirft. Besser man wirfts den Schafen auf die Raufe, das feine fressen sie, besonders die Spreu, die auch für die Kühe gebrühet gut ist, das gröbere braucht man zur Winterstreu für den Schafstall, und in die Fuhrwege, wo es zermalmt wird. 11) Dem Rübsen, ob er gleich gut bezahlt wird, fehlt es nie an Absatz. In Holland und den Niederlanden sind immer Leute, die ihn zum Handels-Artikel machen, wir verkaufen ihnen die Körner wohlfeil, und sie uns das Oel theuer. 12) Hat man dafür keinen großen Platz in der Scheune nöthig. 13) Er hat das Gute, daß er sogleich wie er ausgedroschen, verkauft werden kann, dadurch bekommt der Landmann gleich baar Geld in die Hände.

Der Reps verlangt ein gutes weder zu schweres, noch zu leichtes ziemlich tief mit Erde versehenes, trocken liegendes, nach dem ersten oder zweyten Pflügen wohl gedüngtes Land. Es muß wenigstens 4mal gepflügt, mehrmal geegget seyn. Auf 160 Ruthen sind nur 24 Löffel nöthig, oder auf 1 Scheffel Rockenland ⅞ Rübsen, muß egal gesäet, sogleich eingeegget werden.

Im

Im Frühjahr wird er nicht mehr geblattet, sondern man läßt ihn aufschießen, blühen und reif werden, welches nach Johannis geschiehet. Bey der Reife muß man wegen der Tauben, Kinder oder alte Leute aufpassen lassen. 250 Paar Tauben haben, wie Hr. von Schönfeld versichert, auf 300 Sächsischen Ackern in einem Sommer für 200 Thaler Schaden gethan.

Man zieht ihn oft der Vögel wegen, ehe er noch reif ist, aus, allein das ist größerer Schade, denn ein Scheffel völlig reif gewordener Rübsamen giebt 2 ‐ 4 ℔ Oel mehr, als noch unreifer Samen, und das Oel ist weit schöner.

Man schneidet ihn behutsam ab, an vielen Orten wird er früh im Thau, wenn die Körner schwarz werden, abgemähet, nachdem er einen halben Tag oder mehrere auf dem Felde gelegen, bindet man ihn entweder in große Büscheln, ladet diese auf einen mit Tüchern wohl versehenen Wagen, damit der ausfallende Same nicht verlohren geht, führt sie in die Scheuer, und drischt sie aus, theils wird auf dem Feld gleich ausgedroschen. In der Scheuer geschieht dies baarfuß, weil sonst die harte Schuhe die weiche Samenkörner zerquetschen würden. An einigen Orten legt man die Repsbüschel auf Haufen dicht übereinander, läßt sie so verschwitzen, wodurch die nicht genug reif gewordene Körnchen ihre Zeitigung erhalten, die aber dann mit Tüchern aufgehoben werden. Der ausgedroschene Same wird fleißig umgerührt mit dem Rechen, bis er dürre ist, damit er nicht schimmelt.

Ein‐

Handelsgewächse.

Einige säen ihn frühzeitig im Julius, und versprechen sich davon Vortheile. 1) lassen sie ihr Vieh darauf hüten, wie im Anhaltinischen, auch 2) das Kraut im September abmähen, versteht sich über dem Herz der Pflanzen, welches aber nicht so genau zugeht, und verfüttern, 3) glauben sie, werde die Pflanze stockhafter, wiederstehe der Kälte mehr, bringe auch stärkern Samen, welches leztere wahr ist, wenn der Winter günstig und beydes erstere nicht geschehen.

Soll man Sommer oder Winterrübsen säen? Der Winterrübsen ist vortheilhafter und dauerhafter. Er ist mehr wieder das Unkraut gesichert, worunter der vorzüglichste der Hederich ist, welcher im Winter meist abstirbt. Im Sommerrübsen hingegen ist er erstaunlich häufig. Der Winterrübsen wird abgemähet, ehe der Hederich reif wird, man bekömmt ihn daher nicht mit unter den Samen.

Die weißen kleinen Schmetterlinge legen ihre Eyer an die Blüthe des Sommerrübsens, daraus entsteht eine Raupe, die in die Schote kriegt, und den Samen ausfrißt, der Landmann pflegt zu sagen: der Rübsen hat den Pfeifer bekommen. Von diesen leidet der Wintersamen nicht. Sind die Pfeifer in den Rübsen, muß man nothwendig auf dem Felde ihn liegen lassen, weil man sonst die Scheuern voll solcher Würmer bekommt.

Die Sommersaat leidet auch fast alle Jahre von den Erdflöhen. Man hat zwar ein Mittel,

2r Th.   J   nemlich

nemlich etwas Leinöl mit feingestossener Schwefelblüthe, reibt den Samen damit durcheinander, allein es ist noch nicht erwiesen genug. Der Winterrübsen giebt etwas mehr Oel als der Sommerrübsen. Hr. von Benekendorf sezt erstern den Berliner Scheffel zu 30 - 32 ℔, den Sommerrübsen zu 28 ℔. Deswegen muß auch für den erstern in den Mühlen etwas mehr fürs schlagen gegeben werden.

Beym Sommersamen ist wenigstens alle 4 Jahre ein Misjahr zu rechnen, und geräth zuweilen mehrere Jahre hindurch nicht. Beym Wintersamen kaum alle 6 Jahre.

Man säet den Sommerrübsen spät erst in der Mitte des Junius. Gesezt, er geriethe nicht, so arbeitet man das Land gleich um, und säet Winterfrucht hinein. Es ist ein grosser Vortheil, wenn es bald auf die Aussaat des Rübsens regnet, ob er gleich nicht in ein nasses Land gesäet werden darf.

Wo Mangel an Stroh ist, darf jedoch nicht viel Winterrübsen gesäet werden, und man kann es eher mit Sommerrübsen wagen. Ich kenne ein kleines Guth, wo man vom Sommerrübsen 500 Thaler gelöset hat.

Der Winterrübsen hat einen Hauptfeind an der Phalaena exclamatoria oder der sogenannten grauen Made, ich habe an mancher Pflanze 19 graue Maden angetroffen, und sie zerstören denselben so, daß das ganze Stück umgepflügt und mit

mit Waizen bestellet werden muß. Man hat ein dreyfaches Mittel. 1) Die Krähen, Elster, Raben hacken sie zwar in Quantität aus, allein sie vertilgen sie doch nicht ganz. 2) Weil diese Maden meist von einer Seite ihren Heerzug anfangen, so pflügt man einen Graben und schaufelt, sticht ihn so gerade ab, daß wenn sie von einer Seite hineingefallen sind, sie auf der andern nicht hinauf kommen können. Allein wenn sie sich auf dem ganzen Feld gleich ausgebreitet haben, hilft dieses Mittel nichts. 3) Haben einige geglaubt, weil mit dem Mist die Eyer dieses Schmetterlings auf das Feld kommen, ein solches gar nicht zu düngen, sondern blos mit Schafpferch zu zwingen sey, allein diese Phalänen legen sogar ihre Eyer an den Pferch, welches jedoch nicht alle Jahre geschiehet, unterdessen weis man doch in Drackendorf Fälle, wo die graue Maden den nicht gedüngten sondern blos gepferchten Winterrüben zerstöret haben. 4) Bin ich in Böhmen auf das wahre Mittel, sich dieser Gäste zu entledigen gekommen, nemlich den Mist vor Winter auszuführen, ich probirte dies einigemal, und die grauen Maden blieben weg, ich führte den Dung im Junius aus, und sie waren da. 5) Einige wollen den Samen eingekälkt wissen, um die Maden zu zerstören.

Ein anderes Insekt, daß Hr. Hofrath Beyreis im Leipziger Magazin beschreibt, ist eine Made, die sich in den Stengel des Reps frißt, und dadurch einen Knoten verursacht, der das Wachsthum hindert. Mir sind zwar andere

Drepundzwanzigstes Kapitel

Gewächse, z. B. Kohlrabi vorgekommen, die dergleichen Knoten gehabt, aber kein Reps. Hr. Bepreis glaubt, da der Reps in seiner Gegend schon im Junius gesäet wird, wo noch viele Schmetterlinge, besonders die Gallweipe herum fliegen, die die Eyer an den Reps legen, sey eine spätere Bestellung die beste. Ob Hülfe und Abwendung dieses Uebels? denn durch Imprägnation des Samens läßt sich nicht denken, obgleich praktische Wirthe steif und fest daran glauben.

Fehler des Repsbaues.

Das Aufgehen des Reps wird erleichtert, wenn solcher bey trockenen Wetter nach der Saat überwalzet wird, dieses drückt den Kern an den feuchten Boden, und macht, daß er gewiß aufgehet.

Die Erdflöhe kann man durch Gypsasche und Kalk vertreiben, auch ist nicht undienlich, den Reps auf 2mal zu säen, damit wenn eine verzehret wird, doch die andere davon kommt.

Bey den Erdflöhen, so wie bey den Mäusen, wenn diese im Winter die Wurzeln abgefressen, die Rinde abgenagt haben, muß man die ausgefressenen Lücken um Martini oder Weyhnachten ausbessern. An manchen Orten wird der Reps ordentlich verpflanzt, sogar noch im Jänner, der recht wohl gerathen ist, und allezeit besser, als wenn er zu dick stehet.

Chine-

Handelsgewächse.

Chinesischer Oelrettig.

Man hat zwey Arten, einer trägt kleine Schotten, den muß man nicht wählen. Er ist zuerst in Schweden bekannt worden, giebt eine weit reichere und sicherere Erndte auch besseres Oel, als der Reps, und ist nichts anders, als ein Rettig mit ganz kleinen Wurzeln aber mit vielen Schoten und Aesten, aus dessen vielfältigen Samen die Chineser ein sehr ergiebiges Oel pressen. Ich habe ihn zuerst bey Sr. Excellenz dem Herrn Geh. Rath von Donop in Sonnenberg gesehen. Ihm ist ein lockeres thoniges und niedrig liegendes Erdreich dienlicher, als fettes und neugedüngtes. Er liebt den Schatten; die Frostnächte schaden ihm nicht soviel als Trockenheit, und wird von den Erdflöhen sehr angegangen, daher auch die Chineser vornemlich Asche über die ausgesäeten Samen statt des Düngers streuen. Man muß ihn dünne auf langen Ellen breiten Beeten säen, vom Unkraut rein halten, und seine starken Büsche, die von der dünnen Wurzel nicht können getragen werden, mit langen Stangen 1/2 Elle von der Erde unterstützen, damit er gleicher reift, und leichter einzusammlen ist, denn er legt sich leicht, doch ohne sonderlichen Schaden. Das Niederlegen erfolgt auch nur bey starken Winden, wenn man ihn im Frühjahr säet. Man muß ihn daher im Herbst säen, weil dann der Schaden des Liegens nicht so groß ist. Die Chineser richten mit dem Oel Speisen zu, und brennen es auch in den, in diesem Lande unzähligen Lampen. Den Rauch sammlen sie über den Lampen in weiten Trichtern,

tern, und der giebt ihnen die Materie zu dem
bekannten Tusche. Durch starke Durcharbeitung
mit ungelöschtem Kalke machen sie aus diesen
Oele den Kütt, den sie Chinam nennen, womit
sie alle Fugen ihrer Fahrzeuge bedecken, welcher
wenn er verhärtet ist, auf lange Zeit die Seewasser
abhält. Die ausgepreßten Kuchen werden zwar
auch vom Vieh verzehrt, sie brauchen aber solche
ebenfalls zerschlagen zur Düngung in Kohlgärten.
Wir würden beym Oelrettigbauen weit
besser als beym Rebs stehen.

22) Tobak.

Er geräth in Sandfeldern, wenn sie nicht
allzudürr und leicht, in starken Feldern ebenfalls.
Aus diesen wird er schwerer und zu Karotten,
aus jenen Rauchtobak gemacht. Saurer Boden
taugt nicht, fettes und etwas feuchtes ist
das beste. Eine Salpetererde giebt den allerbesten,
wie der Japanische und Virginische.

Je besser der Acker gedüngt, durchgearbeitet,
je ebener das Feld da liegt, desto besser. Es
wird 2 bis 3mal geackert, sobald man im Frühling
in den Boden kann, bringt man den Dung
hinein.

Man macht entweder Tobakkutschen auf 4
Pfälen in die Höhe, und deckt sie mit Matten
oder Tannenreißig zu, damit die Erdflöhe nicht
ankommen können, wie ich jährlich in Brotterrote,
Wasungen, Herrenbreitungen sehe, oder
auf einem Gartenbeet, das gegen Mitternacht

Schirm,

Handelsgewächſe.

Schirm, dem Winde nicht zu ſehr ausgeſezt, gegen Mittag freye Sonne hat, denn die Pflanzen lieben Wärme und Sicherheit vor rauhen Winden. Vor dem Säen thut man den Samen 10 - 12 Tage in ein wollenes Säckgen, taucht es alle Tage einmal in laulichtes Waſſer, hängt es wieder auf, läßt es abtröpfeln, und ſezt das ſo lange fort, bis der Same aufgeſprungen und weiß geworden.

Am Ende des Märzes wird der Same auf ein zwey Schritte breites 8 Schritte langes Beet geſäet, nemlich 1¼ loth Samen mit trockner Erde zugedeckt.

Die Tobakkutſchen leiden leicht von der Dürre, daher man den Tobak faſt alle Stunden begießen muß. Wenn es nicht regnet, wird das Gartenbeet alle Tage begoſſen, ſo lange es noch kalt iſt, Mittags, wenn es aber warm wird, Morgens und Abends. Bey kalter Zeit wird das Beet mit Stroh zugedeckt. Sobald der Hollunder auszuſchlagen pflegt, kommt das Ungeziefer, wo man die Zweige darüber legen muß. Man jätet fleißig.

Die im freyen Gartenland oder auf Tobak-Kutſchen ſtehende kommen auf dem Acker weit beſſer fort, als die im Miſtbeet gezogene.

Haben die Pflanzen das 5te Blatt oder ohngefähr Daumensbreite Blätter, ſo verſezt man ſie, die gröſten zu Ende des Mays. 300 Schock auf einen Morgen. Wenn ſich die faſerichten

J 4

Wur-

Wurzeln zu sehr verwirrt haben, und aneinandergewachsen sind, so wirft man sie in ein Gefäß mit Waſſer, und ſondert die Erde von der Wurzel. Die Reihen müſſen einen kleinen Schritt voneinander, die Stufen in ſtarken Boden 1½ in ſandigen und leichten 2 Schuh voneinander ſeyn, dies geſchieht durch eine Schnur. Mit der Hacke werden die Pflanzen ſo tief in die Erde geſezt, daß die Erde die Blättchen etwas empor hebt, man drückt die Erde an die Wurzel feſt an.

Weil die jungen Pflanzen gar keine Hitze vertragen können, ſo ſezt man ſie bey Regenwetter, oder wenigſtens frühmorgens oder Abends; regnet es bald, ſo iſts halbe Arbeit, regnet es nicht, muß er durchaus begoßen werden. Anfänglich bedecken ſie auch einige bey dürren Wetter mit Moos. Je zeitiger man ſie verſezt, deſto eher wird der Tobak reif, deſto beſſer iſt es.

Iſt der Tobak 14 Tage geſezt, wird der Acker zum erſtenmal gehackt, jedoch darf man den Stöcken und Wurzeln nicht zu nahe kommen; in 3 - 4 Wochen das zweytemal, faßet jeden Stock in die Hand, und häufelt mit der andern die Erde um ihn herum. Immer hacke man in guten, ja nicht bey Regenwetter.

Zwey bis 3 Tage vor dem erſten Hacken ſezt man neue Pflanzen ſtatt der verdorbenen, und wiederholet dies faſt alle 8 Tage. Hacken oder jäten iſt hier eins.

Iſt

Ist der Tobak erwachsen, so bricht man die untersten 2 Blätter ab, und behäufelt ihn dann. Sie sind gemeiniglich dürr, heißen Sand-Blätter oder Erdgut, sind nicht wohlschmeckend, nicht Kaufmannsgut, werden besonders gethan und an die Tobaksspinner verkauft. Man kann sie schon im Junius abnehmen, läßt sie auf dem Acker abwelken, legt eine Hand voll nach der andern die Spitzen aufeinander, bindet sie in ein Strohseil, damit die Blätter nicht zerfezt, zerrissen, zerbrochen werden. Zu Hause fädelt man sie ein, und hängt sie auf.

Wenn die Stöcke 8 bis 10 Blätter haben, ohngefähr 1 Elle hoch sind, bricht man die Spitze oder das Herz aus den Köpfen oben aus. Wachsen die Pflanzen allzuhoch verliert der Tobak die beste Kraft. Nun wachsen zwischen den Blättern Nebenschoße, Geiz genannt, diese bricht man fleißig aus.

Die Tobakserndte ist das Brechen oder Abnehmen der Blätter, wenn sie etwas gelb, welches zu Bartholomäi geschieht, wo sie zeitig sind. Man bricht Blatt für Blatt ohne die Stiele mit der Hand ab. Im September wird er zum leztenmal geblattet. Die Pflanze läßt man dann kahl auf dem Felde stehen, und wird mit untergeackert. Wegen der diesjährigen 793 schönen Witterung war noch eine ergiebige Nachernbte. Auch die Schafe fressen an den Blättern, und ist ihnen eine Arzney.

Um Samen zu bekommen, nimmt man die Theile des Feldes, wo er am besten steht. Die untersten Blätter kann man aber auch immer von ihm abbrechen. Der Tobak vermehrt sich ungeheuer stark.

Vor dem Einfädeln dürfen sie nicht lange liegen, sonst werden sie warm und verbrennen, jedoch müssen die Stengel einige Zeit aufeinander liegen, daß sie schwitzen, zähe und gelblich werden, dann werden sie völlig ausgetroknet.

Beym Anfädeln durchsticht man das Blatt oben an der Rippe queer, und schiebt die Blätter nicht allzudicht zusammen. Man hängt den angefädelten Tobak erst an die Wände der Häuser, dann auf einen luftigen Boden, wo weder Sonne noch Wind frey hinkommen kann. Man hat zu Ummersfort eigene Scheunen für den Tobak gebauet. Die Wände daselbst sind nicht einmal gemauert, sondern nur aus dürren Reisern geflochten. Jedes Blatt muß vom andern, wenn es an der horizontal angemachten Schnur angehängt wird, eines Fingers breit abstehen. Siehet man gegen Weyhnachten oder das Frühjahr, daß die Blätter besonders die Rippen dürre geworden, so hängt man sie bey feuchten Wetter wieder ab, bindet sie in Büschel 8 - 10 ℔ schwer, und hebt sie zum Verkauf auf.

Der Staub ist dem Tobak nicht zuträglich, weil er etwas gummiartiges hat, welches den Staub leicht aufnimmt. Der Rauch thut aber nur sehr wenig. Für die Kornwürmer ist der

Tobak

Tobak so wie der Hopfen eine Pest, daher man auf einen damit inficirten Boden nur Tobak trokknen darf.

Hier war die Rede vom Nicotiana tobacum. In der Gegend von Hammeln soll man schon Nicot. rustica bauen, dieser säet sich selbst, und macht bey weitem nicht so viele Mühe, auch darf man von diesem den Geiz nicht wegkneipen, denn jemehr man da wegkneipt, desto mehrere Blüthen treibt er. Dieser ist auch weit saftiger im Geschmack, daher ihn die Fabriken erst einmal waschen müßen.

½ Acker geben 4 Centner gute Tobaksblätter und 6 Viertel Samen. Ein Viertel giebt 10 auch mehr ℔ Oel zum Brennen in Lampen, zum Speisen in Salláten so gut als gemeines Baumöl, die sogenannten Kuchen sind beym Rindvieh besser als die Leinkuchen.

Die Meinung ist nicht ganz ungegründet, daß der Tobak das Land entkräfte, außer dem Winterkorn gerathen Gerste, Flachs, Hanf, Sommerkorn ohne alle weitere Düngung. Für die armen Wasunger, die ihres Tobaksbaues wegen doppelt übel daran sind, hätte ich etwas auf dem Herzen, doch manum de tabula.

23) Lein oder Flachsbau.

Der Flachs gehöret zu den vortheilhaftesten Produkten eines Landes, und doch behaupten viele, daß ihnen der Kornbau mehr abwürfe als der Flachsbau, welcher Meinung ich nicht bin, weil ich z. B. von Pachtern weis, daß sie jährlich ein ansehnliches Stück Geld aus Flachs und Tuch gewinnen.

Auf 1 Morgen wird z. B. 1 Scheffel Lein gesäet, der 110 - 120 Schock Flachs giebt, und 2 bis 4 Scheffel Samen, der Scheffel kostet 5 Rthlr. 8 gr. bis 6 Rthlr. 16 gr. Der Centner rein gemachter Flachs, wenn nur der Stein 2 Rthlr. gilt, er kostet aber 3 - 4 Rthlr. kommt 10 Rthlr. 110 - 120 Schocke Flachs geben 4 Centner, also 40 Rthlr. und mit Inbegriff des erlangten Samens 50 - 60 Rthlr. welches weder Winterrübsen, Waizen und Hirse einbringt. Die Leinsaat ist allerdings ergiebiger, und können von einem Acker alle Steuern und Abgaben gegeben werden. Der Leinkuchen giebt ein herrliches Futter für die Kühe, wenn sie kalben und Milch geben sollen. Einige wollen ihn zur Düngung gebrauchen, das ist eben, als wenn man mit Pfannenkuchen düngen wollte.

Wir haben so viele Abhandlungen vom Flachs als Tage im Jahre sind. Kein Schriftsteller hat mehr davon geschrieben als Prof. Leonhardi in Leipzig, und ich will daher blos die Niederländische Methode, weil diese die sicherste Handleiterin ist, hier beschreiben.

Der Lein verlangt einen schwarzen fetten Boden. Sand und Thon ist kein Leinland. In ausgetrokneten Brüchen und Fischteichen geräth er ganz herrlich, auch in solchen, die das Jahr zuvor

Handelsgewächse.

zuvor mit Kohl, Rüben und solchen Früchten bestellt worden, die tiefe Wurzeln schlagen, und das Land auflockern.

In Seeland wird der Lein in einförmige Länder, die durch kleine Graben, worin Menschenwasser, voneinander getrennt sind, abgetheilt. Die Felder sind 50 - 60 Fuß breit, die Graben 1 1/2 Fuß breit, 2 - 3 Fuß tief. Diese Einrichtung erhält den gehörigen Grad der Feuchtigkeit im Lande. Die Breite der Felder macht, daß sie bey einer Dürre Wasser genug behalten, und die Graben, die in gehöriger Tiefe gezogen sind, führen den Ueberfluß bey gar zu häufigen Regen ab. Diese Einrichtung kann nicht genug angepriesen werden. Ein Pachter darf bey derselben sich nicht bedenken, Leinsamen in einen fetten Grund zu werfen, wenn er schon sehr naß ist, denn die Graben werden nicht nur das Erdreich von dem Wasser befreyen, das sonst den Samen zur Fäulniß bringen würde, sondern läßt auch Feuchtigkeit zurück.

Die Einwohner von Flandern sind so sehr von der Nothwendigkeit eines gewissen Grades der Feuchtigkeit zum Flachsbau überzeugt, daß sie in ihren leichten und trocknen Ländereyen das Feld so flach machen, damit es um so viel länger das Regenwasser bey sich behalten möge. Daher bauen die Waldgegenden schönern Flachs, daher die im Moor wohnende Gothaner. Daher gehört der Flachs blos für die gemäsigte Gegenden. In Italien wills mit ihm nicht fort. Die heißen Gegenden haben dafür die Baumwolle;

wolle; in den nördlichen Gegenden will der Lein auch nicht gut fort.

Der Same muß kurz, rundlich, fest, öhlicht, schwer, glänzend und hellbraun seyn. Dies ist der beste, und alle Eigenschaften müssen sich vereinigen.

Festigkeit. Man nimmt eine starke Hand voll, drückt den Samen, bis er zwischen seinen Finger und Daumen durchgeht. Nach der Menge und Langsamkeit urtheilt man von seiner Dichtigkeit.

Schwere. Man wirft eine Hand voll in ein Glas Wasser.

Oel. Man wirft ihn ins Feuer, entzündet er sich gleich und funkelt, so bald er die Kohlen berührt, so ist er ölreich.

Jeder Same artet bald aus. Man muß also den Samen verändern, je öfterer dies geschiehet, desto besser, vom leichten Boden aufs schwere Land und umgewandt. Die kleinste Verschiedenheit des Bodens wird zureichen den Samen von der Ausartung zu bewahren.

Von Riga soll man keinen Samen nehmen, weil wir nicht sicher sind, daß sie uns den besten bringen, 2. laufen wir Gefahr, solchen zu erhalten, der sich zu unserer Länderey nicht schickt, wir kaufen im Dunkeln, wie die Geschichte beweiset.

Hat

Handelsgewächse.

Hat man auf einen leichten und warmen Boden gesäet, bekömmt man einen schönern, feinern und sanftern Faden, aber die Erndte ist schlecht, und der Same artet aus. Der Flachs auf einem fetten und etwas nassen Boden giebt vortreflichen Samen.

Die Niederländer, deren blühender Handel bekannt ist, säen sehr wenig Flachs in der Provinz Holland, weil dort der Boden arm ist. In Seeland, wo der Acker ausserordentlich fett und naß genug ist, erndten sie den meisten Flachs, und wird der Same theurer als der von der Ostsee verkauft. Die Holländer bringen zwar Rigaischen Leinsamen, aber für andere Länder.

In Flandern und Seeland wird Menschenmist oder Asche oder gewöhnlicher Dünger gebracht. Mergel, Kalk, Schlamm aus Teichen, Hornspäne, Seekraut vom Meer; Ist der gewöhnliche Dünger nicht vollkommen alt, und durchgefault, so bringt er unter die Saat Unkraut, das ungemein dicht aufschießt, und dem Flachs entsetzlichen Schaden thut, man mag jäten so viel man will. Unkraut stiftet bey allen Arten Getraide vornemlich bey Flachs sehr viel Unheil, denn es verändert seine guten Eigenschaften, und mindert seine Menge.

In Seeland, wo das Erdreich fett, schwer und naß ist, schlägt man zwey Wege zum Bearbeiten ein. Man pflegt 2, 3, 4mal, ja zuweilen noch öfter, läßt den gantzen Sommer Brache liegen. Andere düngen das Land doppelt,

144 Drepundzwanzigstes Kapitel

pelt, säen Getraide, das folgende Jahr Krapp, der 2 Jahre steht, im 4ten Flachs, so haben sie ein mürbes Land. Die erste Methode, weil sie eine reichere Erndte von Leinsamen gewährt, ziehen sie vor.

In unsern Gegenden wird 4mal gepflügt, das erstemal tief, und immer flächer, weil sonst der Flachs tiefe Wurzeln schlagen, und kurze Stengel treiben würde. Wenn man zu solcher Zeit säen kann, wo es nach einem Regen anfängt heiter zu werden, damit der Same gleich aufgeht. Beym Säen wird der Acker dreymal überworfen. Man muß ihn des Morgens früh vor der Sonnenhitze aussäen. Hat man gutes Land, so säet man Klee oder Möhren zugleich mit ihm aus.

Soll er zu feiner Arbeit, muß er durchaus recht dicht gesäet werden, so wird er nicht nur sehr hoch, sondern auch sehr fein aufwachsen, dann ist er zu Cammertuch gut. In den Französischen Niederlanden um Cambray herum werden sogar noch kleine Ruthen zwischen den Lein gesteckt, damit er ja recht dicht gedrängt wird. Das Jäten darf nicht vergessen werden.

Wenn der Stengel anfängt gelb zu werden, wird der Flachs gezogen, gebunden, geriefelt, getroknet, gebleuet, geschwungen, gehechelt und gesponnen.

Einige behaupten, daß der Flachs besser wird, wenn der Same nicht reift. Dies ist wahr-

Handelsgewächse.

wahrscheinlich, allein unreifen Samen kann man weder zu Oel noch zur Aussaat gebrauchen.

Der Same wird am besten aus den Knoten gebracht, wenn man auf der Tenne mit einer steinernen Walze über ihn her fährt, sodann wurst, und die Spreu unter die Rockenspreu thut.

Der geriefelte Flachs wird entweder die Nacht über auf eine Wiese oder Anger gelegt, damit er die Feuchtigkeit des Thaues in sich zieht, nimmt ihn sodann des Morgens vor Sonnen-Aufgang weg, verwahrt ihn des Tags über an einen kühlen Ort, und legt ihn nach Sonnen-Untergang und so 12 Nächte wieder aus. Nur dürfen keine Bäume da stehen. Man klopft ihn auch vorher mit einer hölzernen Keule. Läßt sich der Lein mit einem Messer gerade durchschneiden, so ist er noch nicht genug geröstet, fasert er sich aber, so ists gut.

Im fließenden Wasser wird er am besten geröstet. In das Wasser darf aber kein Nagel oder Eisen kommen, das Eisen rostet, löset auf, der Lein verdirbt.

Nun wird er gedörrt. In Franken und in der Pfalz hat man folgende Methode. Vor dem Dorfe legt man viereckigte Gruben an 7 Schuh tief. In diese wirft man dürre Reißer. Ueber die Grube bringt man Stäbe, worauf der Flachs bundelweise gelegt wird. In der Grube macht eine bestellte Frau Feuer, so dörrt er geschwind.

2r Th.   K

schwind. Die übrige Bearbeitung besorgt die Hausmutter.

In Niedersachsen, Schlesien, Thüringen treibt man den Leinbau weit stärker als den Hanfbau. 1. Der Lein braucht weniger Arbeit beym Ausziehen als der Hanf, 2. dieser zehrt das Land mehr aus, als der Lein, 3. der Same fällt beym Lein nicht so leicht aus, und wird nicht von Vögeln angegangen, 4. der Hanf wird bey uns sehr wenig verarbeitet, 5. der Lein ernährt auch mehr Menschen als der Hanf. Indessen schickt sich der Leinbau nicht für große Landgüter, wo man nur für die Consumtion bauet, weil man sich zu sehr auf Frohndienste verlassen muß.

Den Flachs recht weich zu machen, legt man in einen Kessel Stroh, auf das Stroh ein Tuch, darauf den gehechelten Flachs, dann wieder ein Tuch darüber, und auf das Tuch eine Schicht Potasche. fährt mit diesen Schichten fort, bis der Kessel voll ist, dann gießt man eine Lauge halb von Kalk und halb von Potasche gemacht, darüber, gießt solche des Tags über öfters auf und ab, fährt damit einige Tage fort, nachher trocknet man den Flachs, und bringt ihn mit der Hechel wieder in Ordnung.

In neuern Zeiten seit Peter des ersten Russ. Kais. hat man den Sibirischen Lein kennen gelernt. Er dauert 4-5 Jahre fort, wird abgemähet, wächst eben so hoch als anderer Lein, und kann eben so gut verarbeitet werden. Blos zu den allerfeinsten Arbeiten ist er nicht so gut.

Zu

Zu allen andern Arbeiten ist er nutzbarer. Wenn er absterben will, kriecht er fast auf der Erde, dann ist Zeit wieder andern auszusäen.

24) Hanf, Sibirischer Hanf.

Man bauet an dem Rheinstrom Hanf, worin ein Reuter ungesehen herumreiten kann, und wovon der Morgen von 40,000 ☐ Schuhen 10 bis 12 Centner rohen Hanf abwirft, der dort mit 10·12 fl. per Centner verkauft wird. In den mittlern Jahren trägt der Morgen bey uns 5 Centner. Aus diesen können 60 Pfund geheechelt und das Pfund zu 3 1/2 Elle Tuch gesponnen werden, das macht 210 Ellen ohne das Werk, woraus das ganze grobe Tuch gemacht wird. Auf einem Morgen Gerste bauet man 3 Schock, und von diesen 9·10 Schefel à 2 rt. also 20. Thlr. Die ganze Kunst besteht in folgenden:

1) muß man den Samen hiezu besonders erbauen. Dies geschiehet, wenn man alle 2·3 Schuhe 5·6 Körner zusammen in ein kleines Loch wirft, und solche Stücke hernach den Sommer über wie Kraut oder türkischen Waizen behackt, da er denn sehr hoch in die Höhe schießet, viel größern, schwerern und öhlreichern Samen trägt, von diesem Samen säet man

2) nur halb soviel, als gewöhnlich, damit solcher beym Aufgehen Platz hat, und während des Wachsthums seinen Nachbarn nicht sobald die Nahrung entziehet, denn je dichter der Hanf ge-

gesäet wird, je kürzer bleibt solcher. Der Acker hat seine gewisse Nahrung, je mehr Stengel sich darein theilen, je weniger bekommt ein jeder, zuletzt fehlt es allen. Wenn denn der Hanf am besten wachsen soll, so bleibt er aus Mangel der Nahrung zurück und auf einmal stehen. Zehen Preußische Grenadiers können unmöglich mit einer Mahlzeit vorlieb nehmen, wobey sich eben so viele Gascogner füttern. Also guter Same weit gesäet.

3) Muß der Acker recht fett und klar gearbeitet seyn, sonst geht das Unkraut vor dem Hanf auf, und erstickt solchen anfänglich. Unter diesen Cautelen, und wenn der Boden nicht ganz zu morastig oder trocken liegt, kann man ein Jahr ins andere auf 8 · 10 Centner Hanf, nemlich ungehechelt, rechnen.

Der Nutzen beym Hanf ist allemal grösser als beym Flachs, man erspart 1. das Jäten, 2. den fremden Leinsamen, 3. der Hanf giebt das beste Oel, und ist, wenn er distillirt worden, dem Provenceröl an Speisen gleich.

1. Der Same muß neu und vollkommen reif seyn.

2. Der Kraut- und Rübenacker ist hiezu am besten.

3. Die Zeit der Aussaat ist Himmelfarth Christi, die Zeit des Ausziehens des Fimmels, wenn er gelb geworden, und der Same davon ab-

Handelsgewächse.

fällt. In Ansehung des Körner- oder weiblichen Hanfs aber, wenn die Körner die Knoten auffsprengen, er durchbricht, und sichtbar wird.

4. Er wird getrocknet, wenn man ihn entweder auf einen Boden ausbreitet, oder mit Stroh an den Knoten zusammenbindet, daß die Vögel den Samen nicht ausfressen können, und sodann an die Sonne gestellt, bis er trocken ist, dann wird er geriffelt.

5. in die Röste gebracht. Der zum Gebrauch der Seiler und Schuhmacher zugerichtet werden soll, muß im Wasser geröstet werden, wozu faules und warmes Wasser am bequemsten. Der zu Leinwand bestimmt ist, auf dem Lande.

6) Er muß aus der Röste, wenn der Bast von dem Stengel losgehet, und wird dann im Wasser rein abgespület.

7. Hierauf an der Sonne und freyen Luft, oder an den Ofen herum gedörrt, im Backofen sowohl als im Darrhaus verliert er seine Kraft durch die jählinge Hitze.

8. Nach dem Dörren wird er geknitscht. Die Knitsche ist eine Breche, die in der Mitte keine Zunge hat, und etwas schwerer seyn muß als die gewöhnliche.

9. Dann kommt er in die Breche. Ist er zuvor nicht geknitscht, so verlieren die Haare ihre Festigkeit und Länge.

K 3   10.

Drepundzwanzigstes Kapitel

10. Soll er nun für die Schuhmacher und zur Leinwand, so muß er in die Reibmühle.

11. nach dem Reiben gehechelt. Das bisherige Hecheln hat die Haare zerrissen, und ist zu viel Werk geworden.

12. Auf folgende Weise giebt man den Hanf die Farbe und Feinheit des Flachses. Man macht mit guter Asche eine Lauge, in welche nach der Menge des Hanfs, welchen man verfeinern will, ein wenig ungelöschter Kalk kömmt. Wenn sie hell ist, giebt man auf 10 ℔ Hanf 1½ ℔ geläuterte Seife dazu, welche 24 Stunden darin seyn muß. In dieser Vermischung läßt man den Hanf zwo ganzer Stunden sieden, darnach nimmt man ihn heraus, und läßt ihn in Schatten trocknen, hernach wird er gebrochen, und in kleine Büschel gelegt, endlich wie Flachs bereitet, dessen Farbe und Feinheit übertrift, weil seine Fasern oder Haare stärker sind.

Der Sibirische Hanf erreicht eine Höhe von 11 Schuhen, und 2 Zoll im Durchmesser. Die Seiler machen allerhand Stricke und Thauwerk daraus.

25) Hopfen.

Es giebt zweyerley Hopfen, reichen oder Gartenhopfen, wilden Rasen Busch oder Grashopfen, von erstern ist nur die Rede. Die Gräfl. Philipp Clarpschen Unterthanen führen in Böhmen jährlich für 20,000 fl. Hopfen nach Pohlen,

und

und doch ist der Bezirk nur einige Stunden im Umfang, wo so viel gebauet wird.

1. Lage. Der Hopfenberg soll gegen Morgen liegen, die Morgensonne vertreibt in der Frühe den kalten Thau von den jungen Keimen, 2. wenn er in der Blühe stehet, 3. befördert er die Reife. Kann der Hopfenberg den grösten und wärmsten Theil des Tags die Sonne genießen, desto besser ist es.

Die Hügel sollen ihn gegen die Winde decken, denn die Ostwinde verbrennen die jungen Keime im Frühling, die West und Südwinde die Erndte auf den Stangen.

Doch dürfen weder Hügel noch Wälder zu nahe stehen, um die Sonne zu hindern, noch Bäume um den Hopfen zu beschatten oder zu betröufeln.

Der Hopfenberg soll nicht am Fuhrweg liegen. Viehtrieb und Fuhren erregen Staub, dieser setzt sich an die Frucht des Hopfens und beschädigt sie.

Nicht nahe an Gebäuden, theils wegen des Ungeziefers, theils wegen der Hühner und Gänse, die den jungen Keimen schaden.

2. Boden. Nasser, morastiger Grund, wo sich die Nässe nicht ableiten läßt, ist nicht brauchbar. Ueberschwemmungen, wenn sie fetten Boden mitbringen, sind jedoch dem Hopfen nüzlich.

Dreyundzwanzigstes Kapitel

Da der wilde Hopfen an troknen Dämmen und Hecken gut fortkömmt, so sehen wir, daß der Hopfen mehr leichten und trocknen als schweren und nassen Boden liebt.

Also der schwarze, fette, doch lockere Boden oder Sand mit Leim vermischt ist der beste.

3. **Anlage.** Ist der Boden geackert, oder besser gegraben, von Unkraut und Steinen gereiniget, mit kurzen wohl verfaulten Schweinemist gedüngt, wird das Land vermittelst einer Schnur in gleiche Theile, eine so weit wie die andere abgetheilt. Der gewöhnliche Abstand eines Hopfensezlings von dem andern ist 1 3/4 Elle, in solcher Entfernung kommen hierzu hölzerne Pfähle, einer so weit wie der andere.

Dann werden die Gruben 3/4 Ellen tief und 1/2 Elle breit mit dem Grabscheit gemacht. Man nimmt einige Fechser so, daß ihre Köpfe gleich hoch sind, sezt sie mit der linken Hand aufrechts in die Mitte der Grube, füllt mit der rechten Hand, oder besser mit einer kleinen Kraze wie die Schornsteinfeger, die Grube mit der Erde zu, und legt die Erde um die Fechser fest. Der Hopfenstock wird mit seiner lockerer Erde 2-3 Zoll hoch bedeckt, und der hölzerne Pflock beygestekt. Sie werden senkrecht und nicht nach der Länge oder schief gelegt, weil sie sonst bey dem Behaken beschädiget werden. Es kommt bey den Fechsern nicht auf die Länge sondern auf die Augen an; haben sie viele Augen und sind stark, so

nimm

nimmt man 3-4 Fechser, sind sie schwächer, 5-7, nur dürfen sie nicht holzig seyn.

In England und Schweden kommen in jede Grube 5 Fechser, eine in die Mitte, die übrigen in die 4 Ecken der Grube, allein dadurch entstehen viele Nebenschößlinge, das Land wird sehr geschwächt, und es läßt sich nicht behacken, ohne die Stöcke zu verletzen. In England wird auch in jede Grube, ehe der Fechser hineinkömmt, guter Dung eingelegt, oder eingestampft, allein auch hier ist das Rejolen besser.

4. Bearbeitung im ersten Jahr. Nach einem Monat kommt der Hopfen hervor. Sind die ersten Schößlinge etwa 1 Elle hoch, werden sie an die beygesteckten kurzen Pfäle angeführt, besser in einen lockern Knoten zusammen gewunden, damit sich die Wurzeln nicht stark angreifen, sondern lieber in die Wurzeln als in die Schößlinge treiben. Die Jungfernhopfen haben wollen, stecken zweieckigte Stangen, und schaden sich, weil erst der Stock gestärkt werden muß. Auch wer das erste Jahr Kraut, Kartoffeln zwischen die Schößlinge sezt, entzieht dem Hopfen die Nahrung, wenn er nicht stark gedüngt worden.

Sind sie herangewachsen, wird das Land behackt. Es muß aber sehr behutsam geschehen, damit die jungen Schößlinge nicht beschädiget werden, dann darf auch nicht so viel Erde auf die Stöcke gehäuft werden, damit sie nicht ersticken.

Das Behacken geschieht um das Unkraut zu tilgen, das Erdreich locker zu machen, die Gruben vollends auszufüllen, damit sich bei einfallenden Regenwetter nicht zu große Nässe darein ziehe, und sich aufhält.

5. Bedüngen. Nicht einerley Dung paßt auf jeden Boden, ein kurzer wohlverfaulter Dünger ist der beste, ein frischer unverfaulter für den Hopfen der schädlichste. Er brennt den Boden aus, enthält Ungeziefer, Fliegen und Hopfenläuse.

Im Herbst oder Frühjahr ist die Dungzeit. Er wird entweder auf dem ganzen Stück ausgebreitet und eingeackert, jedoch darf der Pflug die Stöcke nicht verletzen, andere aus Mangel, oder den Dung zu sparen tragen, wenn im Frühjahr der Stock aufgedeckt und beschnitten, den Dung Korbweis in die Reihen, und belegen die Stöcke damit. Dies taugt nichts, weil aller Mist, der unmittelbar auf Wurzeln der Pflanzen und Bäume zu liegen kommt, Brand verursacht, wovon auch die Stöcke brandig werden, es entstehet ebenfalls viel Ungeziefer, und bey einer lang anhaltenden Dürre brennt der Stock aus. Man dünge lieber Stückweise.

6. Aufdecken. Im Monat März oder April, nachdem die Witterung, werden die Hopfenstöcke aufgeräumt, das heißt, die Erde mit einer Haue von den Beeten in die Furchen geschaft, daß die Stöcke blos zu stehen kommen.

Die frischangelegten treiben zeitlicher, müssen also zuerst bearbeitet werden. Das Aufdecken, besonders bey jungen, geschiehet behutsam, um die Keime, die meistens noch unter der Erde, nicht zu verletzen. Damit man jeden Stock im Frühjahr desto leichter findet, wird bey jedem jungen ein hölzerner Pflock, bey jedem alten eine Ellen lange Ranke mit einem Knoten stehen gelassen.

Ist die Erde weggeräumt, so läßt man sie einige Tge ganz frey und offen, damit sie von der Sonne und Wind recht ausgetroknet, der Fäulniß widerstehen; er wird von der anklebenden Erde dann gereiniget, mit einem recht scharfen Gartenmesser alle Triebe und Schößlinge abgeschnitten, die das vorige Jahr aus dem Stock hervorgewachsen, so daß er ganz kahl, glatt und platt da stehet. Blieb ein Treibholz unbeschnitten stehen, giebt es nicht nur schlechten Hopfen, sondern der Stock würde immer höher und höher aus der Erde hervorkommen, welches man der Stock sezt auf nennt. Wenn der Stock durch das Aufsetzen völlig aus der Erde zu stehen kommt, so trägt er schlechte Früchte. Alle frische Triebe müßen bis an den Stock abgeschnitten werden ohne ihn zu verlezen. Ueberhaupt muß bey allen Handarbeiten die linke Hand halten, wenn die rechte arbeitet.

Die alten Stöcke müßen von dem aufsitzenden Schimmel vermittels einer steifen Bürste oder eines Busches von Fichtenholz abgekehrt werden. Sind einige Stöcke zu alt geworden, oder

oder verdorben, werden sie herausgenommen, frische an ihre Stelle gesezt und mit Pfälen bezeichnet.

Die Rebenwurzeln oder Schößlinge ausserhalb der Grube müßen abgekneipt werden, abgeschnittene Reiser hingegen, wenn sie stark und mit vielen Augen versehen, werden zum Versetzen oder Verkaufen aufbewahrt, die untauglichen zum Essen statt eines Salats gebraucht, der die Nieren- und Uringangsbeschwerlichkeit hebt.

Bey dem Beschneiden muß das Messer überaus scharf seyn, damit der Hauptstock nicht verrückt wird, sonst wird er brandig. Nach dem Beschneiden werden die Stöcke mit 3 - 4 Zoll lockere Erde bedeckt, um sie von Frösten zu sichern.

7) Stengeln. Die Hopfenstangen müßen von Kiefer besser von Fichtenholz seyn, weil dies viel Harz und Oelichtes hat, dadurch der Fäulniß widersteht, folglich das dauerhafteste ist.

Wenn Erlen und Weiden Holz gerade, unten dick oben dünne ist, ist es das wohlfeilste, und an den meisten Orten zu bekommen. Sie werden zwischen Allerheiligen und Weyhnachten gehauen, der untere Theil der Stange wird von der Rinde entblöset, geschärft und zugespitzt, um das Ausschlagen der Wurzeln zu hindern, die Spize ein wenig im Feuer gebrennt, wodurch sie 6 - 7 Jahre dauern.

Die

Die abgehauenen Stangen müßen von den Knoten und Aesten gereiniget werden, die Rinde lieber ganz abgeschält, damit die Hopfenranken bequemer in der Erndte von den Stangen abgestreift werden können, das Holz nicht von der Rinde faule, und die rauhe scharfe Rinde dem hinaufkletternden Hopfen im Wachsthum nicht hindere.

In Gegenden, wo das Holz zu kostbar, unterläßt man den Hopfenbau, nach dem Sprüchwort: das Stengeln kostet mehr als das Pflanzen.

Die Stärke und Größe der Stangen richtet sich 1) nach dem Alter des Hopfens, 2) dem Abstand der Hopfenstöcke, 3) der Stärke der Hopfenschößlinge, 4) der Gattung des Bodens.

Im ersten Jahr braucht man eigentlich keine Stange, im zweyten eine schwache höchstens vierellige, wozu aus den alten Hopfenstangen die kürzeste ausgewählt, auch wohl Aeste von Erlen, Weiden, Kiefern genommen, im dritten Jahr die größern.

Steht der Hopfen eine Elle weit voneinander, wird eine stärkere Stange genommen, als wenn er 2 1/4 Elle, wo 2 schwächere hinkommen.

Da einige Stöcke stärker, einige schwächer treiben, giebt man ihnen nach ihrem Triebe. Die Stärke der Stangen bestimmt man nicht allein nach der Höhe, sondern vielmehr nach der

Stärke

Stärke am untern Ende. Eine zwar hohe doch dünne Stange gleichet einer zwar kurzen, doch aber im Durchmesser dickern.

Bekömmt ein starker Stock eine schwache Stange, so überwächst sie der Hopfen, bindet sich an die nächststehende, verwickelt sich ineinander, wodurch ein dickes Gebüsch entstehet, welches der Sonne und dem Wind den Durchgang benimmt, folglich wenige und kleine Früchte giebt. Hat der schwache Stock eine starke Stange, so treibt er immer in die Höhe, treibt keine Nebenzweige, welche doch nur allein Früchte tragen.

Von der Seite, wo der Berg den starken Winden ausgesezt ist, müßen 2 bis 3 Reihen stärkere Stangen eingesezt werden, um dadurch den Hopfen ein wenig zu decken.

Wie? wenn man starken Stöcken allzuschwache Stangen gegeben? — Man sezt zwischen solche kurze eine viel höhere, an welche man die Hopfenranken anführt. Sie heißen Beyhülfsstangen.

Wie? wenn die Stange nah am Boden zerbrochen? — Sie wird nur geschärft, und abermals ins vorige Loch gesteckt.

Wie? wenn sie oben zerbrochen? — Ist der Hopfen noch nicht hoch gewachsen, so richtet man an die nemliche Stelle eine neue Stange, nimmt den Hopfen ganz behutsam von der zerbrochenen Stange, und windet ihn um die neue.

Ist

Ist der Hopfen bereits hoch gewachsen, und läßt sich nicht ohne Schaden abnehmen, so richtet man eine sehr starke Stange auf, an welche man die zerbrochene Stange samt den Hopfen recht fest anbindet, ja nicht an die nächststehende Stange, man verliert durch Hinderung des Wachsthums den Hopfen von beyden.

Der beste Boden hat nicht über neunelligte, der mittelmäßige 6 - 7 Elligte Stangen.

Nach dem Beschneiden, noch ehe die Hopfenstöcke ihre Keimen treiben, werden die Stangen vertheilt, damit durch das Abladen keine Schößlinge verlezet werden.

Sind die Hopfensproßen etwa 1 Elle gewachsen, so schreitet man zum Stengeln. Es gehe ein Mann voraus, macht mit dem Stangeneisen ein Loch in die Erde 1/4 Elle weit von dem Stock und 1/4 Elle tief. Hinter diesen geht ein anderer, hebt die Stange von der Erde auf, sezt solche gerade in die Höhe, nimmt ein Stück Holz etwa 2 Ellen lang, unten dick, stampft mit ihm die Erde recht fest um die Stange; dies alles geschiehet, ohne die Hopfenkeime zu beschädigen.

Statt des Stangeneisens hat man auch ein langes hölzernes, an der Spitze mit Eisen beschlagenes, und mit einer Krükenförmigen Handhabe versehenes Stück Holz, wodurch den Arbeitern mehrere Bequemlichkeit im Halten und

Ein-

Einstoßen verschafft wird, ist auch leichter und wohlfeiler.

Der Hopfen, welcher gegen die Hälfte des Julius die Spitze seiner Stange nicht erreicht hat, trägt selbiges Jahr wenige Früchte, meist rührt dies vom Ueberstengeln her. Um diesen Fehler aazuhelfen, pflegen einige, worunter der Hr. Pfarrer in Sonneborn im Gothaischen, in der Mitte des Julius die Spitzen des Hopfens abzuhauen oder abzuschneiden. Es entstehen aber folgende Mängel. 1.) Wird ein solcher gezwungene Hopfen niemals große und schöne Früchte tragen. 2) Die Hopfenranken sind auf 2 Ellen abwärts verwelkt, weil sie gar zu große Saftröhren haben, Sonne und Wind bringen in die Röhren ein, und ziehen die Säfte aus. Es ist also das überstengeln schädlich, wie auch kleinere Stangen zu geben, weil man noch Beyhülfsstangen hat.

8. Anbinden. Ist der Hopfen eine Elle hoch, wird er an die Stangen angeführt mittels der im Wasser angenezten Strohhalmen, sie werden nicht fest, sondern locker angebunden. Das Anführen geschieht von der rechten zur linken vermöge des Sonnenlaufs, denn dahin zieht die Wärme die Pflanzen. Das Anbinden darf nicht nach einem gefallenen Regen, nicht zu früh, bey dem Thau, sondern wenn sie von der Sonne abgewelkt, und geschmeidiger gemacht worden, geschehen, weil sonst viele zerbrechen.

Die

Die 3 stärksten Sproßen werden an jede Stange geleitet, die übrigen werden weggeschnitten, um einander die Nahrung nicht zu benehmen.

Es ist nicht genug, das Anbinden einmal verrichtet zu haben, in der Mitte und endlich in der Spitze muß es wiederholet werden, um auf alle Fälle das Losreißen von der Stange zu verhindern. An der Spitze wird der Hopfen mit doppelten Strohhalmen befestiget, damit er von der Schwere seiner Frucht beladen nicht von der Stange herabfalle, dazu gehöret eine schmale dreyfüßige Leiter.

9. Behacken. Nach angebundenen Hopfen wird er mit einer breiten Haue behakt, das Unkraut vertilgt, die festen Schollen zerschlagen, um die Hopfensproßen nicht zu beschädigen.

Ist es nützlich ganz glatt oder in Beete zu hacken?

1) Hopfengärten, die der Ueberschwemmung unterworfen, der Nässe unterliegen, müßen angehäufelt werden, damit sich die Nässe in die Furchen ziehet, und nicht an die Wurzeln.

2) Hopfengärten, die eben sind ohne der Nässe ausgesezt zu seyn, müßen ganz glatt und gleich seyn, damit sich die Feuchtigkeit bey einem vorfallenden Regen nach den ganzen Garten gleich ausbreitet.

3) Hopfenberge, die an einer Anhöhe liegen, und Bergab laufen, müßen ganz glatt und eben seyn.

4) In England und Böhmen ist man der Meinung, ein Hopfen könne ohne Hügeln nicht bestehen. Sie sagen, je größer der Haufen um den Stock, desto stärker und länger werden die Wurzeln, je stärker die Wurzeln, desto stärker die Ranken, folglich der Nutzen.

☞ Man wähle übrigens nur einen guten Boden, pflanze die Sezlinge etwas tiefer wie gewöhnlich, so werden die Hopfenstöcke die schönsten Fechser, Ranken, Früchte und eine von dem Regen sich gleich ausbreitende Feuchtigkeit haben.

10) Zwiebrachen. Gegen die Mitte des Monats Junius, je nachdem das Unkraut herausgekommen, muß das ganze Land abermals behackt werden.

11) Abblatten. 1 1/2 Ellen hoch von dem Boden müßen die gelben Blätter, die Nebensproßen oder Räuber, die von den Ranken auf die Erde hängen, die Nebenkeime oder Wildlinge, die hin und her aus der Erde treiben, abgeschnitten werden, um den Haupttrieben die Nahrung nicht zu benehmen. Damit man beym Abblatten die Hauptranken nicht wegreißt, hält man mit der linken Hand die Ranken fest an der Stange, verrichtet mit der rechten das Abblatten.

12)

12) **Erndte.** Um St. Margareth blühet der Hopfen wie kleine Bürstchen. Dies ist der erste Anflug, in 14 Tagen blühen die übrigen Zweige. Dies ist der zweyte Anflug. Die Frucht wird gegen das Ende Augusts reif. Der zweyte Anflug übertrift zuweilen den ersten, man kann sich aber auf den zweyten nicht verlassen, wenn der erste nicht geräth z. B. bey einer lange anhaltenden Dürre.

Diejenige, welche den Hopfen in den früh und spät Hopfen eintheilen, finden hier die Ursache. Ein mit mehrern Saft versehener Hopfen blüht eher, als der aus Mangel der Säfte.

Niemals ist der Regen dem Hopfen zuträglicher, als wenn er in der Blüthe steht, denn dadurch erhält sich die Blüthe, wächst geschwind, und die Frucht wird groß. Bey dürren Wetter verdorrt die Blüthe, die Bürstchen bleiben hart, und wird nichts daraus.

Die Zeit, den Hopfen abzunehmen, ist, wenn die Hopfenhäupter geschlossen, gelblich anzusehen, glebricht anzugreifen, zwischen ihren Schuppen vielen gelben Staub führen, und durchdringend riechen. Wird die Erndte verspätet, so geht das Mehl und der Same mit der schönen Farbe verlohren. Scharfe Winde und Fröste machen ihn roth.

Ein Mann geht voraus, schneidet mit der Sichel den Hopfenranken 1 Elle hoch von der Erde ab, hält mit der linken Hand die Ranken

an

mit der Stange fest, mit der rechten verrichtet er den Schnitt. Ein zweyter hebt mit der Hand, besser mit einem Stangenheber die Stange mit dem bereits abgeschnittenen Hopfen aus der Erde behutsam, um die Stange nicht abzubrechen.

Ein dritter hält die Stange am dickern Ende, und streicht die Ranken von der Stange. Haben sich die Gipfeln verwirrt, liegen die Ranken an der Stange fest, lassen die an der Stange befindliche Aeste den Hopfen nicht leicht abreisen, so schneidet man mit der Sichel die Ranken an einigen Orten voneinander. Das Abreisen der Hopfenhäupter muß vermieden werden.

Die Ranken werden zusammengetragen, in Bündel gebunden, nach Hause geschaft, die abgerissenen Hopfenhäupter aufgeklaubet. Es darf nicht mehr von den Stangen abgenommen werden, als man in einem Tag pflückt: der ungepflückt über Nacht liegt, wird roth und verwelkt. Bey trockenem Wetter muß das Abnehmen geschehen, nach einem gefallenen Regen, solange ein starker Thau an den Höpfen, muß erst der Wind alles abtroknen, denn ein kleiner Thau schadet nichts.

13. **Abpflücken.** Er wird in aller Eil ohne Stiel und Blätter in Körbe gepflückt, auf den Boden getragen, sogleich ganz dünne ausgebreitet. Bleibt ein Korb voll des gepflückten Hopfens über Nacht stehen, so erwärmt er sich und wird roth.

Wer

Handelsgewächse. 1651

Wer im freyen im Hopfengarten abpflückt, thut nicht wohl, weil der Hopfen Winde und Sonne abhalten muß, die Häupter verwelken, Farbe und Kräfte verlohren gehen.

14. **Trocknen.** Er wird täglich mit einem Rechen behutsam, damit die Häupter nicht zerfallen, und das Mehl nicht ausfällt, umgewendet, und wenn er genugsam getroknet, auf einen Haufen gethan. Zum Abtrocknen werden 10 Tage erfodert. Gegen Mittag wird täglich gewendet, weil da in der Luft weder Thau noch Nebel ist.

Auf Böden, wo der Hopfen getroknet wird, halten sich keine Kornwürmer auf wegen des zurückgebliebenen starken Geruchs und Staubs. Wer Hopfen in der Sonne troknet, verliert des Hopfens Farbe und Kraft. In England wird er in besonders dazu gemachten Oefen getroknet.

15. **Aufbewahren.** Der Hopfen wird entweder in eine trokne von Luft und Sonne wohlverwahrte Kammer gebracht, auf Haufen geschüttet, und mit groben Tüchern bedeckt, oder in große Säcke gefüllt und eingepreßt, oder sobald und so frisch er vom Stock kömmt, in grobe Säcke gepackt, unter eine Schraubenpresse gebracht, fest zusammengearbeitet, die Säcke zugenähet, an einen trocknen Ort für Luft und Sonne gesichert.

16. **Aufbewahren der Stangen.** Die Stangen werden am besten unter eine Schup-

L 3   pe

pe nach Hause gefahren und die zerbrochenen abgesondert. Auf dem Felde ziehet sich Regen und Schnee hinein.

17. Nutzen der Ranken. Die Hopfenranken werden in Bündel gethan, an der Sonne getroknet, auf den Böden verwahrt, im Winter den Schafen oder Rindvieh zur Fütterung vorgelegt. Ist das Laub abgefressen, so brüht man die Ranken mit siedenden Wasser ab, mengt diese Brühe dem Vieh unter das Getränke oder Gehäck; und giebt eine geschmackvolle Nahrung.

Hr. Maschenbauer hatte das Unglück, daß bey einer ausserordentlichen Kälte seinen Kühen das Mark in den Beinen erfror, sie musten bey der Fütterung liegen bleiben, und konnten sich ihrer Knochen nicht bedienen. Er nahm hierauf Hopfenranken, die jungen Spitzen von Kiefern, ließ dies in einem Kessel recht stark sieden, und goß es ins Getränke. In einem Monat konnten sie ohne Beyhülfe aufstehen, und die folgende größte Kälte aushalten.

In Schweden werden die Hopfenranken von den Blättern befreyet, unter Schnee oder in fließendes Wasser oder besser auf das Dach eines Viehstalles, wovon der Dunst aufsteiget, den Winter durch geröstet, in der Luft getroknet, auf der Tenne gedroschen, in Ofen getroknet, gebrochen, gehechelt, und gesponnen.

Man

Man macht sie 2 Ellen lang, wenn man die Ranken schneidet. Wir sollten den Schweden nachfolgen, wenigstens Stricke, grobe Leinwand zu Säcken und Bauernkitteln daraus machen.

18. **Widrige Zufälle.** 1) Die langanhaltende trokne Witterung, besonders zur Zeit der Blüthe.

2) Langanhaltender oder übermäßiger Regen, der ihn ganz gelb macht.

3) Mehl oder Honigthau verbrennt Blätter und Häupter. Linné meint, wenn der Hopfen Nachtvogel, der in den Wurzeln des Hopfens wohnt, dieselbe verwüstet, so erfolgt auf der Pflanze der Honigthau, und sie trägt alsdenn keine Früchte.

4) Der Schimmel, der aus stockenden Säften entstehet, Ranken und Blätter überzieht und verdirbt.

5) Würmer, die an den Wurzeln nagen.

6) Erdflöhe, Läuse ꝛc. welche den Saft aus den Blättern, das Mehl aus den Häuptern verzehren.

Ich bin hier weitläuftiger aus der Ursache gewesen, weil der Weinstock die nemliche Pflege wie der Hopfen erfodert, weswegen ich dort kürzer seyn werde, und blos für Weinpfäle Acacien und Kastanien empfehle.

26)

Dreyundzwanzigstes Kapitel

26) Seidenpflanze.

Sie gewährt mancherley Vortheile. Einmal liefert die Blüthe den Bienen eine sehr angenehme und reiche Nahrung wie ich es im Leipziger Magazin und in meinen Nachrichten und Bemerkungen angezeigt, daß 40 und mehrere Bienen auf einer Kolbe sitzen und nicht summen. 2tens liefert sie Seide und Seidenhanf. 3) Man kann zum Anbau das magerste und schlechteste Land nehmen, und sie als Unkraut behandeln.

Ein Morgen Acker, der wegen seines magern, schlechten, steinigten Bodens nicht einmal 40 fl. galt, lieferte ohne besondere Wartung 16 ℔ Seide.

Diese 16 ℔ zu 1/2 fl.	8 fl.
den Seidenflachs 18 ℔ zu 1/4 fl.	5 .
das Abwerk 8 ℔ zu 8 kr.	1 . 4 kr.
zusammen	14 fl. 4 kr.

Hr. Schnieber behauptet, daß von einem Morgen mittelmäßigen ja gar schlechten und sandigen Landes 6 - 8 und mehrmal soviel als auf den schönsten Flachs oder den fettesten Kräuterboden gewinnen könne. Jede Pflanze erfodere einen Raum von einer Quadrat Elle oder 4 □ Fuß. Auf einen Morgen von 180 Quadratruthen können also 4500 Pflanzen angebauet werden. Von jeder Pflanze kann man sich bey mittelmäßigen Ertrag wenigstens 20 Schoten versprechen, mit Gewißheit also 90,000 Schoten.

Handelsgewächse. 169

30 Schoten geben mit Einrechnung alles Abgangs 1 Loth Seide, 90,000 Schoten 3000 Loth oder 93 ℔ 24 Loth. Das ℔ zu 1 Rthlr. 8 gr. gerechnet, welches jedoch noch lange nicht der Mittelpreiß zwischen Seide und Baumwolle ist, giebt einen Ertrag von 125 Rthlr. Wir wollen 10 Schoten auf 1 Pflanze 16 gr. fürs ℔ rechnen, blieben doch noch 46 ℔ 28 Loth Seide, und ein Geldertrag von 31 Rthlr. 6 gr. ohne den Nutzen des Stengels.

Man macht davon Betten und weiche Polster zu Sophas und Ruhebetten, Matrazen und Bettdecken, feine seidene Watte, Gespinnste zu Strümpfen, Chenillen oder Sammtspitzen, Hüte, allerhand Zeugarten z. B. Kettenleinen, Einschuß: halb Cocon, halb Pflanzenseide gab eine Art Zeuge, welcher seiner Weichheit, Dicke und Festigkeit willen viel Aehnlichkeit mit dem sogenannten englischen Leder hat. Eine Art feiner Kirsey, zu Nanquin, Sammtplüsch, Manchester. Die Wolle wird auch zu Dochten in der Kerzenfabrike zu Lausanne genommen. In Frankreich werden Stoffe, Flanelle, Felbel daraus gemacht.

Der leichteste und geschwindeste Anbau geschiehet im Herbst oder Frühling im April ohngefähr durch das Zertheilen und Ablegen der Wurzeln in ein tiefgegrabenes Beet von lockerer etwas sandiger Erde 4-5 Zoll tief, langsamer durch Samen. In den folgenden Jahren vermehrt sich der Ertrag fast unglaublich, und eine einzige Pflanze, welcher 6 bis 8 Stengel gelassen worwerden, hat 80 bis 90 starke vollkommene Schoten gehabt.

Die Wurzel dauert über Winter im Lande. Im Frühling schlägt sie zarte Sproßen, die Stengel wachsen ziemlich schnell und erlangen oft die Höhe von 7 bis 8 Fuß. In der zweyten Hälfte des Junius erscheinen die Blüthen. Sie wachsen in Büscheln, woran 30 - 40 einzelne Blumen hängen. Die Fürstin von Dessau liebt sie ausserordentlich und erhält täglich einige vom Gärtner Sohcoh. Die Blüthen troknen bis auf 4 höchstens 5 Blumen in einem Büschel ab, nehmen die Gestalt einer gewöhnlichen Schote 4 - 5 Zoll lang an. In der zweyten Hälfte des Octobers öfnet sich die Schote in einer Spalte, oberwärts sitzt eine Samenkrone, welche aus einem 1 bis 1 1/4 Zoll langen Büschel von einer Art weiser Seide von blendenden Glanz und Feinheit der Haare besteht.

Baumwollenstaude.

Ich besitze sie selbst, läßt sich aber nicht in der freyen Luft gewöhnen, und ist nur für warme Gegenden, wie Ungarn, zu empfehlen. Sie liebt magere Erde, troknes Land, in der Stube frühe Pflanzung. Im 3ten Band des Lehrbegriffs sämmtl. ökon. und Kameralwissenschaften Seite 395. wird sie empfohlen. Hr. Commissions Rath Riem hat ihren Anbau weitläufig im 2ten Band der Encyklopädie Seite 722. beschrieben.

Spica

Handelsgewächse. 171

Spicanard.

Im Rudolstädtischen habe ich an den kahlsten Kalkbergen einen Handlungszweig angetroffen, den ich da nicht gesucht, nicht vermuthet hatte. Wo nichts mehr von andern Dingen wachsen will, und ehedem vielleicht Weinbau war, wächst nun Spicanard. Dies fand ich an den steilsten Bergen von Gros und klein Göliz, Eichfeld, Blankenburg.

Daraus brennen die Olitätenhändler Oel.

Vierundzwanzigstes Kapitel.

Samen = und Baumschule sowohl des Obsts als der amerikanischen Bäume.

---

1) Samenschule.

So wie ein zum Nutzen wohl angelegter Garten 3 wesentliche Stücke enthält 1) Grabeland, 2) Bäume, 2) Wege und Gänge: so sollte man es mit Gottes ganzer Erde machen. Die Eintheilung dieses großen Gartens könnte immerhin so bleiben, wie sie jetzo ist. Die Aecker, so ich für Grabeland annehme, behielten ihre jetzige Figur, und blieben Aecker, die Wege desgleichen, allein diese würden weit nutzbarer und bequemer werden, wenn sie zu beyden Seiten mit

Obst=

Obstbäumen bepflanzt würden. Auch sollten keine Feldwege bepflanzt werden, denn so wie ein Gärtner die kleinen Fußsteige zwischen den Beeten nicht besezt, sondern nur die Hauptgänge mit Bäumen bepflanzt, so sollten nur die Wege von einem Dorfe zum andern, insonderheit breite Heerstraßen wie auch die ledige Pläze in und vor den Dörfern, um die Häuser herum, wo sie nicht hindern, und einige wüste Graseflecke und Aenger im Felde der Weide unbeschadet besezt werden. Welch eine Menge Obst zum Essen und Backen, wieviel Most und Cyder könnten solche Bäume darreichen, und ein ganzes Land bereichern, der Bequemlichkeit für Reisende zu geschweigen.

)

Der Herr Cammerrath von Lynker in Weimar hat für Sr. Herzogl. Durchlaucht eine Berechnung gemacht, was eine Baumschule von 4 Acker Landes einbringen könne, und müße. So habe ich auch eine gesehen, wo man im ersten Jahr 1. Quadrat mit Obstkernen, und die übrigen 3 mit Italiänischen Pappeln bestekt hatte. Hier soll blos 1 Morgen Landes von 120 Quadrat-Ruthen, die Ruthe zu 16 Fuß gerechnet, in 10 - 12 Jahren in Anschlag gebracht werden.

Wenn ein dergleichen Morgen vierekigt ist, so hat jede ohngefähr 11 Ruthen oder 176 Fuß länge. Muß aber in der Baumschule eine jede Reihe von der andern 2 1/2 Fuß zu stehen kommen, so würden 70 Reihen daraus werden, und in jeder Reihe, wenn ein Baum von dem andern 2 1/2 Fuß zu stehen käme, müsten 117 Bäume

me gesetzt werden. Das wären überhaupt 8190 Bäume.

Von Zeit der Kernsäung an kann man in 10 - 12 Jahren von diesen 8190 Stücken ohngefähr 7000 hochstämmige und Zwergbäume ziehen. Für den Abgang sind 1190 also beynahe 1200 Stücke.

Von diesen 7000 könnte man also ziehen:

    500 Birnpyramiden à 8 gr.   166 Rthlr.
   1500 Zwergbäume à 4 gr.   250
   5000 Hochstämmige à 6 gr.   1250

                           Summa 1666 Rthlr.

Die Kosten, solche Bäume 12 Jahre zu unterhalten, würden ein Jahr ins andere a 20 Thaler gerechnet, sich auf 240 Thaler belaufen, die von 1666 Rthlr. abgezogen, machten Ueberschuß 1426. Und soviel trägt ein Morgen Acker ein, daraus eine Baumschule angelegt wird. Das ist alle Jahre 118 Thaler rein Geld nach Abzug aller Unkosten.

Wenn ein Morgen Grabeland verpachtet wird, kann er höchstens jährlich 6 Thaler Pacht geben. An den Orten, die entfernt von einer Stadt, wird kaum 3 bis 4 Thaler Pacht gegeben. Ich will jedoch die höchste Pacht ansetzen, das wären in 12 Jahren doch nicht mehr als 72 Thaler. Welch erstaunlicher Unterschied zwischen 72 und 1426 Rthlr.

                                        Für

Für Abgang ist der 6te Baum gerechnet. Gewiß ein großer Verlust. — Auch kann die Hälfte vielleicht schon verkauft werden, wenn sie 8 und 9jährig sind. — Die ersten 5 Jahre können allerhand Gartenfrüchte darin gezogen werden, als Sallat, Spinnat, brauner Kohl, Sellerie, Schminkbohnen ꝛc. Und dennoch sind jährlich 10 Jahre lang 20 Thaler gerechnet worden. — Ein hochstämmiger Baum, der die Dicke eines Besenstiels, einen geraden Schaft, und eine Höhe von der Wurzel bis zur Crone 6, 7 bis 8 Fuß hat, ist zu 6 gr. angesetzt, er kostet aber überall 8 - 10 gr. Wollte man sie auch so hoch anschlagen, nemlich zu 8 gr., so kämen noch 416 Thaler mehr heraus, also 1842 Thaler. Welch ein Unterschied zwischen 72 und 1842.

Der Platz der Kernlegung muß ganz frey seyn, die volle Morgen- und Mittagssonne, und einigen Schutz für den Nord- und Abendwinden haben, auch mit einer Mauer oder tüchtigen Zaun umgeben seyn, damit keine Hasen oder andere Thiere dazu kommen können. Das ist eine Hauptsache. Ein Haas kann in einer Nacht eine Arbeit von vielen Jahren und eine Samenschule von 1000 und mehrern Stämmchen vernichten. Aepfel- und Zwetschen gehen sie sehr stark an, da sie Kirschen und Birne verschonen.

Sie muß, wenn alle Mühe nicht vergeblich seyn soll, 2 1/2 bis 3 Fuß tief gute, keine feuchte Erde haben, doch darf durchaus kein Mist in die Samenschule gebracht werden.

Steine dürfen durchaus nicht auf dem Obstlande seyn, weil die Baumwurzeln sonst eine widrige Richtung davon annehmen, auch wegen des Ungeziefers, das sich dahin ziehet, Schaden nehmen.

Eine Baumschule wurde in 15 Jahren nicht gedüngt, ohne einen Mangel im Wachsthum zu spüren. Entweder sie wird alle 20 Jahre an einem frischen Ort angelegt, oder die alte Stelle wird tief rejolet, stark gedüngt, und einige Jahre zu Küchenland gebraucht.

Alte Bäume müßen durchaus nicht in der Nähe stehen, weil deren Wurzeln und Sprossen aus den Wurzeln den Bäumchen alle Nahrung benehmen, ja ganz vertreiben. Ferner, wo Bäume Schatten auf die kleine Schule werfen, besonders Morgens und Mittags bleiben die zarten Stämme sehr dünne.

Da der Grund und erste Ursprung der Obstbäume die Kerne sind, so sollte man sie nicht geringe schäzen, hinwegwerfen, aufessen oder dem Vieh geben. Wer einen Kern in der Hand hat, hat vielleicht einen künftigen Obstbaum in der Hand, von dessen ausgebreiteten Zweigen noch nach Jahrhunderten die Vögel singen, die Wanderer Schatten finden, und Menschen sich an seinen Obst erquicken.

Durch

Durch die Schulkinder können viele Obstkerne gesammelt werden, so auch beym Aepfelmuß, beym Birnbacken und Schnizen, wo man durchaus Rücksicht nehmen sollte.

Hr. Pastor Henne schreibt in seiner schönen Anweisung, wie man eine Baumschule von Obstbäumen im großen anlegen, und gehörig unterhalten soll, Halle 1773. folgendes:

Hat man eine gute Anzahl, so wäscht und troknet man sie im Schatten in einem luftigen Zimmer, liest alle taube und zerschnittene aus, weil sich sogar der Bauer bemühet, reines Samenkorn zu säen, zähle 100 auserlesene schwere Kerne ab, und wiege nach diesen seinen sämmtlichen Vorrath, hat man 7200 Kerne, so kann man sich nun schon 6000 Bäumchen versprechen, welches für einen Anfänger hinreichend ist. Härte man jedoch deren noch mehrere, so wäre es desto besser. Man wundere sich nicht, daß ich auf die Sammlung einer großen Anzahl Kerne dringe; ich weis, wie nachläßig man darin ist. Viele Obstliebhaber sammlen zwar die Kerne, aber wenn sie ein Schächtelchen einer Hand groß voll haben, so denken sie, sie hätten überflüßig, damit könnte man eine ganze Provinz versorgen. Nachdem sie aber gezählt oder gewogen worden, so finden sich etwa ein paar tausend Kerne, welcher Vorrath zu Anlegung einer Baumschule im Großen viel zu gering ist. Mich überraschte einst ein Freund, da ich mit Zubereitung und Reinigung der Kerne beschäftiget war. O! fieng er an, da haben sie ja Million Tausend Kerne

Wozu so viele? Nachdem sie gewogen waren, waren es kaum 6000.

Da das Säen, fährt Hr. P. Henne fort, im Frühjahr im ganzen mislingt, nur einige wenige Bäumchen davon aufgehen, die übrigen Kerne aber liegen bleiben, so säe man im Herbst etwa um Martini bey stillem trockenen Wetter.

Sollte man im Herbst keine Kerne bekommen können, und so gezwungen seyn, sie erst den folgenden Frühling zu legen, der thue es so früh, als nur möglich, und sobald das Erdreich sich gut artet und mürbe ist, sollte es auch am Ende des Februars seyn. Wenn schon nur wenige Bäumchen davon aufwachsen, welches man bey einem sehr troknen Frühjahr allerdings befürchten muß, so verzage man nicht, und denke, daß die übrigen Kerne in der Erde verfault wären. Man grabe das Beet nicht um, andere Gewächse darauf zu bringen, sondern lasse es den ganzen Sommer ruhen, halte es nur vom Unkraut rein, so werden alle übrige Kerne das folgende Jahr aufgehen und lustig wachsen. Damit es jedoch den ganzen Sommer nicht ganz Brache liege, so kann man in die Mitte der Reihen Sallatsamen und andere Küchenkräuter säen und pflanzen, aber nicht zu nahe, wo die Kerne liegen, oder wer genöthiget wird, seine Kerne des Frühjahrs zu säen, der weiche sie wohl 14 Tage bis 3 Wochen ein, bis sie anfangen zu keimen, säe sie alsdenn aus, so gehen sie auch auf, haben aber keinen solchen Wachsthum als die im Herbst gesäet.

Wie

Wie lange die Kerne in der Erde ruhen können, beweiset folgende Erfahrung. Im Jahr 1765 legte ich ein Beet Aepfelkerne an, ward aber durch den Zuspruch einiger Freunde gehindert, solches zu vollenden, daher ich die Schachtel mit Kernen meinem Knecht gab, solche vollends zu legen, in Hoffnung, er würde es so machen, wie er von mir gesehen hatte. Dieser aber legte seine Reihen ausserordentlich dicke, weil überflüßige Kerne vorhanden waren. Das folgende Frühjahr 766 im April kamen die jungen Bäumchen stark hervor. Ich ließ alles wachsen, weil sie vorzüglich gutes Land hatten. Im Jahr 768 im Frühjahr wurden viele Stämme daraus in die große Baumschule versezt, und den Herbst darauf alle übrigen Stämme ausgehoben und verpflanzt; auch das ganze Beet umgegraben, und mit Kirschstämmen bepflanzt. Im Jahr 1769 im Frühjahr kamen in denjenigen Reihen, wo die Kerne 765 vom Knechte zu dicke gelegt waren, häufige junge Bäumchen hervor in solcher Menge, als wenn sie ordentlich gelegt wären. Das folgende Frühjahr 1770 wieder. Diese Kerne hatten also vier volle Jahre in der Erde geruhet.

Nach meinen Erfahrungen widerspreche ich hier besagten Hrn. Pastor: wer Mäuse in seinem Garten hat, darf nie im Herbst die Kerne legen, auch habe ich sorgfältig bemerkt, daß meine im Frühjahr gelegte Kerne häufiger und früher zum Vorschein gekommen, als die im Herbst gelegte, die manche Jahre nicht zur Hälfte aufgegangen sind, daß also die Ursache der

Winterfrost und Schnee trennt die äussere Schale der Kerne zwar gegründet, aber durch mancherley Ursachen gehindert wird.

Die Hennische Methode ist folgende: Man macht mit dem Harkenstiel eine Furche von einem Ende des Beetes bis zum andern, als wenn man Erbsen legt, schlägt an beyden Enden der Furche einen Stock eines Daumensdick hinein, der ein Viertel über der Erde hervorsteht, welches darum geschiehet, damit der, so ohngefehr über das Beet gehen will, sich vorsehen könne, nicht dahin zu treten, wo die Kerne liegen. Zwey bis 2 1/2 Fuß davon wird abermals eine Furche mit Stäben gemacht, in diese werden die Kerne sorgfältig und soviel möglich gleich weit voneinander gelegt, etwa eines Daumens tief und eines Fingersbreit, ein Kern von dem andern, (ich und der Drackendorfer Gärtner legen einen Kern an den andern.) Wenn dieses zur Herbstzeit bey gutem troknen Wetter geschehen, so werden sie im Anfang des künftigen Aprils allesamt aufgehen, und selten eines zurückbleiben.

Zwischen den Reihen pflanzt man in der Mitte eine auch wohl zwo Reihen Kopfsalat.

Die Aepfelkerne werden allein, und die Birnkerne auch allein gesäet.

Hacken bey trockner Zeit macht die Erde mürbe, und ist so zuträglich als eine halbe Düngung, ja wenn mit die jungen Bäumchen vom Unkraut

gerei-

gereiniget, so werden sie theils eine halbe theils eine ganze Elle lang und länger, falls der Sommer nicht gar zu dürr oder gar zu kalt war.

Im zweyten Herbst werden abermals Kerne gelegt, und im zweyten Sommer kommt statt Sallat, Sellerie, Braunkohl, Krieg, Schminckbohnen ꝛc.

Verpflanzung.

Haben die Bäumchen zwey Sommer in der Samenschule gestanden, so verlangen sie mehrern Raum, weil ihre Pfalwurzeln sehr tief gehen, und auf schlechtes Erdreich kommen.

Um Galli oder etwas später wenn das meiste Laub abgefallen, gräbt man alle diese zweyjährige Stämmchen aus, theilt sie in 3 Theile, als in starke, mittlere und kleine. Darauf beschneidet man eines jeden Bäumchens Wurzeln, und der Baum selbst wird beynahe auf die Hälfte oben abgestuzt, auch alle Zweige davon weggenommen.

Man muß alle Bäumchen zugleich ausgraben, und niemals welche aufs künftige Jahr zum Pfropfen stehen lassen. Da ich erst anfieng, eine Baumschule anzulegen, gedachte ich es bey der Verpflanzung der zweyjährigen Birnstämme gar weise anzufangen, und ließ allemal 1 1/2 Fuß voneinander 1 Bäumchen in der Samenschule stehen, in Hofnung, solche würden besser wachsen, als wenn ich sie versezte, weil sie alle ihre

ihre Wurzeln behielten, und Raum bekämen, sich auszubreiten. Es ist wahr, sie wuchsen das Jahr darauf schön; und ich konnte sie das folgende schon pfropfen, aber noch 4 oder 5 Jahten blieben sie im Wachsthum stehen, behielten einen dünnen Schaft, und ich war genöthiget, sie auszugraben, zu versetzen, abzustutzen, und von neuem zu pfropfen. Der Fehler bestund darin, daß die Pfalwurzeln nicht abgeschnitten war, dadurch verlohr ich Zeit und Mühe von 4 Jahren. Hieraus fließt die Lehre, daß man nie einen Birnbaum pfropfe, der seit der Säung seines Kerns nicht von der Stelle gewachsen. Mit Aepfelbäumen dürfte es noch eher angehen, daß man sie auf der selbigen Stelle, wohin ihr Kern gesäet worden, pfropfe, weil nicht alle Aepfelbäume, obwohl die mehresten, eine Pfalwurzel haben, sondern einiger ihre Wurzeln in die Breite wachsen.

Baumschule.

Wenn nun alle Stämme unten und oben beschnitten sind, so pflanzt man sie in die Baumschule in Reihen, allemal 2 1/2 Fuß eine Reihe von der andern, und 1 1/2 Fuß einen jeden Stamm von dem andern. Enger darf man die Reihen nicht machen, sonst kann man nicht gut darin handthieren, und die Bäumchen dürfen auch nicht länger als 1 1/2 Fuß aneinander gesezt werden, sonst kann man hernach keinen gut dazwischen ausheben.

Wollte

Wollte man jedoch Zwergbäume daraus ziehen, so brauchen sie nur 1 Fuß weit voneinander zu stehen, und eine jede Reihe von der andern 2 Fuß. Dabey ist sorgfältig zuzusehen, daß die starken insbesondere, die mittlere wieder zusammen, die ganz kleine Stämme 4-5 Zoll tief einen Finger breit ein Bäumchen von dem andern, zwey Fuß davon wieder eine dergleichen Hecke bringe; bis sie allesamt verpflanzt sind, man läßt sie 2-3 Jahre stehen, und theilt sie wieder in starke, mittlere, und kleine. Leztere werden wieder Ausschuß nach 3 Jahren. Wer nun zugleich alle Herbste mit Säung der Kerne fleißig fortfährt, kann binnen 4 Jahre eine erstaunliche Menge der schönsten und gesundesten Kernstämme zeugen.

Einige setzen sie besser 5-6 Schuh auseinander, und bauen indessen dazwischen Kohl, Zwiebeln. Nur muß man keine Wurzelgewächse oder solche, die länger als 2 Jahre stehen, dazwischen setzen.

Die ausgehobenen Bäumchen müßen sogleich verpflanzt werden.

Die Räuber nimmt man ab, und läßt in der ganzen Baumschule keine Lücken.

Wildes Obst.

Die Kerne können sicher vom wilden Obstbäumen genommen werden, weil man sie doch propfen muß. Ja die Erfahrung hat gelehret, daß

daß die Kerne von wildem Obst besser dazu sind, als die vom Gartenobst. Ist jemand ein Liebhaber von sehr verschiedenem Obst, so nehme man auch Kerne von guten feinen Obstarten zum Aussäen, lasse die Stämme dann etlichemal tragen, zuweilen geben sie besondere Varietäten von Obstarten.

Die wilden reiniget man durch ein Sieb mit Wasser, welches Reichard beschrieben. 2 Jahre hält sich der Same. Einige sind auf den Einfall gekommen, die ganzen Aepfel in die Erde zu legen, nach der Methode der Natur. Das ist aber falsch, die Aepfel fallen ab, werden vom Vieh zertreten, und kommen dann erst in die Erde. Die Kerne, die man im künftigen Frühjahr säen will, thut man in feuchte Erde in einen Blumentopf, wo sie Veranlassung zum Keimen erhalten, und dann im Frühjahr desto geschwinder aufgehen.

Waldstämmchen gehen in einem trofnen Land aus, und in einen feuchten schickt sich keine Baumschule, weil sie dann in ein trofnes Land versezt, ausgehen. Ein auf einem wilden Holzapfel oder Holzbirnstamm gepfropfter Baum bleibt unten sehr dünne, bekommt bey der Pfropfstelle einen dicken Knoten, wächst auf einmal in die Dicke, welches unansehnliche Bäume macht. Das ungleiche Wachsthum steckt in den verschiedenen Säften des Stammes und Pfropfreises. Der wilde Stamm hat eine zähe Rinde und enge Luftlöcher, kann also so stark nicht ausdünsten, und seine Rinde erweitern.

Ame-

Amerikanische Samenschule.

1) Wenn es irgend möglich ist, wähle man einen melirten Boden, das ist, ein Erdreich, das aus verschiedenen Erdarten bestehet. Es giebt nur wenige Pflanzen, die in einer Erdart ihr vollkommenes Wachsthum zeigen.

Ein bloser Sand würde viel zu mager und zu troken seyn, der Same würde nicht halb aufgehen, die jungen Pflanzen verkrüppeln, oder wohl gar, nachdem sie aufgegangen, ganz abbrennen. Es schadet aber nichts, wenn das Land aus der Hälfte feinen Sandes bestehet, weil ein etwas sandiges Erdreich zu Samenbeeten das tauglichste ist, wie man sich in Wörlitz davon überzeugen kann.

Ein lett- oder leimiger Boden ist zu kalt und zu bündig, verursacht also, daß der Same sehr lange liegt, ehe er zum Keimen kömmt, wodurch öfters der meiste statt aufzugehen ganz und gar verfault, 2) wenn er zu bündig ist, hält er die jungen Pflanzen im Wachsthum auf, macht sie im ersten Jahr gemeiniglich zu Krüppeln, und kleiner Same hat die Kräfte nicht, daß der Keim durch die harte Rinde durchbrechen kann, bleibt also meist aus.

Ein bloser Moorboden ist zwar etwas besser, allein ohne Zuthat für Samenbeete doch nicht gut genug, weil er 1. zu locker und zu brennend ist, man verliert gemeiniglich schon im ersten Sommer den größten Theil der jungen Pflanzen. 2. hält sich in einem Moorboden mehr Ungeziefer als in andern auf. Die Maulwürfe und dergl. richten oft in einer Nacht eine entsetzliche Verwüstung an, und verderben in 24 Stunden mehr, denn 6-8 Samenbeete.

Kurz, es ist keine einzige Art zu Samenbeeten gut genug, ausser man mischt allemal von andern Arten darunter, und man muß verschiedene Erdmagazine in Bereitschaft haben. Der vorzüglichste und beste Boden ist also der, worunter Gartenerde, etwas Sand, Moor und leimigtes Erdreich gemischt ist. An heissen Tagen kühlet der Leim, und in nasser Zeit hindert der Sand vor Fäulniß, nur nicht von Schnecken, die in nassen Jahren immer die übelsten Gäste sind.

2. Muß dieses vorgeschriebene Erdreich mit recht kurz verfaulten Kuhmist gedünget, durch Graben von allem Unkraut und Quecken gereiniget und fein gehackt werden. Es ist gut, wenn man ein Jahr vorher das Land mit Kohlpflanzen besezt, damit sich der den Sämereyen schädliche Salpeter verliere. Man hüte sich, daß nicht frischer Mist in das Land gegraben wird, indem dadurch der Same in Fäulniß übergeht statt zu keimen.

Man theilt die Beete ab, doch so, daß kein Beet über 4 Fuß breit wird, weil man kein breiteres Samenbeet mit gehöriger Behutsamkeit von Unkraut reinigen kann.

Werden

Werden auf jeden solchen Beet 4 Furchen längst demselben nach der Schnur mit einem Rechen oder Stab oder gar mit der Hand gemacht, nur die Tiefe der Furchen muß sich allezeit nach der Größe des Samens richten, der hinein gesäet werden soll.

Ist der Same in die Furchen gesäet, so muß er überall mit feiner lockerer Erde wohl bedeckt werden, auch die Erde dicht auf den Samen liegen, damit keine Hölung von eingeschlossener Luft entstehe, weil der in dieser Höhlung befindliche Same zu schimmeln anfängt, und dann in Fäulniß übergehet.

Das ganze Beet wird dann mit dem Rechen fein gerade gemacht, und man gießt mit einer feinsprißigen Gießkanne das ganze Beet nach und nach vollkommen durch, nur muß man sich in Acht nehmen, daß man das Wasser nicht mit der größten Gewalt darauf schüttet, es muß nur allemal wie ein feiner Sprühregen darauf fallen, damit das Land nicht gleich so fest geschlagen wird, und dadurch eine Rinde bekömmt, welche dem Aufkeimen der jungen Pflanzen sehr hinderlich ist.

So bald man siehet, daß der Same aufgehen will, muß man den Beeten, worauf feine Samen gesäet sind, etwas Schatten geben, damit die Sonne die jungen Pflanzen nicht abbrennt, welches sonst gemeiniglich geschiehet. Der Schatten muß auch niemals zu dichte auf die jungen Pflanzen kommen, weil dadurch die

Luft

Luft zu sehr eingedämpft und Fäulniß verursacht wird. Allemal soll der Schatten wenigstens eine Elle hoch über die jungen Pflanzen angebracht werden.

Das Gießen wird bey trokner Witterung Morgens und Abends wiederholet, wie ein sanfter Sprühregen, damit die Pflanzen nicht ausgeschlemmet werden. Bey trüben und Regentagen wird der Schatten von den Beeten hinweggenommen. Sobald aber die Sonne scheint, wird er darüber gelegt. In Wörlitz bedient man sich geflochtener Horden, die gegen die Mittagssonne aufgestellt werden, und so hoch sind, daß der Schatten das ganze Beet bedeckt. Auf solche Weise kann die Luft besser durch die Samenbeete durchstreichen.

Die Beete müssen so geordnet werden, daß sie nicht gegen Mittag und Mitternacht stehen, weil die Horden ohnedem verhindern, daß keine Pflanze abbrennt.

Wenn der Same eine Steinfrucht, welche mit harzigtem Fleisch umgeben ist, wird er nach der Regel im Herbst gesäet, weil er alsdenn doch mehrentheils das künftige Jahr alle aufgehet, der aber im Frühjahr gesäet ist, gemeiniglich erst das zweyte Jahr aufgehen wird.

Regeln beym Verpflanzen.

Man muß wissen, in welchem Clima der Baum ursprünglich wächst, ob auf Bergen, Ebenen, von, tiefen, trockenen oder feuchten, man muß wissen, ob es an einen warmen oder kalten Ort, einen steinigten, sandigen, guten, mittelmäßig feuchten oder ganz nassen Boden verlangt.

Wenn es möglich, rejole man das Land 2 oder 3 Grabstiche tief den Herbst zuvor, wo man im Frühjahr Bäume hinpflanzen will. Dieses Rejolen ist von unbeschreiblich großen Nutzen, und man sollte in Ansehung dessen keine Kosten sparen, denn ein Liebhaber wird den Vortheil schon in den 3 ersten Jahren an dem starken Wachsthum der Pflanzen einsehen. In 3 Jahren wird der Baum so hoch, als in nicht rejolten in 10 Jahren.

In einer weitläuftigen Anlage kann man nicht jederzeit und allemal zu jedem einzelnen Baum eine große Fläche Landes rejolen. Dieses würde einen Mißstand und Aufwand verursachen. Hier muß man sich großer Löcher bedienen, die sich jederzeit nach der Größe und Stärke des Baums richten. Sie sollen niemals kleiner als 3 Fuß breit und eben so tief gemacht werden, auch brauchen sie niemals größer als 8 Fuß breit und 4 Fuß tief zu seyn, weil man in dergleichen Löcher die größten Bäume verpflanzen kann.

Der oberste Stich oder Rasen, der aus dem Loch genommen wird, soll, wenn das Loch fertig ist, allemal unten hinein, und das ganze Loch mit der andern guten Erde hineingeworfen werden, die deswegen auf eine Seite besonders geworfen worden, alsdann nimmt man einen

N 4 Pfahle

Pfahl, stiche denselben ins Centrum des Lochs, und so wird der Baum mit seinen Wurzeln auf die Erde an den Pfal gesezt, und mit einer Weide etwas locker angebunden; die Wurzeln ordentlich mit den Händen auseinander gelegt, und mit guter feiner Erde wohl ausgefüttert.

Von derjenigen Entfernung, wie weit nemlich die Bäume voneinander gepflanzt werden sollen, läßt sich keine allgemeine Regel angeben, weil beynahe eine jede Baumsorte bald einen grössern bald einen kleinern Platz mit ihren Aesten und auch mit ihren Wurzeln einnimmt, doch suche man sich allemal zu hüten, daß die Bäume nie zu dichte und zu enge in einander gepflanzt werden, sondern setze sie lieber etwas weitläuftiger, welches allezeit besser ist, als wenn sie zu dichte stehen, sie schnappen sonst nach Luft, wachsen in die Höhe, und nicht in die Dicke, tragen also weniger. Das rechte Maas ist, wenn die Aeste der Bäume in 10 Jahren erst einander berühren.

Im ersten und zweyten Jahr werden die Bäume am gemächlichsten verpflanzt. Sollen die immer grüne Bäume schnell und frech wachsen, so muß man sie 1, 2 auch 3mal verpflanzen, weil dadurch der kleinen Wurzeln mehrere werden, allein von den immer grünen darf man nicht auf das Laubholz schließen, denn diese würde den verderben.

Die beste Zeit des Verpflanzens ist bey heiterer Luft, und wo der Boden auch etwas feucht ist,

ist, die Witterung muß vermieden werden, wo ein durchziehender, zehrender Wind ist.

Die Wurzeln werden vom Baum längstens eine Elle und kürzestens einen Fuß abgestoßen. Alle gespaltene Wurzeln werden mit dem Messer abgeschnitten, und die immer grünen Bäume müssen beym Versetzen zweymal tüchtig angegossen werden.

Beym Verpflanzen der Bäume muß jede Wurzel in ihrer gehörigen Richtung liegen, das ist, die Wurzeln müssen mit den Händen sorgfältig wieder in die nemliche Lage, wie er zuvor auf seinem vorigen Ort stand, geleget werden, auch wird jede Wurzel mit den Händen auseinander gelegt, und mit guter Erde ausgefüttert, damit nicht hin und wieder eine Höhle in der Erde bleibt, und die Erde nicht dicht an die Wurzel gelegt wird, welches sehr schädlich ist; denn alle Wurzeln, die in der Erde hohl liegen, fangen gemeiniglich an zu schimmeln statt zu wachsen, und vom schimmeln gehen sie in Fäulniß über, wovon der Baum allemal abstirbt.

Soll jeder Baum billig mit seinen obersten Wurzeln, die man Thauwurzeln nennt, 4 Zoll über der Oberfläche der Erde zu stehen kommen, weil sich der Baum in der Länge der Zeit so viel setzet, daß er mit seinen Thauwurzeln der Erde gleich zu stehen kommt. Allemal auf die oberste Wurzel des Baums sollen nur 2 Zoll hoch Erde zu liegen kommen. Mehr solcher Erde gereicht dem Baum zum größten Nachtheil,

Theil, und macht, daß er kränkelt und gar abstirbt.

Der Baum darf nicht vom Winde getrieben
werden, er muß fest stehen, daher ist es wegen
der Westwinde besser, jedem Baum, wie man
überall im Dessauischen sieht, zwei kurze Pfäle
zu geben, wovon einer gegen Morgen, der andere gegen Abend eingeschlagen, und der Baum
mit Stroh daran gebunden wird.

Müssen billig alle neugepflanzte Bäume gleich,
wenn die Kessel daran gemacht, recht stark angegossen werden; aber die Vielheit des daran zu
gießenden Wassers richtet sich allemal nach der
Größe des Baums.

Das Gießen wird nur bey trockner Witterung wiederholet, doch aber niemals, ohne daß
man zuvor den Baum genau untersuchet, ob er
auch wirklich so ausgetroknet ist, daß er gegossen werden muß, denn so sehr als ein Baum,
wenn er zu trocken ist, leiden kann, leidet es
auch wirklich, wenn er durch Unverstand, zur
Unzeit, ohne Noth gegossen wird. Neugepflanzte Bäume müssen bey trockener Witterung ein
bis zweimal besehen werden, damit man jede
Veränderung des Baums wahrnimmt. Einerley Feuchtigkeit muß ein Baum haben, wenn er
gut wachsen soll. Der gehörige Grad der Feuchtigkeit ist der, wenn die Erde, welche sich an
des Baumes Wurzel befindet, noch so viel Feuchtigkeit hat, als die Erde, die man zwey Fuß
tief von einem uncultivirten Lande herausgräbt.

Sobald

Sobald man daher siehet, daß die Erde an dem Baum trokner ist, als die vorbenannte Probe, so muß der Baum des Morgens früh oder gegen Abend, wenn die Sonne bald untergehen will, oder schon untergegangen ist, begossen werden.

Nach der Größe und Vielheit der Wurzeln muß der Baum gegossen werden, denn ein Baum, der wenig Wurzeln hat, muß auch nur auf einmal wenig aber desto öfter begossen werden, damit die Wurzeln allemal die Feuchtigkeit gehörig verschlucken können, denn wenn der Baum mehr Wasser erhält, als seine Wurzeln verzehren, so müssen solche natürlicher Weise in Fäulniß übergehen.

Haben einige die üble Gewohnheit, daß sie den neugepflanzten Bäumen sogleich starken Schatten geben, und die wohlthätigen Sonnenstrahlen völlig davon abhalten, welches die größte Thorheit ist. Ohne Beyhülfe der erwärmenden Sonnenstrahlen kann man nichts in einen gesunden Wachsthum bringen, noch viel weniger erhalten. Auch pflegen sie den Wurzeln Schatten zu geben, wodurch auch denen die wohlthätige erwärmende Kraft entzogen wird, und das abhalten, was das Wachsthum befördert. Starker Schatten ist der Tod der Pflanzen.

Das Sprizen auf die Bäume von oben besonders bey Nadelhölzern ist die zweyte Ursache des Todes. Der Einsichtsvolle wird nicht einmal

mal seine neugepflanzte Bäume bey trüben Tagen von oben auf das Blatt oder Nadel bespritzen, und doch würde bey dieser Witterung es weniger schaden, aber auch nichts zum Wachsthum beytragen, wie vielmehr, wenn bey heissen Sonnenschein von oben auf das Blatt oder Nadel Wasser gegossen wird. All solches Wasser ist ein wahrer Gift, denn was sind die gemeinen Sonnenregen anders als solches Gift. Bey der heissen Sonnenhitze vereinigen sich in der Atmosphäre in der Geschwindigkeit mit dem Wasser mehrere flüchtige Vitriol- und Salmiaktheile, die sich an das Wasser anhängen, und wenn sie bey brennender Sonne präcipitirt werden, entweder die Pflanzen verbrennen, oder wie Rost den Bäumen den Tod zuziehen, denn so viele Wassertropfen auf den Blättern stehen, so viele Brennpunkte hat die Sonne.

Wenn Eicheln, Nüsse 2c. gelegt oder gesetzt werden, legt man erst Rinnen von Ziegeln, dann kommen 5 Zoll Erde darauf, alsdenn die Nußbäume auf diese 3 Zoll Erde, dadurch erhält die Pfahlwurzel eine schiefe Richtung.

Vermehrung der Bäume.

Nebst den Samen werden die Bäume noch durch Wurzeln, Senker oder Ableger, und durch Stecklinge vermehrt.

Durch Wurzeln. Wenn man Bäume in einen lockern, sandigen Boden pflanzt, werden sie im ersten und zweyten Jahr zeigen, daß sie ausserordentlich um sich wuchern, und alljährlich eine Menge gleich starker Triebe und Ausschößlinge ringsherum aus den Wurzeln treiben. Diese Ausläufer sind alle Herbste zum Verpflanzen tauglich, und können nach Belieben in eine Baumschule gepflanzt werden.

Sollten die Bäume in einem schweren, lettig oder leimigten Boden stehen, werden sie nicht leicht Ausläufer machen, weil der kühle, fette Boden die erwärmende Sonnenstrahlen zu stark abhält, wodurch die Keime der Thauwurzeln sich entwickeln, und diejenige Bewegung, welche die warmen Strahlen in der Erde zum Vorschein bringen, das Auslaufen der Augen gar sehr vermehret. Sollten daher die Bäume in einem schweren kalten Erdreich stehen, welches ihrer Natur zuwider und sie deswegen nicht sehr um sich wuchern, oder ein naßkaltes Jahr seyn, so kann man ihnen auf folgende Art zu Hülfe kommen. Man suche die Wurzeln mit Hülfe eines recht scharfen Spatens etwa einen oder zwey Schuh lang von dem alten Stamm ringsherum abzustechen. Bey dieser Gelegenheit wird rund um den Baum herum alles wohl durchgegraben, und locker gemacht.

Das Abstechen der Wurzeln kann im Monat März geschehen, wornach sich im Sommer eine große Menge Ausläufer zeigen werden, denn die abgestochenen Wurzeln werden an allen Orten viele junge Schößlinge austreiben.

Es giebt noch eine leichtere Art Bäume durch die Wurzeln zu vermehren. Man rotte einen oder mehrere Bäume mit allen daran befindlichen Wurzeln wohl aus, damit alle Wurzeln, sie seyen lang oder kurz, dick oder dünne unverlezt herauskommen.

Diese Wurzeln schneide man so, daß sie etwa 9 bis 12 Zoll lang an dem Stamm des Baumes bleiben, die übrigen Wurzeln werden wieder so zerschnitten, daß sie etwa 6 Zoll lang bleiben, jedoch daß man sich allemal den obern starken Theil der Wurzel bemerkt, damit im Verpflanzen kein Versehen geschiehet. Diese kurz geschnittene Wurzeln auf ein schon dazu zurecht gemachtes Beet mit einem Pflanzholz eingesteckt, daß sie alle einen Fuß voneinander zu stehen kommen. Auch muß der Obertheil der Wurzel nur höchstens einen Achtelzoll über der Oberfläche der Erde hervorragen, oder noch besser, man lege die Wurzeln in Rinnen oder Gräben, drücke sie fest. Der Boden zu Pflanzungen muß aber eine Elle rejolet seyn, die Wurzeln können der Erde gleich seyn, auch einen halben oder 1/4 Zoll lang heraus schauen.

Die ersten 8 Tage muß man sie nicht sehr begießen, nachher müßen sie immer in einerley Feuchtigkeit erhalten werden. Begießt man sie zu gehöriger Zeit, daß sie nie zuviel begossen, damit sie nicht in Fäulniß übergehen, so treiben sie in sehr kurzer Zeit schöne gerade Loten, und können im ersten Jahr schon in andere Pflanzungen versezt werden.

Durch

Durch Senker kann alles abgelegt werden, und die Behandlung ist eben die, wie mit den Nelken. Es dürfen nur 2 Zoll Erde und nicht mehr über den Spalt kommen, und diese Arbeit muß im Frühjahr geschehen. Die größte Sorgfalt ist, daß der Senker nicht fault, das leicht vom Begießen kömmt. Am dünnen Holz wird der Spalt einen Zoll, am starken 1 1/2 Zoll lang gemacht, in 4 Wochen wird noch ein Zoll nachgeschnitten.

Durch Stecklinge. Hier kömmt es auf die äussere Rinde des Baums an. Alles was nicht zu markiges Holz hat, wird durch Stecklinge vermehrt.

Sie werden einen Schuh lang geschnitten, 8 Zoll kommen in die Erde, und 4 Zoll nur ausser der Erde zu stehen. Ein Auge muß aus der Erde heraussehen. Die Stecklinge werden da, wo sie in die Erde kommen, keilförmig zugeschnitten, damit der Saft zulaufen kann, und zwar starke Zweige auf 3 Seiten, schwache auf 2 Seiten.

Auf diese Weise werden vorzüglich alle Arten Pappeln behandelt, von denen noch folgendes zu bemerken.

Die Verpflanzung der Pappelstecklinge muß im Monat April, gerade zu der Zeit vorgenommen werden, wo sie ihren vollen Saft hat, weil die Erfahrung gelehrt, daß diese Zeit die schicklichste zur Pflanzung ist.

Hat man des Reiß an Aesten nur wenig, an Gipfeln gar nicht zu verschneiden, weil nach der Erfahrung die Pappelreiser vieles Beschneiden gar nicht vertragen können, auch, wenn ihnen der Gipfel nicht gelassen wird, sie alsdenn von oben herein gar leicht absterben, und ausgehen.

Muß das Loch blos mit einem Pfaleisen gemacht werden, jedoch so tief als möglich, und wenigstens 1 1/2, bey lockerm Boden aber 2 Ellen. Die öftern Beyspiele haben gelehrt, daß die italiänischen Pappeln leichter fortkommen, je tiefer sie gesezt werden; und

Nach dem Setzen macht man mit der Hacke zwey Grübchen, und um die Pappel herum eine kleine Vertiefung, damit das Regenwasser ihr dadurch zugeleitet wird, sodann aber stehen bleibt, und allmählich eingesickert.

Wenn sie auch im ersten Jahr gar nicht ausschlagen, oder weiter unten treiben, so schneide man die Reiser ja nicht ab, weil sie dadurch erst vertrocknen, da sie zuvor noch grün waren. Man stehe überhaupt mit Sezlingen in Geduld, da manche sich noch im zweyten Saft erholen, und treiben.

Es möchte mich jemand fragen, warum ich der amerikanischen Baumzucht hier erwähne, da ich doch den großen und kleinen Herren lieber die Obstbaumzucht als eine nüzlichere Sache empfehlen sollte!

Aller-

Allerdings wünschte ich leztere bey allen amerikanischen Anlagen mehr als diese, allein 1) in einer Landwirthschaft muß mit dem nützlichen das angenehme verbunden werden, 2) kann der Oekonom aus amerikanischen Pflanzen ein ansehnliches Stück Geld lösen, wenn er sich darauf befleißiget, 3) haben wir unter diesen manchen nützlichen Baum, der vervielfältiget zu werden verdient, ja öfters einen weit nützlichern als unsere nun schon einheimische Bäume. Nur einen Baum statt aller. Die Weymouthskiefer. Auf 160 Quadratruthen oder auf einen Morgen können 2 bis 300 Stück Weymouthskiefern stehen. In 13 Jahren werden sie 14 Schuh lang und in 60 Jahren 2 Ell n dick. Erlangt diese Höhe und Dicke ein einheimischer Baum? In Wörlitz sind vor 15 Jahren Weymouthskiefern gesäet worden. Sie waren im Jahr 785 im Sommer 33 Fuß hoch, 3 Fuß 4 Zoll dick, und ein Stamm ist wenigstens als Brennholz betrachtet, seine 4 Thaler werth, und als Brett von 14 Zoll hat es größere Vorzüge. So die Mannaesche, die schon in den Dessauischen Wäldern steht. So die Acacien, die in einem Jahr 18 bis 20 Schuh hoch treibt.

Du Roi sagt Seite 10. in seiner Harbkeschen Baumzucht: Soviel bleibt gegründet, nicht alle für uns seltene Pflanzen haben für die einheimische Vorzüge, und man muß daher für dieselben nicht zu sehr eingenommen seyn, und sich alle Vortheile von ihnen versprechen, indem man sie sämtlich den andern Arten vorzieht, der Erfolg allein sagt uns die Wahrheit.

Indessen kann man nicht läugnen, daß nicht einige unter ihnen einen besonders starken Wuchs zeigen sollten, unter die z. E. die rothen Virginischen und Kastanienblättrige Eichen, der Amerikanische Platanus, die rothen Virginischen und Eschenblättrigen Ahorne, die Weymouthskiefer, und Canadische weiße Fichte gehören. Dergleichen Bäume verdienen angepriesen zu werden, sie sind für die Zukunft nuzbar.

Unter diesen giebt es auch Bäume, die 1) den Bienen zu Gefallen angepflanzt werden können, desgleichen 2) für Manufakturen, so auch 3) geschwind wüchsige, 4) für Schafe und Rindvieh zum Futter, auch giebt es die an Hauptfuhrwegen, 5) an Wegen zwischen Aeckern, 6) an Zäunen, 7) in sumpfigen Orten, 8) an Bächen und 9) an wüsten Plätzen anzubauen sind, von denen weiter unten geredet werden soll.

Fünfundzwanzigstes Kapitel.

Veredlung der Bäume und die Theorie des Beschneidens der Zweige.

Meist alle Bäume müßen veredelt werden. Es geschiehet vorzüglich durch Pfropfen, kopuliren und okuliren.

Propfen heißt, wenn man einen gesunden jährigen Zweig mit Knospen von einem veredelten Baum mit dem Schoft eines Wildlings vereinigt.

1) Das Propfreis wird eine Hand breit oder 1/2 Fuß über der Erde aufgesezt. Die Spalierbäume müßen sehr niedrig gepropft werden, und die Robinia hispida gar auf die Wurzel.

Die Dicke des Propfreises muß sich nach dem Stamm richten. Anf ältern Stämmen haben zweyjährige Reiser besser getrieben, als einjährige.

Das Reis muß von einem gesunden, durch keine Krankheit geschwächten, welche diese forterbt, nicht zu alten Stamm genommen werden. Der Mutterstamm muß schon getragen haben, fruchtbar und ächt seyn. Von erwachsenen, die gar nicht oder wenige Früchte bringen, schneide man nicht.

Man nehme keine Wasserreiser, sie sind kenntlich, weil sie an ungewöhnlichen Stellen hervortreiben, ihr Wuchs geil, und die Augen weit auseinander stehen.

Die Reiser, die an der östlichen, südöstlichen, südlichen Seite des Baums sitzen, sind die stärksten und gesündesten, die an der Nordseite sind die schwächsten.

Sie dürfen nicht erfroren seyn. Man kennt sie an dem weisen Mark, die erfrornen sind gelb, ganz braun oder gar schwarz.

Man wähle Reiser ohne Tragknospen, sie sind stärker geschwollen.

Man breche sie nicht mit der Hand, sondern schneide sie mit einem scharfen Messer ab. Der Mutterstamm darf jedoch nicht zu sehr leiden.

Man

Man nehme die Reiser nach der Witterung und Gegend von der Mitte des Februars bis zu Ausgang Aprils.

Man hebe sie an einem schattigten und kühlen Ort in Keller, Gewölbe, in Erde, in feucht gehaltenen Sand, lieber einzeln als in Bündeln auf. Die trocken gewordene Reiser stecke man in frisches Wasser, und dann überdecke man sie mit feuchter Erde.

Man schneide nicht bey regnichter, neblichter Witterung, sondern nehme sich mehr Zeit.

Man kaufe sich erst Bäume, von deren Gesundheit, Fruchtbarkeit und Aechtheit man überzeugt ist, mit fremden wird man angeführt.

Die abgeschnittenen Zweige müßen Namen und Nummern erhalten, damit alle Verwechslung vermieden wird.

Die Zeit des Propfens fällt im Merz und April, auch in die ersten Wochen des Mays. Den Anfang macht das früher treibende Steinobst, Kirschen, Apricosen, dann Birn und Pflaumen, endlich Aepfel.

In Regenwetter, Kälte und Sturm darf man nicht propfen, sondern in stillen und heitern Tagen. Ein unerwarteter Nachtfrost zerstört die Propfreiser; sind warme Tage, die den Saft in Bewegung gesezt haben, vorhergegangen, so stockt auf einmal der Saft.

Wenn

Wenn man Reiſer aus der Ferne zu einer Zeit erhält, wo das Propfen ſchon vorbey, ſo ſchneidet man die Blätter ab, wie beym Oculiren, läßt an dem Reiſe etwas altes Holz, um den Keil daraus zu machen, ſezt es ein, und beſtreicht es mit Baumwachs. Iſt die Witterung ſehr heiß, ſo wird ein Ueberſchlag von Leim und Kuhmiſt darüber gemacht, über das Reis zur Kühlung grüne Blätter von Meerrettig gebunden. Dies geſchieht bey kühlen Stunden, am Abend, bey gewölktem Himmel.

Das Beſpritzen und Reiben der Schäfte mit einem naſſen Lappen macht, daß ſie in dürrem Wetter nicht vertrocknen, in warmen trocknen Frühlingen iſt es gut, wenn es des Tags zweymal geſchiehet.

Man kann nicht die beſten Früchte in dürren ſchlechten Boden, in einer ſturmreichen kalten Lage erwarten, wie einerley Obſt in verſchiedenen Dörfern anzeigt. Das wiederholte Propfen taugt nicht, eben ſo wenig, wenn vielerley Arten auf einen Baum kommen, ſie erfodern ihre eigene Nahrungsſäfte.

Wo eine große Baumſchule, ſchneidet der erſte die Propfreiſer, ſezt ſie in friſches Waſſer und beſorgt das Verzeichniß der gepropften Linien, der zweyte putzt die Stämme von Nebenſchoßen und Räubern, welches eigentlich ſchon früher geſchehen ſeyn ſollte, der dritte macht den Schnitt, und heißt der eigentliche Propfer, der vierte ſchlägt um die gepropfte Stelle den Leim und

Veredlung der Bäume ꝛc.

und Baumwachs auf die Spitze des Reises. Leim und Kuhmist ist dem Baumwachs vorzuziehen.

Der Propfer kann die Mittagsseite nicht wohl vermeiden, die am meisten doch von der Austroknung der Sonne leidet, beym Oculiren, wenn es im Frühjahr zu treiben anfängt, leidet das Auge von den scharfen und trocknen Ostwinden, wenn es auf der Morgenseite eingesezt ist. Beym Oculiren mit dem schlafenden Aug muß man es auf der Mittagsseite einsetzen.

Man wählt zum Propfen solche, die von der Dicke eines mäßigen Daumens sind, ob man gleich auch dünnere propfen kann. Am besten schlagen die an, besonders Kirschen, wenn sie im Frühjahr gleich unmittelbar nach der Versetzung gepropft werden, weil ihnen eine zu reiche Fülle des Saftes schadet.

Das Propfreis muß 3 - 4 Augen haben, dünne und schwache nur 2. Viele Augen erfodern vielen Saft, und da er sich durch verwundete und getrennte Theile durcharbeiten muß, so stirbt ein zu langes Reis leicht ab.

Das zubereitete Reis wird ins Wasser gestellt, damit es nicht austroknet, man sucht eine reine glatte Stelle des Stamms, und das zu feste Verbinden ist schädlich.

Man kann auf verschiedene Weise propfen in den Spalt, Kerb, Sattel, mit der Zung in die Rinde oder Borke, durch Anplacken einmal mit dem Abſatz, dann mit dem Häckgen. Ich will die üblichſten beſchreiben, ſonſt werde ich zu weitläuftig.

Das Propfen in den Spalt. Der wilde Stamm wird im März und April rein abgeſchnitten und ſo tief als nöthig. Dickere Bäume werden mit der Baumſäge behandelt. Das Reis wird unter einem Auge auf beyden Seiten keilförmig zugeſchnitten, auf der innern Seite dünner, als anf der äuſſern, mache den Spalt nicht unnöthig zu tief, ſchneide erſt das Propfreis zurecht, meſſe es darnach ab. Bey dicken Stämmen kann man auf jeder Seite ein Reis einſetzen, allein ins Kreuz mit 4 Propfreiſern iſt Spielerey. Bey dicken Stämmen darf der Spalt nicht durch das Mark gehen. Das Reis wird oben rund nicht ſchräge zugeſchnitten. Die länge eines guten Zolls muß der Keil des Reiſes haben. Beyde Seiten des Spaltes müßen genau an die Kante des Reiſes ſchließen. Die Rinde darf ſich nicht vom Holz löſen. - Man mache den Keil unmittelbar unter einem Auge.

Das Baumwachs beſtehet aus einem 1/2 ℔ Wachs, 1 ℔ Pech, 1/4 ℔ Terpentin, wegen der Bienen einige Meſſerſpitzen voll fein geſtoſſenen Schwefel, etwas Schaftalg.

Die Holländer nehmen 4 Pf. Harz - 3/8 Pf. Rüböl. Zu Hauſe beſtreiche man ganze Bogen ſteifen Papiers ganz dünne mit Baumwachs, zerſchneide ſie und ſchlage ſie in den Spalt, der mit einer Weide vor dem Bekleben befestiget wird. Die großen Gärtner setzen die Reiser in die Stämme, erst gegen Abend schmelzen sie Pech, Harz, Schaftalch zu gleichen Theilen in einem kupfernen Tiegel, und beschmieren wenn es kalt ist, den Spalt mittelst eines Pinsels. Hier ist kein Binden, kein Lösen, kein Nachsehen nöthig, auch das eingesetzte Reis trocknet indessen nicht.

Die wilden Triebe kneipe man aus, aber nicht alle, besonders bey starken Bäumen. Der Nahrungssaft wird mehr vertheilt, der das edle Reis ersticken würde. Das Band schneidet oft ein, das Baumwachs springt ab. Im Julius und August wird das Band gelöset, im zweyten Jahr weggeworfen. Die Reiser werden an einzelne Stäbe, Stangen befestiget, der Wind und das Niedersitzen der Raben und Krähen bricht sonst viele ab.

Die Kirschbäume müssen oben gepfropft werden, weil sie mehrern Saft, und einen hohen geraden Schaft machen. Sie müssen sehr früh gepfropft werden, ehe sie mit zu vielen Saft angefüllet sind.

Ein auf Quitten gepfropfter Baum muß erstlich tief gepfropft werden, trägt eher Früchte, und stirbt früher ab.

Das Propfen in die Rinde geschieht, wenn diese sich leicht ablösen läßt im April und May. Die Rinde wird entweder mit einem dünnen

dünnen Keil von harten Holz mit einem Stecker von Knochen oder Elfenbein abgelöset, oder mit der Spitze des Oculirmessers der Länge nach aufgeritzt und auf der einen Seite mit dem Holz des Messers gelöset, worauf man das Reis von der Seite unter die Rinde schiebt. Es wird unter einem Auge halb eingeschnitten, und das Holz unter dem Einschnitt weggenommen, die übrige Hälfte spitz zugeschnitten. Je länger es ist, je tiefer es zwischen die Rinde hineinkömmt, desto besser ists, ungefähr 1 bis 1 1/2 Zoll. Das Propfreis muß ohne Fasern zugeschnitten seyn, und die Rinde muß sich leicht ohne zu zerreißen ablösen lassen.

Die Vortheile dieses Propfens sind, daß wenn sich der Saft zu stark anhäuft, also in den Spalt nicht mehr kann gepfropft werden, das Geschäft der Veredlung länger fortsezt, z. B. bey Birnen und Aepfeln. Die Arbeit rückt geschwinder fort, die Verwundung ist geringer. Auch hier muß ein Pfal an das Reis wegen des Windes angebunden werden.

Copuliren. Rinde muß auf Rinde genau und ganz auf einander treffen. Man wählt junge Stämme, die wenigstens ein Jahr alt, und so dick als ein Pfeifenstiel sind. Man schneidet dazu ein jähriges Reis von gleicher Stärke und Dicke, bey starken Stämmen zweyjährige, beyde wie ein Rehfuß schräge zugeschnitten in der Länge eines Zolls. Man prüft ob sie an Länge und Breite einander so anpassen, daß Rinde auf Rinde sich legt. Ein Stück dünne

Leinwand, die mit Baumwachs überstrichen, und mit einer Scheere in verschiedene schmale Riemen zerschnitten. Da kein Regen eindringen darf, muß es von unten nach oben zu umwunden werden.

Bey Bäumen, die eine Krone haben, werden die verschiedene Zweige der Krone kopulirt. Die Reiser dürfen nicht zu lang seyn, weil sie sich sonst nicht nähren können, ohngefähr von 2-3 Augen. Die untersten Augen bey langen Reisern sind die reifsten. Bey Kirschen hüte man sich vor Tragknospen. Auf die Spitze des Reises wird Leim geklebt. Die Lösung des Verbands fängt an, wenn die Augen schon etwas getrieben haben.

Die Zeit der Copulation fällt in die Mitte des Märzes und endiget sich gegen Ausgang des Aprils.

Vortheile sind: Mit Hülfe eines guten Augenmaßes geht die Arbeit geschwind, der Stamm bleibt gesünder, und wird nicht schwer verwundet. 4-5 Schuh hoch kopuliren macht bald einen erwachsenen Baum, er trägt früher, oft schon im zweyten Jahr, behält gar kein trockenes Holz, wie die in den Spalt gepfropften fast immer haben, braucht wenig Geräthe, wenig Baumwachs, man kann schon sehr junge Stämmchen veredeln, und ist auch die Kopulation nicht gerathen, so kann sie gleich im nächsten Frühling wiederholet werden.

So wie das Kopuliren allen Arten Veredlungen; so wird

das Okuliren

dem Propfen vorgezogen, besonders beym Steinobst. Man okulirt ins treibende und ins schlafende Aug. Um Johanni ins wachsende, im Aug. in das schlafende. Leztres ist allezeit besser.

Oculirt wird an jungen Zweigen eines alten Stammes, und an jungen Stämmen, wo dünne zarte Rinde ist. Sie müssen in vollen Saft seyn, sonst macht sich die Rinde nicht leicht vom Holze los, bey Steinobst dürfen sie nicht zu vielen Saft haben. Nach einem Regen ist das Oculiren gut, vor dem Einsetzen sieht man, wo die Rinde am glattesten und zärtesten ist, gegen Abend oder Mitternacht auch gegen Morgen ist die Einsetzung am besten.

Man kann zwey Augen aufsetzen, nur nicht gerade übereinander. Man schneidet aus dem Reis ein Schildchen wenigstens einen Zoll lang, löst die Rinde so genau wie möglich, stößt mit einem Federkiel den Keim mit dem Auge ab, ☞ so daß der Keim mit kömmt, der Saft darf im Schildchen nicht vertrocknen, der Schnitt abwärts länger als der in die Queere seyn. Die Rinde darf ebenfalls nicht verlezt werden, dann nimmt man Bast, und bindet es, jedoch nicht fest, damit der Saft aufsteigen kann, macht unter

Veredlung der Bäume ꝛc. 211

ter das Auge ein Dächelchen von Papier wegen der Sonne und scharfen Winden.

Wenn in 10 Tagen nach dem Oculiren das Auge noch frisch ist, und aufquillt, ist es getroffen. Nach 3 Wochen löset man das Band ein wenig auf. Etwas wildes Holz muß man dem oculirten lassen. Das treibende oder vielmehr getriebene Auge muß an Pfäle angebunden werden.

Beym treibenden Auge müssen die Reiser anfangs Februars geschnitten werden. Alle überflüßige an dem Ort herum stehende Zweige müssen schon vor Winter abgeschnitten werden, damit der Trieb in dem im März oder April einzusetzenden Auge desto stärker ist, auch die Bäume ihren Saft verlieren, und die Rinde fest am Holz anhält.

Beym schlafenden Auge werden die Reiser frisch abgenommen, oder in frischem Gras, feuchter Leinwand, Aepfel, Gurken, feuchtes Moos wird das unterste Ende gesteckt. Die größten Augen gegen das untere Theil des Reises sind die besten, ausgenommen bey den Pfirschen.

Die Pfirschen oculirt man auf Pflaumen, die Zwergäpfel auf Paradiesäpfel, die Zwergbirn, besonders die schmelzende Birne auf Quittenstämme.

Fünfundzwanzigstes Kapitel

Beschneiden

ist das schwerste in der ganzen Baumzucht, auch eine sehr mißliche Sache. Noch wenige Personen haben sich damit abgegeben, die im Stande waren, sichere Beobachtungen und Versuche davon zu machen, oder welche Geduld genug dazu hatten. Es giebt auch nicht eine Regel für alle Bäume, z. E. die Pfirschenbäume haben ganz was eignes in ihrem Beschneiden. Wir haben sehr wenige sichere Regeln, diese wollen wir hier angeben, und aus ihnen kann man die besondern Regeln ableiten.

Will man einen hochstämmigen Baum ziehen, so darf nur ein Auge bleiben, das zweyte, dritte wird abgeschnitten, und mit Baumwachs verschmiert. Das unterste Auge, das fast im Spalte ausschlägt, muß man, wenn ein hochstämmiger Baum daraus werden soll, ganz abschneiden, weil der Baum niemals einen recht geraden Schaft bekömmt.

Schießen 2 Augen, so kann einer sicher weggenommen werden. Uebrigens muß man an den diesen Sommer gewachsenen Zweigen nichts schneiden, sondern alles der Natur überlassen. Um Martini oder wenn das Laub völlig abgefallen, nimmt man denen, so hochstämmig werden sollen, alle Nebenzweige weg, und läßt nur den Hauptstamm stehen. Den zu frech gewachsenen nimmt man etwas von der Spitze ab. Währenden Frost und bey Regenwetter beschneidet man keinen. Ohne Beschneiden kann man

keine

keine junge Bäume ziehen. Jedoch ist hier die Rede von den frechwachsenden, und die auf starke Stämme gepropft sind. Schwache Bäumchen verschont man gern mit dem Schnitte, und läßt sie zufrieden. Man muß alles wachsen lassen, und den ganzen Sommer hindurch nichts daran schneiden, nur im Herbst wenn das Laub abgefallen.

Bey Zwergbäumen beschneidet man die Nebenzweige so, daß sie nur 4 höchstens 6 Augen behalten, das übrige bis ans Ende wird abgeschnitten. Der Mittelzweig kann wohl 8 bis 10 Augen behalten, so wachsen aus dem Mittelzweig den Sommer über wenigstens 3 bis 4 andere, und aus jedem Nebenzweige wenigstens 2 andere. Der schöne Veltheimer Garten zu Harbke ohnweit Helmstedt hat alle Spalierbäume auf Kernstämme gepropft und tragen häufige Früchte. Alle Birnbäume auf Quitten sind darin ausgemerzt.

Was die Aepfel betrift, müßen zu Spaliers und Hecken nur gewiße Sorten auf Kernstämme gepropft werden. Als Sommer Calville, Pigeon, Pepin, Reinette, weiß Calville und Paßepomme. Was die andern Arten betrift, wenn man daraus gern Zwergbäume haben will, muß man solche auf Paradiesäpfel propfen, so tragen sie gleich das zweyte oder dritte Jahr nach dem Versetzen.

Dem Pastor Henne waren nur 4 Arten Tischäpfel bekannt, die sich zu Hecken ziehen laßen,

nem-

nemlich Pigeon, Pepin, der rothe Sommer-Calville und Reinette, welchen man den rothen AugustApfel (Pallepomme rouge) noch beyfügen kann, allein wenn jemand zu rathen, sollte man keine andere dazu nehmen, als die beyden erst genannten Pigeons und Pepins. Wenn diese gleich nur auf Kernstämme gepropft sind, so tragen sie doch gleich das andere oder dritte Jahr nach der Verpflanzung nicht wie die gemeinen deutschen Sorten ein Jahr ums andere. Eine solche Obsthecke stehet schön, und bringt ungemeinen Nutzen. Man zieht sie 4 bis 5 Fuß hoch und 3 Fuß dicke. In Harbke ist eine von lauter Pepins, eine andere von Pigeons. leztere, welche eben nicht gar lang stehen, hatten in einem Jahre 6 große Tragekörbe voll Aepfel gebracht. Dergleichen Hecken haben keine künstliche Beschneidung nöthig, sondern sie werden nur mit der Gartenscheere beschlagen.

 Die Geländerbäume verdienen beym Beschneiden folgende Verhaltungsregeln. Sie müßen erstens ganz niedrig gepropft werden. Man muß ihnen keine andere Zweige laßen, als die mit dem Plan der Wand übereinstimmen. 6 Zoll lieber 1 Schuh von der Mauer oder Geländer müßen sie abgerückt werden. An der Mauer läßt man ein hölzernes Gitterwerk machen, um die Zweige daran zu binden, das darf aber erst im dritten oder 4ten Jahr geschehen. Nie muß ein Zweig über den andern herliegen. Die Zweige müßen so angebunden werden, daß sie einen Spielraum haben. Alle Zweige, die von der Mauer abwärts stehen, muß man wegschneiden, und

zweck-

Veredlung der Bäume ꝛc.

zweckmäßig hervorbringen. Die Höhe einer solchen Mauer muß 9 - 12 Schuh hoch seyn, auch ihr ein Dach geben, durch welches aller Regen auf die andere nördliche Seite geleitet werden. Die Franzosen nehmen zu diesen Bäumen das delikateste Obst, daher der Titel Franzobst - auch als Empfehlung gebraucht wird.

Zwergbäume sind unnatürliche Bäume und tragen selten viele Früchte. Freylich sitzen die Zweige oft sehr voll, allein sie haben nur wenige Zweige, und dann hilfts nichts, daß uns die Früchte so nahe vor den Augen hängen. Das Obst muß deswegen leiden, weil es wider seine Natur dem Boden so nahe ist, und nicht so den Einfluß der freyen Luft und Sonnenstralen hat, als es ihn haben soll. Durch das Geländer bekommen freylich die Bäume etwas mehr Wärme, daher das Uebel nicht so sehr in die Augen fällt, zumal wenn die Bäume an Mauern stehen, oder gegen Süden gerichtet sind, wo auch schwächliche ausländische Bäume am besten fortkommen.

Will man dergleichen Zwergbäume haben, so soll der Baum entweder ein Buschbaum werden, da muß der Baum so dicht als möglich an der Erde weggepropft werden. Man sucht dann in dem ganzen Umfang Zweige zu ziehen. Die Zweige bindet man an Pfähle. Dergleichen Bäume sind aber nur eine Spielerey, und schaden durch den vielen Schatten, den sie den Gärten machen.

Pyramiden, und zwar von Birnen. Stark belaubt heißen solche, die viele Zweige, breites Laub haben, damit den Hauptstamm dergestalt bedecken, daß dadurch solcher unsichtbar wird. Dergleichen sind Beureeblanc, Virgouleuse, Marquise.

Schwach belaubte heißen, die wenig Laub haben, und dadurch in der Pyramide Lücken verursachen, daß man den Stamm und die inwendigen Aeste stets siehet. Dergleichen sind Beurregris, Bergamotte, welche sich nicht zu Pyramiden schickt. Ein vornehmer Herr versichert, daß sich die Reinetten auch dazu ziehen ließen. Der Pepin trägt aber schon das zweyte Jahr und schlägt nie fehl. Ein z. B. im Frühjahr gepropfter Baum hat unten umher drey Zweige nebst einem gerade in die Höhe stehenden Zweige ausgetrieben, so schneidet man von den Nebenzweigen soviel ab, daß nur 3 bis 4 Augen stehen bleiben. Der gerade in die Höhe gehende Hauptzweig, so künftig die Pyramide formirt, bleibt ohngefähr eine halbe Elle lang stehen, das übrige bis an die Spitze wird abgeschnitten. Beym Beschneiden der vorgedachten Nebenzweige giebt man Acht auf die Augen, etliche sitzen oben, etliche zur rechten und linken Hand, und einige unten am Zweige. Das Auge, so oben sitzt, muß stehen bleiben, das übrige wird weggeschnitten. Das folgende Jahr treibt solches Auge einen Zweig, der auf den Stamm zuwächst. Wollte man das leztere Auge, so unten sitzt, stehen lassen, so wüchse der daraus entstehende Zweig niederwärts, das ist vom Stamm auswärts,

wärts, da doch die umherstehende Zweige den Hauptstamm gleichsam fest umfassen sollen.

Will man gern davon eine Lücke bekleidet haben, so sieht man sich nach einem Auge um, welches auf die Lücke zuweiset. Was nun über diesem Auge sizt, schneidet man weg, so wird das stehenbleibende Auge einen Zweig treiben, der die Lücke bekleidet, dies ist bey der Pyramidenziehung als eine Hauptregel zu merken.

Wir beschneiden die Bäume aus 3 Gründen,

a) dem Baum eine bessere Zierde zu geben,

b) die Gesundheit derselben zu erhalten,

c) die Fruchtbarkeit zu vermehren.

ad a) Ein Baum, der keine geschlossene Krone hat, sieht nicht so gut, als wenn die Krone rund umher zu ist. Der Wind mishandelt den Baum fürchterlich, auch kann man sich von solchen Bäumen nicht soviel Obst versprechen.

Je länger man einen Zweig läßt, desto kürzer wird der Trieb im nächsten Jahr und umgekehrt, schneidet man den Zweig desto tiefer ab, so treiben dann die untengelassenen Augen desto stärker, welches sehr natürlich ist. Hat man daher einen, der nach einer Seite hin mehrere, nach der andern wenigere Zweige treibt, so muß man die Zweige an der einen Seite nur wenig beschneiden, und den von der andern Seite desto stärker.

stärker. An der Seite, wohin der Baum schon ohnehin viel Trieb hat, darf man die Zweige am wenigsten verstutzen, daher die Regel:

Die untersten Zweige müßen mehr verstuzt werden, als die obersten, sonst wächst der Baum immer in die Höhe, wohin man dann nicht kommen kann, um die Früchte zu holen.

Der Trieb aller Bäume ist nach der Höhe zu am stärksten, zumal wenn Bäume dicht nebeneinander stehen. Freylich in den Nadelhölzern ist eben dies die Absicht, daß sie in die Höhe gehen, daraus folgt, wenn man einen oder mehrere Zweige höher aufsteigen läßt, so werden die Seitenzweige schwächer werden, die gerade aufsteigende Zweige muß man am Stamme wegnehmen. Diese Regel sollten sich die Bauern merken, da sie in ihren kleinen Gärten so viele Bäume zusammenpropfen.

Wenn man einem Baum die Zweige gar zu lang läßt, wächst er zu hoch, und wird unten löcherecht. Wenn ein Gärtner das Gegentheil thut, und beschneidet alle Zweige stark, so treibt ein solcher Baum zu stark ins Holz, und wird so dicht, daß das Obst nicht völlig reif wird. Dieses ist häufig der Fehler bey den Gärtnern.

Niemals muß man leiden, daß ein Baum zu dicht wird. Lieber säge man die stärksten mittelsten Aeste ganz heraus dicht am Baum weg, das hilft oft in einem Jahr so, daß die Früchte sich zehnfach vermehren.

ad b)

ad b) Das Beschneiden geschiehet

1) zwischen Weyhnachten und Ostern, dies heißt der Winterschnitt, der 2te von Johanni bis Weyhnachten, der Sommerschnitt.

Schwache und junge Bäume müssen im Herbst oder vor Winters beschnitten werden, weil um diese Zeit der Trieb nicht so stark ist, die Wunde wird um desto leichter verharschen. Starke Bäume hingegen, die frech wachsen, beschneide man im Winter.

Es kommt sehr viel dabey auf die Witterung an. Im Regenwetter darf diese Arbeit nicht vorgenommen werden, wegen der erfolgenden Fäulniß, aber auch nicht bey Sonnenschein und einem auszehrenden Wind.

Hat man eine starke Wunde gemacht, muß man sie durchaus mit Baumwachs besser mit Leim beschmieren, nie mit Bretchen zunageln.

Billig sollte der Gärtner nie mit einem Beil auf den Baum steigen, das ist Pfuscherey. Der Baum wird dadurch jämmerlich verwundet und zugerichtet, die Rinde an vielen Orten beschädiget. Blos ein gutes starkes Messer und eine feine scharfe Säge muß man gebrauchen. Beym Abnehmen macht man gewöhnlich einen abscheulichen Fehler, daß man den Zweig ohngefähr zur Hälfte einsägt, dann abknicken läßt. Die Säge muß zuerst unten angesetzt, und dann von obenherunter abgesägt werden. Durch die Verwunwundung, die der Rinde durch diesen Fehler wiederfährt, leidet der Baum einen unerträglichen Schaden.

Der Gärtner muß auch die geöfnete Wunde ebnen, der Schnitt muß glatt seyn, weil ausser dem sich leicht Fäulniß erzeugt.

Die dürren Zweige werden noch im Herbst abgenommen, die sogenannten Wasserreiser aber, sobald man sie siehet. Es sind diejenigen, welche am Stamm unter der Krone herauskommen, die Räuber müssen gleich dicht am Stamme abgeschnitten werden. Von diesen ist gar nichts zu erwarten.

Ein Gärtner muß keinen Zweig an einem Baum leiden, den er sich nicht selbst hervorgebracht. Das ist aber freylich die gröste Kunst eines Gärtners.

Findet man im Frühjahr einige Zweige erfroren, welches sich dadurch zeigt, daß sich die Borke verfärbt, und die Rinde darunter ins röthliche fällt, so müssen sie weggeschnitten werden. Einige Gärtner warten lange damit, daher entsteht eine Fäulniß, die dann weiter geht.

Ist der Brand, der vom Aufplatzen der Rinde entsteht, nur an einem einzigen Zweig, so muß der Ast gleich weggeschnitten und der Baum noch gerettet werden. Entstehet das Uebel am Stamm, so ist der Baum in Lebensgefahr. Man muß die ganze Wunde mit einem Messer aus-
schnei-

schneiden, und mit ungelöschten Kalk und Theer verschmieren.

Wenn Bäume gar zu hoch ins Holz wachsen, so tragen sie keine oder wenige Früchte. Man ist hier auf verschiedene gefährliche Mittel gefallen, z. B. das Aufritzen der Rinde, der Baum wird dadurch geschwächt, und gezwungen, Früchte zu tragen. Allein es sezt dieses den Baum in die größte Gefahr, es entsteht der Krebs, und der Baum stirbt ab. In den Geoponicis steht auch schon ein Mittel, nemlich die Wurzeln der Bäume anzubohren, oder zu spalten, und einen Stein hineinzutreiben, der Baum fängt an zu tragen, stirbt aber bald ab. Das beste Mittel ist, die gute Erde um den Baum wegzunehmen, und schlechte daran zu bringen.

Der Frost ist nie am schädlichsten als im Frühjahr, wenn der Saft etwas in die Knospen getrieben hat. Man hat die Gewohnheit, die zärtlichen Bäume von unten bis oben mit Matten zu bewickeln. Allein wenn der Frost stark wird, leiden diese Bäume oft mehr, als die freystehende. Die Bewegung der nicht bedeckten Bäume scheint mehr gegen die Kälte zu sichern, als das Einbinden.

Bey Spalierbäumen muß es freylich geschehen. Solche Bäume leiden zwar von der Kälte weniger, aber sie werden zu einem frühern Trieb genöthiget, und im Frühjahr muß man sie aufdecken: kommt ein Frost, so sind sie hin. Der Baum muß immer desto weniger bedeckt wer-

werden, je weiter es nach dem Frühjahre hin-
kommt.

Hat man alte Bäume, deren untere Stämme noch unversehrt sind, die aber nicht tragen,
so kann man den Versuch machen, die Krone
abzuhauen, sie können so 10 bis 15 Jahre und
noch länger dauern und Früchte tragen. Dies
ist besonders bey den Pflaumenbäumen anzu-
wenden.

ad c) Die Knospen der Aeste sind von zwey-
facher Art. Einige dicker, runder, mehr abge-
stumpft, die nennt man Tragknospen, Blumen-
augen, aus diesen kommen im nächsten Jahr die
Blüthen.

Andere sind länglich, mehr zugespitzt, glänzend, welche die zukünftigen Aeste enthalten,
und im nächsten Jahr noch keine Blüthe ansetzen. Diese nennt man Holzaugen, Holzknospen.

Der Schnitt muß nie durch ein Auge gehen,
sondern gleich über dem Auge. Die Gärtner haben eine doppelte Gewohnheit, entweder sie schneiden horizontal oder schräge. Im ersten Fall ist
die Wunde kleiner. Das schräge nennt man auf
den Rehfuß schneiden. Es kommt darauf an,
nach welcher Seite wir einen Zweig vom Baum
zu haben wünschen, auf dieser muß das Auge
zu stehen kommen. Schneidet man horizontal,
so schlagen beyde Zweige im nächsten Jahr aus.

Veredlung der Bäume ꝛc.

Es ist ausgemacht, daß jeder Baum und jede Staude lieber Holz und Früchte trägt. Manche Obstbäume wachsen ganz vortreflich ins Holz, aber sie blühen nicht, und tragen nicht. Man verdammt sie zum Feuer, aber mit Unrecht. Sie stehen in einem zu fruchtbaren Boden. Sobald die Nahrung vermindert wird, kann der Baum die wenigen Säfte nicht zur Vermehrung des Holzes anwenden, und es entstehen Blüthen und Früchte. Die Blüthe kostet den Baum weniger Mühe und Aufwand, als die Blätter. Wenn ein Baum absterben will, sizt er gemeiniglich die lezten Jahre noch recht voll von Früchten. Er hat zu den Blättern nicht Kräfte genug, und wendet diese Nahrung auf Blüthe und Früchte. Daher man bey dem Beschneiden der Bäume die starken dicken Zweige zu mindern, und die zarten zu mehren suchen muß.

Beym Beschneiden der Bäume geschieht zu viel und zu wenig.

1 Regel. Die Zweige und Wurzel eines Baumes stehen miteinander im genauesten Verhältniß, sie befördern wechselsweise den Wachsthum der andern, und das Beschneiden der Zweige hat auch einen Einfluß auf die Wurzeln.

Wenn man die starken Zweige eines lebhaften Baumes zu wenig beschneidet, so fahren seine Wurzeln fort sich zu verstärken, und vermehren die starken Zweige. Der ganze Baum wächst zu sehr ins Holz, und bringt zu wenige Früchte. Schneidet man die starken Zweige zu kurz, und

nimmt

nimmt man auch den Baum die kleinern, so
hören seine Wurzeln auf zu wirken, und der
Baum fängt an zu kränkeln. Treibt ein Baum
sehr schwach, so haben seine Wurzeln wenig Leb=
haftigkeit, man muß ihn daher stärker beschnei=
den, und seine besten Zweige nicht zu lange lassen.

2. Ein Baum erhält nur alsdenn auf der
einen Seite einen sehr starken Zweig, wenn ei=
ne Ursache da ist, welche den Saft mehr nach
dieser, als der andern Seite zu gehen nöthiget.

Dies wird auch die Wurzeln dieser Seite
vermehren, jenen Zweig verstärken, und dadurch
ein gar zu starkes, den benachbarten Zweigen
nachtheiliges Wachsthum erhalten.

3. Im natürlichen Zustande sendet jede Wur=
zel den von ihr bereiteten Saft auf den auf ih=
rer Seite sich befindenden Zweigen zu.

Wenn man durch den Schnitt dem Wachs=
thum einer Seite nicht wehren kann, so liegt die
Ursache in den Wurzeln. Man muß also diese zu
entdecken suchen, und die stärksten von ihnen
verstutzen, um die Gleichheit der Seiten des
Baums wieder herzustellen. Dies muß nur aus
Noth und nie ohne viele Vorsicht geschehen.

4. Der Saft des Baums dringt desto hefti=
ger in einen Zweig, je näher dessen Richtung
der senkrechten Linie kömmt. Ein Baum sucht mehr
die senkrechten als die horizontalen Zweige zu ver=
längern, weil er nach seiner von der Natur be=
stimmt

stimmten Höhe strebt. Aus eben diesem Triebe wachsen die Geländerbäume, nach oben zu so stark. Wenn man einen starken Zweig gerade in die Höhe steigen läßt, so muß jeder horizontaler, schwächer, und der ganze Baum unten kahler werden.

5. Je mehr sich der Saft von dem Mittelpunkte des Baums entfernt, desto heftiger wirkt er.

An den noch zarten äussersten Enden der Zweige trift er viel weniger Hindernisse, als da wo die hölzernen Lagen erhärtet sind, er treibt also da am heftigsten. Wenn man einen Zweig bis auf 8 Augen wegschneidet und der Saft nur 3 davon zu öfnen vermögend ist, wird er nur die 3 äussersten öfnen.

1. Im Beschneiden nicht zu wenig thun, sonst würde sich der Baum zwar oben ausbreiten, aber in der Mitte löcherich und kahl werden.

2. auch nicht gar zu kurz schneiden. Der Saft würde auf die geringere Anzahl der Augen des neuen Schnitts zu heftig schiessen. Der Saft öfnet auch bey gar zu kurzen Schnitt ausserordentliche Wege, falsches Holz.

3. Wenn ein Baum auf einer Seite zu sehr ins Holz wächst, so muß man ihn auf dieser am kürzsten oder stärksten schneiden, damit er nur mäßig treibe, die schwachen nur wenig verstutzen, damit sich der Saft in diesen vertheile.

2r Th.   P   Im

Im Gegentheil auf der schwachen Seite die stärksten wenig beschnitten, die schwächern weggenommen, die mittelmäßigen zur Füllung des Baums beybehalten.

6. Die Wirkung des Saftes auf die Knospen eines Zweiges verhält sich, wie die Entfernung derselben vom Ursprung des Zweiges.

Die neuen Zweige sind desto stärker, je näher sie dem Ende, und desto schwächer, je näher sie den Ursprung des Zweiges sind, ausgenommen, wenn dieser gegen den Horizont gebogen ist. Bey einem gebogenen Zweig fällt die stärkste Wirkung des Safts auf diejenigen Knospen, welche am höchsten liegen, oder sich auf dem erhabensten Theil des Bogens befinden. Bey horizontalen Zweigen treiben die Augen der obern Seite stärker als der untern. Jeder starke Zweig, der sich an einem Ort befindet, wo er schwach seyn soll, et au contraire ist wider die Natur, und muß weggenommen werden.

7. Die Blätter haben einen so großen Einfluß auf die Menge und Bewegung des Saftes, daß sie diesen nach Verhältniß ihrer Anzahl und ihrer Gesundheit vermehren oder vermindern.

Die Wirkung des Safts wird gehemmet, die Früchte fallen ab, der ganze Baum leidet, wenn durch Krankheit, Ungeziefer, Abblatten sehr viele Blätter vom Baum kommen. Hingegen kann das übermäßige Wachsthum eines Zweiges gemäßiget werden, wenn man ihm einen

nen Theil seiner Blätter nimmt, die sonst als eben so viele Saugröhren Saft zuführen würden.

8. Die Ausdehnung des Knospens verhält sich verkehrt, wie die Verhärtung der hölzernen Lagen.

Je härter diese sind, desto weniger dehnet sich der Knospen aus, aber die Erhärtung der hölzernen Lagen wird desto mehr aufgehalten, je mehr Saft er an sich zieht, und dieser ist desto häufiger, je näher die Richtung des Zweiges der senkrechten kömmt, je mehr Blätter er hat, und je mehr er wider die Sonne, die ihn härtet, verwahret ist. Befördert man diese 3 Ursachen, so befördert man die Ausbreitung des Knospens.

Sechs-

Sechsundzwanzigstes Kapitel.

Baumgärten, und Obstgärten.

Kleiner Baumgarten.

Jeder Baumliebhaber zahlt einige Groschen mehr, wenn er weis, was für Bäumchen er namentlich bekömmt, denn es ist jedem nicht gleichviel, wenn er einen Borsdorfer verlangt, und einen Stettiner dafür erhält. Unsere Gärtner haben die Gewohnheit, wenn sie oculiren und propfen, in ihrer Baumschule herumzulaufen, und bald da bald dort, bald von diesem bald von jenem Reis ein Auge zu nehmen, bald da bald dorthin zu oculiren. Diese Unordnung, die selbst dem Beutel des Gärtners schadet, zu vermeiden, thue ich den Vorschlag, in weitläuftigern Reihen die Samenstämmchen zu setzen, als es zeither gewöhnlich war, nemlich auf breiten Beeten nur eine Reihe. 2. die Birnstämmchen allein in einem Quadrat zu setzen, so die Kirschen,

Baumgärten, und Obstgärten. 229

schen, Pfirschen und Aepfelstämmchen. 3. In
der Mitte einer jeden Reihe wird ein fruchtbarer
Mutterstamm gesezt, von dem alle Bäumchen
derselben Reihe und keine andere oculirt oder gepropft werden. 4. Müssen von jedem Geschlecht
16 besondere und zwar die besten Arten in 16
Reihen gepflanzt werden, um jeden Liebhaber
mit verschiedenen und den besten Sorten versorgen zu können. 5. Da bey den Birnen und
Aepfeln hohe und niedrige Stämme verlangt
werden, so müssen 16 Reihen für hohe und 16
für niedrige Stämme von Birn und Aepfeln
angelegt werden. 6) Hat der verstorbene Rathsmeister Reichart dem nun auch sel. Rath und
Doctor Schröder in Erfurt mündlich eröfnet,
wie und wie lange das frischgedüngte Land in einem Baumgarten zu nutzen und zu bestellen und
zwar

im ersten Jahr mit Kraut, Kohlrabi, Blumen-
     kohl, Wirsing, und anderen
     Kohlgewächsen.
im zweyten Jahr desgleichen wie im ersten.
im dritten   - Zwiebeln mit untermengten Pe-
     tersilienwurzeln.
im vierten   - desgleichen.
im fünften   - Salat, Gurken.
im sechsten   - desgleichen.
im siebenten   - Blaukohl, Wirsing, Rettige,
     Runkeln.
im achten   - Mohne.

im neunten • Foenum graecum für Pferde,
                Schwarzkümmel, Coriander.
im zehnten • Rüben, Gartenbohnen, Haber-
                wurzel, Cichorien.

Im eilften, zwölften, dreyzehnten Jahr allerhand Franz-Phaseolen, zwey bis dreymal nacheinander. Zur Noth kann man mit der Abwechslung noch etliche Jahre continuiren.

Reichart gab ihm im Jahre 1778 noch eine andere Anweisung, die ich ebenfalls hier mittheile.

im ersten Jahr, Kraut, Blumenkohl, Kohlra-
                bi und dergl.
im zweyten • desgleichen.
im dritten • Zwiebeln und Gurken.
im vierten • Gurken.
im fünften • Gurken.
im sechsten • Haberwurzeln, Scorzoner.
im siebenden • desgleichen.
im achten • desgleichen.
im neunten • Buffbohnen, Eselsbohnen,
                Schwarzkümmel, Wicken.
im zehnten • Dattelbohnen.
im eilften • Winterrettige.
im zwölften • Früherbsen, Buffbohnen, etliche
                Jahre hintereinander, die
              Hälfte gleich, die Hälfte in
              4 Wochen.

Ein solcher Baumgarten muß 1) etliche Acker groß seyn, so wie der Baumschulgarten des Hrn. Geh. Rath und Canzler von Ziegesar 4 Acker ungefähr enthält, wo jeder Mutterbaum seine Tafel mit dem Namen anhängen hat. 2) Kann er in 8 Quadrate, und jedes Quadrat ohne Rabaten, auf welchen die ein und zweyjährige Samenschulen sind, in 16 Beete eingetheilt ist.

Das erste Quadrat enthält die Kirschenstämme.
Das zweyte   •   die Pflaumenstämme.
das dritte   •   die Birnkernstämme.
das vierte   •   die Birnquittenstämme.
das fünfte   •   die Aepfelkernstämme.
das sechste   •   die Paradiesäpfelstämme.
das siebente   •   die Pfirschenstämme.
das achte   •   die Aprikosenstämme.

Bekanntlich werden die Birne aus Kernen gezogen, oder auf Quitten gepropft, die aus den Kernen werden hochstämmig, die aus den Quitten niedrigstämmig, so die mit Paradiesäpfel gepropfte niedrig zu Spalieren, aus Kernen hochstämmig.

Man wird keineswegs übersezt, wenn man für einen Baum von obenbeschriebener Güte 12 Groschen zahlen muß, denn der Platz, von 2-3 Quadratfuß, worauf er gezogen ist, könnte in 8 bis 10 Jahren leicht an Gartenfrüchten, wenn es auch nur Kartoffeln wären, 6 Groschen rentiren. Für Abgang der schadhaften, für Pfäle, Bind-

Bindweiden, Propfwachs, Bast und Zeichen kann man füglich 3 Groschen rechnen. Der Gärtner bekommt also für seine Mühe nur 3 Groschen, mithin jährlich nur 3 Pfennige, welches nur ein Geiziger ihm nicht gerne geben wird.

Folgendes Quadrat ist in 16 Beete getheilet, wo die o den Mutterstamm, die . Punkte u. Linien aber die wilden nachzupropfenden oder oculirenden Stämmchen bedeuten. Auf den Rabatten können auch Johannis- oder Stachelbeere stehen.

	Rabatten	
	Maykirsche als Mutterstamm	
	○	
	Glaskirsche	
	○	
	Malvasierkirsche	
	○	
	gelbe Herzkirsche	
	○	
Wildlinge	braune Herzkirsche	
· · · · ·	○ · · · · ·	
	weiße Herzkirsche	Zur Samenschule.
Zur Samenschule.	○	
	Bernsteinkirsche	
	○	
	große Ammer	
	○	
Wildlinge	Perlkirsche	
· · · ·	○	
	schwarze Knorpelkirsche	
	○	
	Spanische Weichsel	
	○	
	ächte Lothkirsche	
	○	
	schwarze Herzkirsche	
	○	
	Maulbeerkirsche	
	○	
	Prager Muskateller	
	○	
	Leopolduskirsche	
	○	
	Rabatten	

Sechsundzwanzigstes Kapitel

Großer Baumgarten.

Es giebt Dörfer, die einer solchen Gegend ganz nahe liegen, wo mehr als 1000 Morgen Landes mit Obstbäumen beseʒt sind, und doch keine Bäume haben, da doch in dem Boden die Obstbäume nicht nur nicht gut fortkommen würden, sondern auch das Obst gewiß wohlschmeckender seyn würde. Es ist leider nichts als Nachlässigkeit, Faulheit oder Unwissenheit Schuld daran.

In Savoyen lebt ein ganzes Volk von den Kirschbäumen. Die Kirschen und Kirschweine bereichern manches Dorf in Schwaben mit etlichen 1000 fl., noch mehr aber in der Schweiz. Sachsen und Thüringen gewinnen jährlich eine beträchtliche Einnahme blos von Borsdorfer Aepfeln und Zwetschen. Die Pfalz treibt einen starken Handel mit Wallnüssen, Kastanien und den Heidelberger Frühkirschen. In Handschuchsheim und in einigen Dörfern um Stuttgart pflanzt man die edlern Kirschsorten in die Weinberge, und wird mehr aus den Früchten als aus den Trauben gelöset, 80,100 Thaler. Sie bringen Pflaumen, Apricosen, Pfirschen auf die Märkte, und ob sie gleich fast gar keinen Ackerbau haben, so erwerben sie sich ein gutes Vermögen.

Die Bamberger treiben den Fruchtbaumhandel nicht blos durch ganz Deutschland, sondern bis nach Dännemark, Rußland, Pohlen, Oesterreich, Ungarn und bis an die türkische Gränze.

ꝛc. In denen um Erlangen herum liegenden Dörfern Sendelbach und Effelterich, besonders in leztern beschäftigen sich 50 Einwohner mit der Obstbaumzucht, und reisen in jedem Herbst und Frühjahr umher.

Was trägt nicht der Essighandel unserer Stadt Jena und Lobeda ein, man glaubt zwar auswärts, es wäre Weinessig, wie D. Luther von unsern Trauben rühmt: Ienae ubi acotum crescit. Nein es ist nichts; als guter Obstessig.

Nun noch etwas von den Obstgattungen.

Die große Maykirsche z. E. wird in einem einzigen Dorf Deutschlandes mehr als zu 10 Centner getrocknet, desgleichen die schwarze Maykirsche, die noch etwas größer, noch delikater und vorzüglicher von Geschmack ist. Wie viel Kirschengeist wird nicht am Rhein aus den schlechtesten Sorten gebrannt, und in die weite Welt geschickt. Aus der einzigen Kirschenallee bey Wörlitz erhält die Dessauische Kammer 500 Thaler jährlichen Pacht. Welche Kirschen in Meinweh im Chursächsischen.

Von den Pflaumen oder Zwetschen versichert Pastor Christ, daß diese gesunde, köstliche und nützliche Frucht bey ihm besonders zu Hause sey, und so häufig gepflanzt werde, daß zur Zeit ihrer Reife auf dem Felde ein so starker Geruch sey, als ob man sich in einer solchen Obstkammer befinde, und würden wohl jährlich bey 1000 Ctr. getroknet. Von einem starken halben Morgen
sollen

sollen nur allein 25 Centner getrocknet worden
seyn. Auch um Jena und im Chursächsischen
wird rühmlicher Fleiß daran gewandt. Wer die
Dessauischen Alleen nach der Elbbrücke, und die
Drackendorfer bey Jena gesehen hat, weiß, auf
welch unfruchtbarer Schafweide sie stehen. Ich
muß dem Hrn. Kanzler von Ziegesar Gerechtig-
keit wiederfahren lassen, daß er auf seinem Rit-
terguthe Drackendorf vortresliche Anlagen von
Zwetschenbäumen hat. 4000 Stämme mögen
wohl in einem sogenannten Grund stehen, und
jährlich kommen achthundert hinzu. Gesetzt es
trüge nur jeder Baum in der Folge einen Korb
voll, und der Korb würde nur zu 6 Groschen
gerechnet, da er doch in der wohlfeilsten Zeit
14 Groschen und schon zwey Jahre 1 Thaler 10
Groschen kostete, so wäre es eine Einnahme von
baaren 1000 Thalern. Zwetschen haben einen
ungemeinen Vortheil, die nicht völlig reif ab-
fallen, werden den Schweinen verfüttert, die
besten werden gedörrt, oder man siedet ein Muß
daraus, welches gesund zum Frühstück und
Abendbrod dient. Aus den übrigen brennt man
einen Brandewein, der dem Fruchtbrandwein
weit vorgezogen wird. Die Hefe fällt den Schweinen wieder in den Trog. Ich erwähne nicht, daß
die Zwetschen grün gekocht, und roh verspeiset
werden. Endlich die getrockneten Zwetschen, in
welcher ungeheuren Menge verbrauchen sie nicht
die Hamburger, Bremer und Lübecker, welches
sie mit den Seefahrern gemein haben. In Holland wächst keine Zwetsche, und wird doch von
ihnen ein großer Handel damit in die Ostsee getrieben. Zu Riga und überhaupt in den nördlichen

lichen Gegenden soll oft ein Pfund Zwetschen einen halben Gulden kosten, da wir sie für 8 pf. kaufen. Dürre Zwetschen lassen sich verschiedene Jahre aufheben, ohne von ihrer Güte das mindeste zu verlieren. Die ganze Kunst bestehet darin, daß, wenn sie aus dem Dörrofen kommen, man sie auf Horden noch einige Wochen in trokner Luft liegen, und die Feuchtigkeit, welche sie aus den Dörrofen mitbringen, völlig abtrocknen läßt, alsdann schlägt man sie in tännene Fässer ganz dicht ein, und stellet sie an einen trocknen Ort, in Säcken kommen wenigstens im zweyten Jahr die Milben dazu. Ein Jenaischer Scheffel kostete ehedem achthalb Thaler, seit drey Jahren, wo keine gerathen sind, 20 bis 22 Thaler, ein hiesiger Centner ehedem 3 Thaler. Es ist sonderbar, daß die Zwetschen in Jena die Hälfte von dem kosten, was sie in Gotha gelten, z. E. ein ℔ Zwetschen ehedem hier 8 pf. in Gotha 16 pf. Hingegen sind in Gotha Eyer und Butter wieder die Hälfte wohlfeiler.

Ein Aepfelbaum nimmt zwar soviel Platz ein, als beynahe drey Zwetschenbäume, aber ein rechtschaffener Aepfelbaum bringt auch wohl fünfmal soviel ein, als drey gute Zwetschenbäume. Das erste Fallobst ist ebenfalls eine vortrefliche Mastung für die Schweine, das spätere wird geschnizt. Das wurmstichige Kröpelichte und die Aepfelschalen beym Schnitzmachen geben einen Brantewein. Die Aepfelschnize bleiben zum Theil in der Haushaltung, zum Theil gehen sie nach den Seeplätzen und besonders in die Ostsee. Der Aepfelwein ist ein herrliches

Getränke. Die kleine Insel Alsen verschickt viele tausend Tonnen Aepfel nach Dännemark, Norwegen, Rußland, mancher Bauer gewinnt in einem Jahr über 150 Thaler aus seinem Obstgarten, und fährt noch immer fort, neue Bäume anzupflanzen. Die Zwetschen muß man sich in 2 bis 3 Wochen vom Halse schaffen, mit den Aepfeln kann man sich bis gegen das Frühjahr beschäftigen.

Die Birnen sind als Schnitze wegen ihrer Süßigkeit statt Zucker oder Honig zu gebrauchen. Die Dessauische Allee nach Zerbst oder Berlin wirft jährlich an Aepfeln und Birnen 2000 Thaler Pacht ab. Auch Eßig wird in Jena und Lobeda häufig daraus gemacht.

Wem sollten nicht diese drey Artikel, Obsthandel, Eßighandel und Baumhandel lieb seyn? Nun von Baumgarten.

Es ist nöthig, daß man zum Baumgarten einen schicklichen Boden hat. Ein gemischter Boden, der nicht zu fest, nicht zu leicht, ist der beste, nicht ganz kiesig, sandig oder thonig. Die Bäume hassen Sumpf und Dürre. Ist der Grund zu mager oder zu fett, so kann beydes leicht abgeändert werden. Die Obstbäume lieben einen mittelmäßig fetten Grund.

Der Garten muß eine auf seine Absicht und Natur passende Lage haben. Es giebt Gegenden, wohin sich die Insekten, Raupen, Nebel, Honigthau vorzüglich gern hinziehen, und die Blü-

Blüthen verderben. Gegenden, wo es am Tage schnell sehr warm, und in der Nacht plötzlich wieder sehr kalt wird, wo die kalten stürmenden Winde heftig hinstreichen. Die West- und besonders die Nordwestwinde sind freylich durch ihre Heftigkeit und Stöße allen Baumpflanzungen verderblich, wenn sie nicht durch Mauern, Gebäude, Wald oder Verpflanzungen von Schuzbäumen beschirmt werden. Der Ostwind ist unsern Fruchtbäumen nicht schädlich, er ist zwar austrocknend, im Sommer und Winter kalt, wie die Winde aus Nord und Nordwest. Allein er bläßt gerade weg, und ist nicht mit den schädlichen Stößen dieser lezten Winde begleitet. Enge Thäler sind diesen Winden ausgesezt. Ein Plaz der hoch und eben liegt, wider die scharfen Winde gedeckt ist, dabey die freye Sonne hat, wird gute und reichliche Früchte geben.

Man beobachtet beym Verpflanzen einige nothwendige Punckte. 1) Ein geräumiges Loch. Man begehe den Hauptfehler nicht, der ehemals in Preußischen Landen bey der Wegepflanzung begangen wurde. Man machte ein Loch so groß, daß ohngefähr die Wurzeln darin Raum hatten. Nachdem man den Baum dahinein gedrängt, ward das Loch zugeworfen und festgetreten. Das hieß gepflanzt. Nun mußte der Baum nothwendig junge Wurzeln schlagen. Kamen aber diese zarten Wurzeln bis dahin, wo das Loch aufhörte, das ist, bis an die abgestochene harte und nicht umgegrabene Erde, so waren sie nicht vermögend, dahinein zu dringen, sondern

dern fiengen an zu stocken, nachher zu verderben. Das Loch muß wenigstens 6 Fuß im Durchschnitt haben. 2) Einige Monate vorher muß das Loch schon gegraben seyn. Es ist ein wichtiger Fehler, wenn man heute einen Baum pflanzen will, erst heute das Loch dazu zu machen. Ich kenne Landwirthe, die ein halbes Jahr zuvor, ja ein ganzes Jahr die Löcher machen; welche den guten Einfluß der Luft, Regen, Schnee und Frostes genießen, und die Folge ist, daß sie eben den Nutzen haben, als wenn sie ein Jahr früher gepflanzt hätten. 3) Ein im Herbst gepflanzter Baum behält allemal im Wachsthum einen Vorzug für einen das folgende Frühjahr gepflanzten. 4) Man pflanze sie nie tiefer als sie gestanden haben. 5) Die Entfernung der Obstbäume ist folgende: Aepfelbäume müssen wenigstens 20 Ellen weit auseinander stehen. Sie verlangen einen Boden, der ohngefähr 1 Elle tief gut ist, denn so weit gehen die Wurzeln herunter. Birnbäume gehen tiefer als die der Aepfel also 3 Schuh tiefe gute Erde wenigstens. Alles Steinobst muß 10 Ellen auseinander stehen und 1 1/2 bis 2 Schuh tief gute Erde haben. Diese Entfernung dient erstaunlich zur Fruchtbarkeit. 6) Die Bäume müßen ferner mit einem Pfahl versehen werden, allein dadurch wird mancher schöne Baum verdorben: man schlägt sie gemeiniglich dicht an den jungen Baum, der Wind reibt alsbenn beyde, und die weichere Schale bekömmt den Brand, oder, wenn der Baum früher als der Pfal hineingesezt worden, werden die Wurzeln beschädigt, der Pfahl fängt auch an in der Erde zu faulen, dies ist äusserst schädlich bey

jungen

jungen Bäumen gefährlich. Durchs Anbinden entsteht auch oft ein Druck, Preßung. Die beste Methode ist: Man nimmt 3 Pfähle, schlägt sie in die Form eines Triangels △ um den Baum, nimmt dann eine Matte, zieht sie um den Baum herum, nagelt sie an den Pfal an, aber so, daß er völligen Spielraum hat. Solange das Bäumchen senkrecht steht, zieht kein einziger Faden an. Dies geschieht nur, wenn ein Wind entsteht, läßt aber sogleich wieder nach, wenn dieser nachgelassen hat. 7) Der Baum muß anfangs blos angebunden werden, damit er mit der Erde sinken kann, hernach fester wird er zuerst festgemacht, so muß er verderben, weil er die Erde unter sich verliert. 8). Damit zwischen dem Pfal und Baum keine Reibung entstehen kann, wird Moos dazwischen gelegt. 9) Man schlemmt den Baum an, dieses ist mit die Hauptsache, daß unter hunderten nicht einer verdirbt, wenn er gut angegossen ist, dann wird die übrige Erde noch angescharret. 10) Es gilt zwar gleich, ob der kleine Baum in Absicht der Himmelsgegend wieder so zu stehen komme, als er vorher gestanden. Man bezeichne aus Vorsicht eine Seite, weil es doch zweifelhaft, ob nicht viele Bäume durch Unterlassung den Brand bekommen. 11). Man bringe den Baum nicht aus vorzüglich gutem Erdreich in ein schlechtes, weil sie sonst im Wachsthum nachlassen, mit Moos bewachsen, spät erst im elften Jahr tragen. 12). Bäume, die im Herbst gepflanzt werden, beschneidet man erst die Krone im folgenden Frühjahr; die aber im Frühjahr gepflanzt wer-

werden, werden die Zweige gleich abgenommen, damit der Saft desto besser wirken könne.

Man bringe keinen Mist an die Wurzeln der Bäume, diese verfaulen, und der Stamm bekommt den Krebs oder Brand. So weit die Wurzeln reichen, darf kein Dung als im Herbst auf der Oberfläche der Erde um den Baum. Man hat die Gewohnheit, zunächst am Stamm den Baum aufzulockern und Mist dahin zu bringen, allein da kann er dem Baum nicht zu statten kommen, weil die trockenste Stelle an der Pfalwurzel ist. Der Mist muß eigentlich da, wo sich die Aeste endigen, zu den Thauwurzeln gebracht werden.

Man pflanze die Bäume in gerade Reihen, damit man mit dem Pflug durchkommen kann, mit dem Graben werden viele Haar oder Säugwurzeln abgestoßen. Man setze in Quincunx, wie die Alten wegen der Sonne. So habe ich einen schönen Garten in Dalheim gepflanzt gesehen von 60 Morgen. Alte Obstgärten breche man alle 3 - 4 Jahre um und säe Klee hinein, nachher Kohl, Lein, Hanf und andere Feldfrüchte, nur keine Kartoffeln und Wurzelgewächse, welche Mäuse und Ratzen anlocken, und die Wurzeln der Bäume anfressen.

Man darf nicht allerley Arten unter und durcheinander setzen. Am besten ist, einen Platz mit Aepfel, einen mit Birn. Es dient zu mehrerer Bequemlichkeit, beym Abnehmen der
Frücht-

Früchte. Die frühern Sorten bringe man an die Sonnenseite an die äussern Seiten des Baumgartens. Pflaumen, Mirabellen, Reineclaude, Mispeln, Haselnüße.

Man reinige seine Bäume jährlich von verschiedenen Sachen. Alle Morgen früh und Abend spät sehe man nach, wo die Raupen auf dem Gespinste beysammen sind, sie entlauben die Bäume, verderben die Frucht. Der Baum hat Saft nöthig, neue Blätter zu treiben, die dem Obst entzogen werden, wodurch selbiges klein bleibt. Im Frühling entferne man das Moos von den Bäumen, weil ein moosigter bey weitem das lebhafte Ansehen nicht hat. Wenn es geregnet, kann man das Moos mit einer stumpfen Sichel oder stumpfen Besen abmachen. Wenn ein Baum das Obst vor der Zeit fallen läßt, so grabe man todte Thiere ein, das Begießen mit thierischen Blute thut recht gute Dienste.

In jedem Obstgarten fange man damit an, sich die Erndte des Obstes aufzuschreiben, das ist nothwendig um den Zeitpunkt der Reife zu treffen, und sich darnach richten zu können. Zeitig ist die Frucht, wenn sie vom Baum abgenommen werden muß. Reif ist sie, wenn man sie essen kann.

Beym Abnehmen des Obstes muß man wo möglich eine heitere Witterung wählen. Auch muß dasjenige, was erhalten werden soll, so wenig als möglich mit den Händen berühret werden. Eine Vorsicht, die man bey den Aepfeln beobachtet, die in Tonnen nach den holländischen Landen verschickt werden. Ferner gehört zur guten Erhaltung ein guter, heiterer Keller oder ein Zimmer gegen Norden, wo das Obst auf Brettern liegt.

Letzlich ist zu bemerken, daß Aepfelbäume schwerer aufzubringen sind, als Birnbäume, indem sie mehrern Nachstellungen unterworfen und insonderheit des Winters beym Schnee theils von Mäusen, welche die Wurzeln benagen, theils von Hasen, welche die Rinde abschälen, so viel Schaden zu erdulten haben, daß sie zu hunderten weggeworfen werden müssen, oder doch einen Schandfleck davon tragen, der langsam überwächst.

Obstgarten.

Die Kenntniß der verschiedenen Abarten der Birne und Aepfel ist äusserst selten. In jedem Lande hat man von den einheimischen so mancherley Provinzial-Namen, daß diese Kenntniß sehr erschweret wird. Was soll man von ausländischen Bäumen sagen, lange Zeit hat Frankreich die Namen auch für uns angegeben, allein izt hat ein französischer Baum schon 2 à 3 verschiedene Namen. Das beste Mittel ist, sich solche Bücher anzuschaffen, die die Abarten mit lebendigen Farben abbilden, allein das ist nur für Reiche.

Der Pariser Cartheuſer Obſt iſt nach der Revolution nach Böhmen, Ungarn, Schleſien verſchrieben worden, ihr Catalog war gedruckt, dadurch ſind dieſe Namen beynahe in ganz Europa eingeführt worden, allein dieſe Gärten der Carthäuſer, die Baumſchulen zu Montreuil haben 6 – 700 Baumgärtner, durch welche die Vermiſchung der Namen entſtanden. Die Baumſchulen von Vitry und Orleans verſorgten alle Gegenden um Paris auf 20 Stunden in die Runde, auch hier wurden ihnen wieder andere Namen gegeben.

Mayers Einleitung zur ſyſtematiſchen Pomologie hat alle mögliche Aepfel und Birnen geſammelt, ſie zu beſchreiben und in Tabellen zu bringen geſucht, wobey die richtige Namen und Synonimen angebracht ſind. Mayers Pomona iſt für uns das beſte Buch. Der Biſchof und Graf von Seinsheim zu Wirzburg, dem auch mein Vater diente, wollte die beſten Obſtſorten in ſeinem Garten ziehen, und dann durch Austheilung der Propfreiſer das Obſt in ſeinem Lande verbeſſern, Mayer war ſein Gärtner, und unternahm alle die Obſtarten aufs ſchönſte abzubilden und zu beſchreiben. Zwey Theile ſind erſchienen, aber der dritte iſt noch zurück. Auch Henne hat einige Obſtarten illuminirt geliefert. Was helfen uns Paſt. Chriſts und Hirſchfelds ſchöne Verzeichniße, wenn uns nicht Kupfer in die Hand gegeben werden. Dännemark, das in Baumſchulen mehr leiſtet, als das übrige Europa, indem es 3 Baumſchulen erhält, wo von jährlich aus jeder 8000 Stücke unentgeldlich an die Bauern ausgegeben, und von den Königl. Gärtnern selbst gesezt werden, könnte wohl durch Abbildungen alle Streitigkeiten weglegen, Provinzialnamen verbannen. Ich liefere ebenfalls ein trockenes Verzeichniß der mir bekannten besten Sorten, denn ich glaube nicht, daß ein Schriftsteller die Zahl richtig bestimmen kann.

Kirschen I.

1) Die doppelte oder große Maykirsche, eine süßsäuerliche saftreiche und wohlschmeckende Kirsche; sie ist eine der vorzüglichsten und allgemein nuzbarsten, wird am Ende des Junius reif, wo bey Pastor Christ in Rodheim an der Höhe mehr als 100 Centner getroknet werden.

2) Die schwarze Maykirsche, ist etwas größer, noch delikater und vorzüglicher von Geschmack als die vorige, wird auch stark getroknet.

3) Die Herzogskirsche, eine große runde schwarzrothe angenehme Kirsche.

4) Die kleine und große Glaskirsche, hellroth durchscheinend, mit vielen Saft, bey der ersten sauer, bey der andern angenehmer.

5) Die rothe, weiße, schwarze, braune Herzkirsche, wegen ihrer herzförmigen Gestalt der Frucht, sie sind überaus wohlschmeckend, süßlich und saftig, reift im Julius.

6) Royal tardif, die schwarze Weichsel, wird auch häufig getroknet, und ist die delikateste zum Essen.

7) Die spanische Weichsel, wird zum Einmachen und Troknen gebraucht.

8) Die frühe Morelle, eine treflich schwarze Kirsche, etwas sauer vom Geschmack, doch an der Sommerseite säuerlichsüß, überaus saftreich und angenehm.

9) Die gemeine schwarze Weinkirsche, von säuerlichen und zusammenziehenden Geschmack, besonders gut zum Kirschwein, zum Trocknen und Einmachen.

10) Die große Ungarische Kirsche, an Gestalt der schwarzen Spanischen ziemlich ähnlich und eben so schwarz, doch viel größer, auch viel saftreicher und süßer von einem erhabenen Geschmack.

11) Die Lothkirsche, ausserordentlich groß, mehr länglich und breit als rund, sie muß um völlig süß zu werden, lange am Baume sitzen, hat einen kurzen dicken fleischigten Stiel.

12) Die bunte Herzkirsche, (Bigarreau) ist weniger saftreich, hart und fest vom Fleisch. Man nennt sie auch Marmorkirsche.

13) Die Kirsche von der Natt, eine runde, ganz schwarze, nicht große Kirsche, mit einem sehr

sehr langen Stiel, reift am Ende des Julius, saftig mit einer angenehmen Säure.

14) Die Prager Muscateller-Kirsche, sehr süß und voll feinen Safts, doch ohne muscatähnlichen Geruch oder Geschmack, fast rund, auf der einen breiten Seite mit einer merklichen Nath versehen, glänzenddunkelroth.

15) Die Schwefelkirsche, ziemlich groß, gelb von Farbe, von angenehmem Geschmack, wird auch die große spanische Kirsche genannt.

16) Die Brüsselsche Braune, mittelmäßig groß, kugelrund, wie die große Morelle, dunkelbraun und glänzend von Haut, sehr saftreich und von einem weinsäuerlichen feinen überaus angenehmen Geschmack.

Münchhausen zählte 60 Abänderungen in seinen Gärten, die er in 4 Classen theilte.

Pflaumen II ☐

1) la prune jaune hâtive, die kleine gelbe frühe Pflaume, wegen ihrer Frühzeitigkeit geschätzt, reift im Julius.

2) la grosse Reine claude, gros, ziemlich rund, grün, von einem sehr häufigen zuckerichten und angenehmen Saft, eine der besten und beliebtesten Pflaumen, roh oder gekocht, in Kompots, in Essig, Weingeist oder gedörrt.

3) la Diaprée violette, groß, länglich, von einem milden, zuckerichten Saft, erhabenen Geschmack, im August reif und sehr geschäzt.

4) la Diaprée rouge, groß, treflich zum backen, von einem feinen, fleischvollsüßen Saft und erhabenen Geschmack.

5) Die Catharinenpflaume, mehr lang als rund, und geht in die Ambrafarbe über, voll von einem zuckerigten Saft, köstlich sowohl roh als eingemacht, wie auch im guten weißen Wein gekocht. Gebacken und eingemacht werden sie aus Frankreich häufig ausgeführt.

6) Die Mirabelle, klein, rund und bey der Reife Ambrafarbig, sehr zuckericht, und köstlich zum Einmachen. Man hat noch eine größere, die jener vorzuziehen, zugleich reift, von einer schönen Ambrafarbe mit rothen Flecken gesprenkelt, von einem erhabenern Geschmack. Pastor Christ redet von 1000 Centnern dieser Mirabelle.

7) le Perdrigon violet, ziemlich groß, mehr lang als rund, von einer schönen veilchenblauen Farbe und lebhaften Geschmack, beliebt sowohl roh als eingemacht.

8) le Royale de Tours, die Königspflaume, eine große wohlschmeckende Pflaume von der besten Art.

9) le gros Damas de Tours, die große Damascener Pflaume, mittelmäßig groß, ziemlich rund, schön veilchenblau, frühzeitig und geschäzt.

10) le Damas violet, die violete Damascener Pflaume, sehr zuckerigt, eine gute Sorte.

11) le Damas rouge, die rothe Damascener Pflaume, ebenfalls ungemein süß und beliebt.

12) l'Imperatrice blanche, süß und angenehm, mehr rund und treflich zum backen.

13) l'Isle verte, die grüne Savoyerpflaume, sehr lang und ansehnlich groß, ungestaltet aber gut zum Einmachen.

14) le Prune de Monsieur, die Herrenpflaume, groß, rund, violenblau, eine gute Sorte.

15) la Prune d'Autriche violette, die Ungarische Pflaume, blaue Doppelpflaume, voll Saft und angenehmen Geschmack.

16) l'Abricotée, die Aprikosenpflaume, mehr lang als rund, ziemlich groß, auf einer Seite weiß, auf der andern röthlich und sehr beliebt.

Pfirschen III.

1) la Pourprée hâtive, frühe Purpurpfirsche, groß rund, von einer schönen Röthe, überaus zart und köstlichen Geschmack, eine der vornehmsten Pfirschen.

2) la groſſe Mignonne, die Lackpfirſche, groß mehr lang als rund, auf der einen Seite gewöhnlich höher, von ſchöner Farbe, überaus zuckerigten Saft und feinem Fleiſch, reift im Auguſt. Sie iſt bey den Franzoſen die Königin der Pfirſchen, die ſchönſte und beſte, durchaus gut.

3) la Madeleine rouge, Melcaton, groß, ziemlich rund, ſchön roth, von zuckerigtem Saft und erhabenem Geſchmack, eine vortrefliche Pfirſche, reift am Ende Auguſts.

4) la petite Mignonne, die Zwolſche Pfirſche, mittelmäßig groß, ziemlich rund, ſtark roth; reif im Anfang des Auguſts, eine der beſten Pfirſchen, von weißen und feſten Fleiſch, erhabenen Geſchmack und Geruch. Man macht ſie in Frankreich gern in Brandwein ein, wegen ihrer runden Form, und mittelmäßigen Gröſſe, weswegen ſie leichter davon durchdrungen werden kann, und weniger weich wird.

5) la bellegarde, ſehr groß, ziemlich rund, dunkelroth, faſt Purpurfarbig, von überaus zarten und zuckerigten Fleiſch, eine der vortreflichſten Pfirſchen, reift im Anfang des Septembers. Sie gedeihet auf der Morgenſeite.

6) la petite Violette hâtive, die Halbe frühzeitige, glatt, mittelmäßig groß, ziemlich rund, auf der Sonnenſeite ſchön violenblau, von überaus ſaftigen und weinhaften Fleiſch.

7)

7) l' admirable, gros, rund, ziemlich roth, von köstlichem feinen und schmelzenden Fleisch, zuckerigten Saft, sehr beliebt, reift im Anfang des Septembers.

8) la Royale, ziemlich gros, rund, weinhaft, von Geschmack eine vortrefliche Pfirsche, im September reif, Bourdin, Einwohner von Montreuil, überreichte sie zuerst Ludwig dem XIV. der sie schäzte, und in seine Gärten pflanzen ließ.

9) le Brugnon violet musqué, sie ist vortreflich, wenn sie so reif ist, daß sie vom Baum fällt.

10) la belle Beauce, schön roth, wie Siegellack, eine vortrefliche Pfirsche.

11) la belle Tillemont, ebenfalls vortreflich.

12) le Teton de Venus, mehr lang als rund, sie endiget sich mit einer längern und größern Warze als die übrigen Pfirschen, eine vortrefliche Frucht, reif zu Ende des Septembers.

13) la Nivette veritable, mehr lang als rund, ziemlich gros, von einem kleinen Stein, lebhaften Geschmack und zuckerigten Saft, eine der besten Pfirschen, reif zu Ende Septembers.

14) la Sanguinole, die Blutpfirsche, mit ganz rothen Fleisch, treflich gut, besonders in Zucker eingemacht, und zu Kompot.

15) la Charteuse tardive, auch Purpurpfirsche, weil sie eine sehr schöne rothe Farbe annimmt, gros, mehr lang als rund, von treflichem Saft und Fleisch.

16) la Cardinale Furstemberg, besonders gros, auswendig braun, inwendig roth, klein von Stein, voll von Saft.

Aprikosen IV.

1) la Abricot pêche, die Pfirschenaprikose. Sie hat das Süße der Aprikose, und das Weinsäuerliche der Pfirsche. Sie ist voll von einem süßen und weinhaften Geschmack, wohlriechend.

2) l'Abricot d'Hollande, die Orange Apricose schickt sich am besten zum Einmachen, und hat von süßesten Saft. Der Baum trägt fast alle Jahre und reichlicher als die andern.

3) Die Bredaische Aprikose, eine der besten, gros, rundlich, äusserlich von einer hochgelben, innerlich von einer goldgelben Farbe. Ihr Fleisch ist weich und voll von einem angenehmen Saft, der Kern ist grösser, runder als in den übrigen.

4) le Gros Abricot, hat die grössten, schönsten und angenehmsten Früchte von dunkelgelben Fleisch. Der Baum trägt aber am wenigsten. Die Kerne sind sehr süß und schmackhafter als eine Mandel.

5) l'Abricot blanc, fällt in Deutschland trocken und weniger schmackhaft aus, wird aber in Frankreich sehr geschäzt, weil sie dort besser gerath, sie ist die längste und platteste aber auch blasser. Sie pflegt häufig zu tragen.

6) l'Alberge. Sie wird, weil sie klein und trocken zu Marmelade gebraucht, weil sie gekocht mehr Wohlgeruch hat, als die andern. Diese Frucht fällt in den mitternächtlichen Gegenden von Frankreich grösser und besser aus.

In dieses Quadrat können noch gebracht werden:

7) die zahmen Kastanien, die in den Bousauischen Gärten häufig trägt. Nur dürfen sie nicht in leimigten Boden stehen.

8) Der Mandelbaum ist nuzlich, wird ein hoher Baum, trägt reichlich wenn er in einer warmen Gegend und Lage stehet.

9) Der Nußbaum ist wegen seines schnellen Wuchses, seiner schönen Höhe von 40 v 50 Fuß, der Güte des Holzes und seiner Frucht einer der ergiebigsten, ob er gleich nicht eher trägt als bis er 7 oder 8 Jahre alt ist. Er leidet zwar keine andere Bäume in seiner Nachbarschaft, seine tiefgehende und sich weit ausbreitende Wurzeln, die äzenden Tropfen seiner Blätter schaden dem Getraide, den Feld- und Gartengewächsen, allein er ist mit dem Kastanienbaum zur Beschirmung der Obstgärten gegen die Win-

Winde, und zur Besetzung der Landstraßen, an Wegen und kahlen Berge vor allen andern geschickt. Das Ansehen seines Stammes, seiner Blätter, die Wölbung seines Gipfels ist majestätisch.

Aus den Wallnüßen wird ein Oel gepreßt, das dem Provencer-Baum- und Olivenöl nahe kömmt. In der Pfalz und Schweiz macht man dieses Oel. In der Bergstraße wird das Ohm, welches 3 Centner wiegt, zu 55 fl. auf der Stelle verkauft, und selbst nach Holland verführt. Dies Oel vertritt in den Küchen der Schweizer die Stelle der Butter und Olivenöls. Es ist die gewöhnliche Nahrung der Lampen, und wird in der Malerey gebraucht. Die nach dem Auspressen des Oels zurückbleibende Kuchen, Nußkrus genannt, sind ein sehr nahrhaftes Mittel für das Vieh. Die Bergstraße gewinnt von den Nußbäumen allein jährlich 10,000 fl.

10) Die schwarze oder Nordamerikanische Wallnuß. Dieser Baum hat verschiedene Vorzüge. Er wächst geschwinder, und trägt reichlichere Früchte, von eben dem Wohlgeschmack. Sein Holz und besonders seine starke Farbe mit hellen und dunkeln auch einigen ganz schwarzen Adern, endlich verfriert er nicht so leicht. Als 1760 in Finnland die gemeine Wallnußbäume alle erfroren sind, blieb der schwarze unbeschädiget. Er blühet später als der gemeine, im Junius und Julius, leidet daher weniger vom Frühlingsfrost. Selbst in Schweden kömmt er nach Kalms Bericht, der ihn zuerst empfahl,

und

und ins Land brachte, besser fort. Er verlangt daher in allen kalten Gegenden angepflanzt zu werden.

11) Haselnußsträucher sind nicht ganz, und wäre auch nur durch das Auspreissen das Oel zu Speisen, aus den Landwirthschaften zu verbannen. Von 30,000 Salmen, die jährlich in Sicilien gewonnen werden, gehen 20,000 aus, und der dritte Theil wird auf der Insel verkauft. Die Einwohner, die Nüsse ziehen, sind verbunden, alle Städte und Oerter in Sicilien damit gegen das Weyhnachtsfest zu versorgen, indem hier eine uralte Gewohnheit herrscht, daß die Herrschaft dem Gesinde, Eltern den Kindern, gute Freunde einander Nüsse schenken, die zu gewißen Spielen gebraucht werden.

12) Die Mispel kommt in jedem nur nicht gar zu schlechten Boden fort, wächst selbst in Schatten, wo sonst nichts gedeihen will. In einem etwas feuchten Boden werden seine Früchte größer, aber in einem trocknen schmackhafter.

13) Quitten. Man hat Aepfel- und Birnquitten. Die Köche, die Zuckerbecker, die Apotheker suchen die Quitten mit gleichem Eifer zu verschiedenen Gebrauch.

14) Die Maulbeerbäume, von denen weiter unten die Rede seyn wird.

15) Der

15) Der Tatarische Maulbeerbaum verträgt mehr Kälte, als der Einheimische, und ist in Wörlitz mit gutem Nutzen angebauet.

16) Der Sauerdorn, Berberis. Ihre reine Säure übertrift alle Säuren aus dem Pflanzenreich, und selbst der Citronen, deren Stelle sie in den nordischen Apotheken zuweilen vertritt, man kann sie anstatt der Citronen zu Punsch, und zu Saucen, auch zum Sallat anstatt des Eßigs gebrauchen. Man preßt aus den Beeren einen heilsamen Saft, auch macht man sie in Eßig und Zucker ein.

Hr. Weckerle zu Wittenberg beweiset, daß durch gestoßene Berberisbeere, die man vorher in einen Grade der Gährung gebracht, und unter dem Maisch von Kornschrot gemischet hat, eine weit größere Menge Brandewein erlanget worden, als von einfachen Kornschrot, der eben dadurch auch weit mehrern Spiritus gäbe. Denn 4 Brände von einem Wittenberger ganzen oder halben Dresdner Scheffel Kornschrot lieferten jeder 9 bis 10 Maas mehr Brandewein als gewöhnlich.

Auch giebt er folgenden, bey großer Hitze zur Erndtezeit, besonders erquickenden durstlöschenden, zum Vortheil für die Gesundheit anwendbaren Trank. Die Berberis müssen ausgepreßt, der Saft hievon bis zum gänzlichen Eintrocknen auf gelindem Feuer zu einem Kuchen eingesotten, von diesem einige Stücke ins Wasser geworfen, und davon getrunken werden, hierdurch würde nicht nur der Durst auf eine lange Zeit gestillet, sondern auch eine ganz besondere Heiterkeit erwecket. Auch in den Apotheken bedient man sich dieser Früchte sowohl in Zucker zu einem Syrup eingekocht, als auch zu einem Saft gepreßt zu heilsamen Arzneymitteln. Sie sind kühlend und zusammenziehend, und zur Stärkung des Magens zur Stillung der Durchfälle und gegen den Scorbut dienlich. In Gotha kostet die Kanne 2 Groschen.

Bernåpfel ⚥ □

Einige theilen sie in Winter und Sommeräpfel, ich will sie in französische und deutsche eintheilen.

1) la Passepomme rouge, ist der frühzeitigste, wird reif im August, vom Baum gebrochen, und gleich genossen, ist eine köstliche Frucht.

2) la Calville rouge d'Automne, fällt auf alten Bäumen inwendig gern roth aus, reift im November und hält sich bis in Januar, mehr lang als rund, von weinartigen Geschmack und leichtem Fleisch, ist ein treflicher Herbstapfel.

3) la Calville d'été, ist mittelmäßig groß, etwas länglich, roth und weiß gestreift, von ziemlich süssem Saft und leichtem Fleisch.

4) la Calville blanche, ist durch tiefe Furchen gleichsam in Stücke abgetheilt, roh und gekocht, sehr beliebt, hält sich vom December bis März.

Alle

Alle Calville haben das besondere, daß ihre Haut gleichsam bestäubt und mit einem Düft überzogen scheint, dies geschiehet auch bey den Pigeons. Die Calvilles sind aber geribbet.

5) le Rambour franc, weiß mit etwas rothgestreift, glatt und rund, treflich zum Kochen und Einmachen, reift im August.

6) le Rambour d'hyver, etwas länger, sehr gros, ganz grün, treflich zum Kochen für die Kranken wegen seines säuerlichen Saftes.

7) le Pigeon, Taubenapfel, dauerhaft bis in December und Januar. Der rothe und weiße sind die vorzüglichsten von festen sehr weißen und delikaten Fleisch, angenehmer Säure, glänzender harter Haut.

8) la Reinette franche, ein bekannter schöner runder und gröser Apfel, reif ist er gelblich mit grauen Flecken besprengt, vortreflich roh sowohl als gekocht, hält sich bis wieder frische reif werden; ist allgemein beliebt wegen seiner Schönheit und Güte.

9) le Rambouillet, ein guter Apfel, besonders zum Cidermachen, rothgestreift, von weinsäuerlichen Geschmack, reif im November und December.

10) la Pomme de taffetas, sehr weiß und so zart als der schönste Taffet, mit mürbem Fleisch,

lieblichen Saft und angenehmen Geschmack, ein schöner früher Sommerapfel.

11) la Pomme de haute beauté, ein sehr guter, großer, mehr flacher als langer Apfel mit einiger Röthe und hält sich bis Pfingsten.

12) le Gros-Court pendu gris, der lange Karthäuser Apfel, ein sehr großer Apfel, von graurother Farbe, trefflich sowohl roh als gekocht.

13) le Pomme d'Api, der Apiapfel. Der kleine ist von einem bessern Geschmack, und röther als der große, auch hält er sich lange. Im Februar bekömmt er seine völlige Güte, behält bis in den Junius seinen frischen Saft, und wird gar nicht welk.

14) le Reinette d'Angleterre, Goldpippin, mittelmäßig gros, etwas mehr lang als rund, gelb wie Gold und mit rothen Tüpfeln besprengt, der Geschmack ist zuckerigt und lebhafter als bey den andern Renetten. Der Apfel ist beliebt und hält sich ziemlich lange, er reift im Februar.

15) le Reinette rouge, sie ist nicht so gros und runder, hat eine schöne Röthe auf einem weißlichen Grunde, festes Fleisch und zuckerigten Saft, hält sich ziemlich lange.

16) la Pomme non pareille, grün mit wenig Röthe, von ansehnlicher Größe, einem langen Stiel, gut und dauernd.

Para-

Baumgärten, Obstgärten.

Paradiesapfelstämme VI ☐

1) Der Borstorfer, einer der vortreflichsten sowohl für die Tafel als zum Schmoren und Backen, hält sich das ganze Jahr, ein wahrer deutscher Nationalapfel stark, männlich. Der schwarze Borstorfer ist sehr fruchtbar, trägt schon im zweyten Jahr nach dem Propfen, und fast jährlich, ist nicht so groß, mehr schwarz.

2) Der rothe Stettiner, ist der dauerhafteste unter den landwirthschaftlichen Aepfeln, hält sich bis in den August, und bleibt hart, ist auf einer Seite dunkelroth, auf der andern hellgrün, süß mit angenehmer Säure.

3) Der Erdbeerapfel, von dunkelgelber sehr schöngestreifter Haut, mürben und brüchigem Fleisch, wenigen Saft aber hohen Weingeschmack, reif im Junius.

4) Der Krieger Aepfel, dunkelgelb, roth von Farbe, mit weisem mildem Fleisch, weinhaften Geschmack, nützlich in der Haushaltung, und haltbar bis in den März und April.

5) Der Herrenapfel, mehr gros als gut, in der Haushaltung zum Backen sehr brauchbar, er ist von blaßgelber, an der Sonnenseite blaßrother Farbe, feinem mildem Fleisch, ziemlich angenehmen Saft.

6) Der Rosenhäger, einer der besten zum Kochen und Backen, gros, glatt, grün, beym Reifen blaßgelb.

7)

7) Der Traubenapfel. Er bringt unter allen Bäumen die meisten Zwillinge. Vortreflich, sowohl frisch als gekocht.

8) Der Melonen- oder Flaschapfel, ein sehr großer, an Form und Geruch einer Melone ähnlicher, überaus köstlicher Tafelapfel, eßbar gegen Weihnachten, dauert den ganzen Winter.

9) Der runde Sträumerling oder Streifling, wird einer der größten Bäume, und erreicht über hundert Jahre, hängt voll mit Früchten, ist dauerhaft wider Witterung, und sollte auf dem Lande am häufigsten gepflanzt werden.

10) Der weiße Paradiesapfel, giebt einen ausnehmend guten Wein, ist zum Troknen nach dem Borstorfer der fürnehmste. Er hält sich bis Ostern.

11) Der schwarzbraune Metapfel, kocht sich sehr gut, giebt gute Schnitze, recht guten und vielen Wein.

12) Der Pfundapfel, wird wegen seiner ausserordentlichen Größe so genennt, weil er meist wie ein Kindskopf gros ist. Er ist vorzüglich zu Wein gut, und hält sich bis Lichtmeß. Zur Wirthschaft verdient er um deswillen stark angepflanzt zu werden, weil der Baum sehr groß, sehr fruchtbar, in 10 Jahren stärker wächst, als ein anderer in 20 Jahren, in seiner Blüthe sehr dauerhaft ist, und die Größe der Aepfel viel zur Erndte beyträgt.

13)

13) Der Zwiebelapfel, gleicht einer Zwiebel, rund und ganz glatt, mittelmäßig gros, fest vom Fleisch, von weniger doch guten Saft, vorzüglich zum Backen geschickt, hält sich den ganzen Winter hindurch.

14) Der Danziger Kantapfel, von eckigter Gestalt, glatter, glänzender, hochrother Haut, milden und gelblichem Fleisch, wohlschmeckenden Saft, eßbar im October.

15) Der Gävensteiner, der König unter den niedersächsischen Aepfeln. Man bezahlt in Hollstein die Tonne oft mit 12 - 20 Thaler, er ist so groß, daß er im Umfang beynahe 10 Zoll hat, der Baum wächst dabey sehr stark und trägt reichlich.

Kernbirnstämme VII

1) L'Aurate, Goldbirn, ist wohl 6mal grösser als die Muscatellerbirn, reift zu gleicher Zeit, ist eine sehr gute Birn, und an der Sonnenseite roth.

2) Poire Lansseau, eine treffliche Frucht, grünlich von Farbe, saftreich.

3) le Salviati, eine vortreffliche Birn, halb butterig.

4) la Rousselet de Reims, die kleine Rousselet, reift gegen das Ende Augusts, ist ganz bestreuet mit kleinen grauen Flecken, vortreflich.

5) l'inconnu chèneau, die beste Saftbirn, mehr lang als rund, von gar wenigen aber zuckerigtem und lebhaften Safte.

6) Die Eyerbirn, giebt gute Hutzeln und Schnitze, hat eine grünliche mit grauen Tüpfeln besetzte Haut, von zartem Fleisch, lebhaften Geschmack.

7) Poire Madame, eine der besten Sommerbirn, von mildem schmelzenden Fleisch, angenehmen Geschmack.

Herbstbirne. 8) le Beurre gris. Die graue ist eine der vortreflichsten Arten. Ihr Fleisch ist ungemein butterig, sehr saftreich und wohlriechend.

9) Die weiße Butterbirn, ist groß, gelb wie eine Citrone, sie muß früh gegessen werden, ehe sie ganz zeitig ist, und mehlicht wird, die Frucht wird in trocknen Sommern besser als in nassen.

10) le bon Chretien d'été, die Apothekerbirn, wird gern an Häusern hochstämmig erzogen, ist zum Latwergen oder Mußkochen vorzüglich, giebt die besten Schnitze und den treflichsten Syrup.

8)

11) la Chretien d'Espagne, eine treffliche Tafelbirn, von trocknem, körnigten Fleisch, schöner und rother Farbe.

12) la Bergamotte Suisse, sie ist gelblich und röthlich gestreift, ziemlich groß, rund, eine vortrefliche Birn.

13) la Bergamotte Crasane, eine gute sehr beliebte Birn, etwas gelb beym Reifen, mit vielen zuckerigten und etwas wohlriechenden Saft, dabey einer angenehmen Säure.

14) la Marquise, wird gelb, wenn sie zeitig. Ihr Saft ist süß und bisamirt, eine ansehnliche, schöne und vortrefliche Birn.

15) la Pastorale, eine gute Birn, die sich lange hält, vom Fleisch halb saftig und etwas bisamisch, an Haut grünlich.

16) la Louise bonne, im trocknen Boden gewinnt sie einen süßen Saft und lieblichen Geruch, weißlich von Farbe, glatter und sanfter Haut.

Quittenbirnstämme

1) Poire de Vin, sie ist die vorzüglichsten Birn zu vielen Wein, die nicht nur sehr vielen Saft hat, sondern auch guten Wein giebt. Nach der Versicherung des Past. Christ sind sieben Körbe voll schon hinreichend zu einer Ohm Wein (80 Maas) da man 9 bis 10 Körbe voll Aepfel dazu

dazu nöthig hat. Ein einziger Baum soll bey guten Jahren 8 Ohm Wein geben.

Winterbirne. 2) la Virgouleuse, sehr geschäzt wegen ihrer vorzüglichen Güte gelbfärbig, saftig und butterig.

3) le Pezi de Chassery, eine der besten Winterbirne.

5) Catillac rouge, die rothe Kappesbirne, ist eine sehr nüzliche wirthschaftliche Birn, sie kocht sich gut und schön roth, giebt gute Schnitze, einen guten Birnwein, und zum Muß oder Latwerge ist sie die allerbeste. Der Baum wird gros, dauerhaft und überaus fruchtbar.

6) le bon Chretien d'hyver, eine sehr geschäzte und trefliche Kochbirn, die sich bis in Frühling hält, sehr gros, beym Reifen gelb.

7) le Muscat allemand, eine trefliche Art, mehr lang als rund, bisamirt, saftreich, hält sich bis in Merz.

8) Die Champagner Weinbirn, sie ist so streng, daß sie kein Vieh genießen mag, und macht doch einen zur Verwunderung vortreflichen Wein, der mit dem Champagner Wein viele Aehnlichkeit hat. Wenn man diese Birn mit der weißen Kappesbirn zusammenkeltert, so bekommt man den besten Birnwein.

9) la Bergamotte d'hollande, eine sehr nuzbare Birn, hält sich bis in Junius, halb butterig.

10) le franc real, eine der besten Kochbirnen.

11) Die Kronbirne, eine große schäzbare Winterbirne. Sie fängt erst an, in der Fastenzeit reif zu werden, und hält sich sehr lange zum Sommer hin. Auch ausser der Zeit ihrer Reife dient sie zum Kochen und Trocknen.

12) Die deutsche Winterbergamotte, nüzlich auf der Tafel und in der Wirthschaft, von milden schmelzenden Fleisch, gelblich, grün und dunkelpunktirten Haut.

13) Die Mastbirn des Hrn. Pastor Mayers in Kupferzell.

14) Die Pfundbirn, eine sehr große Kochbirn.

15) le saint Germain, gros, lang und grünlich, eine geschäzte und vortrefliche Birn, die sich bis in den März hält.

16) Die Faßbirn, oben und unten gleichdick, gros, im Februar und März zeitig, treflich zum Einmachen.

Siebenundzwanzigstes Kapitel.

Geschwindwachsende und Futterbäume des Viehes.

Freylich ist Aeulaub besser als Baumlaub, das Laub sollte auch nur als eine Ergötzungsspeise und zur Veränderung gegeben werden, allein wo man schon im Januar mit dem Heu fertig wird, und das Stroh von den Dächern zur Fütterung abnehmen muß, ist doch wohl das Baumlaub besser.

Um dem Futtermangel zu steuern, und jährlich auf sicheres Laub rechnen zu können, nimmt man

1) Wiesen oder Hutweiden, theilt man in gewiße Bezirke von einer gleichen Anzahl Stämme, z. B. wer eine Waldung hat, kann solche Plätze da sich auserſehen. In Böhmen und Schleſien wird alles Laub in den Wäldern von den Schäfern gehauen.

2) Pflanzt man ſie in geraden Linien und ſo weit auseinander, daß in Zukunft ein jeder Stamm durch den andern nicht eingeſchränkt ſteht, ſondern freye Luft behält.

3) Entweder werden ſie wie Satzweiden nach 6 Jahren im Auguſt und September mit ſcharfen Inſtrumenten geköpft, oder

4) der Gipfel nicht beſchnitten, um den Stamm nach und nach in gleicher Dicke immer höher aufwachſen zu laſſen, und ihn am Ende durch den Gebrauch des Holzes noch nutzbarer zu machen, wo die guten Stangen gelaſſen werden.

5) Die Nebenäſte ſchneidet man nur auf drey Viertheile der Länge des Stammes ab, die abgeſchnittenen Zweige werden in Büſchel gebunden, im Schatten getroknet, an Schafe, Ziegen und Rindvieh verfüttert, oder

6) Die Stämme werden gerade an der Erde abgehauen, wo ſie von neuem mehrere und ſtärke Aeſte treiben. Hofrath Heſſe ließ ſeine Eſchen, Erlen und Weidenbäume nicht zu Kopfweiden ziehen, ſondern von der Erde weghauen. Bey
Fäl-

Fällung der Stangen war der untere Stock an der Erde bis auf den Kern frisch und gesund, blos weil der Saft seinen völligen ungehinderten Zug in die Höhe hatte, und nicht so wie bey den Kopfweiden stocken und faulen mußte, auch mehr Laub geben, weil sie bey einem Stand dennoch vortreflich wachsen. Diese Methode habe ich in den ersten 50 Vortheilen wie sie es verdient S. 16. empfohlen.

Futterbäume sind 20.

1) Maulbeerbäume. Sie wachsen gern in leichten trocknen aber auch morastigen Lande. Von leztern weis ich folgende Beyspiele. Ein gewisser von Adel hatte seinen ganzen Hof mit diesen Bäumen bepflanzen lassen. Zwey davon standen mitten in der Mistpfüze, die niemals vertroknete, weil sie durch Quellen unterhalten wurde. Diese zwey Bäume hatten eine Größe erreicht, welche die übrigen zu gleicher Zeit gepflanzten fast noch einmal übertraf.

Eben so erzählt Oek. Rath Bernhard, daß jemand in seinen Baumgarten eine tiefe und morastige Gegend hatte, in welcher ein wirklicher Torf stand, in dem die ganze Gegend schwankte, oder sich bewegte, wenn man im dürren Sommer darüber gieng. Man hatte seit 50 Jahren mit allen Arten von Obstbäumen in dieser moorigten Gegend Versuche gemacht, allein keine einzige Art war darin fortgekommen. Endlich war es dem izigen Besizer vor 12 Jahren eingefallen, einen Versuch mit weisen Maulbeerbäumen

Bäumen zu machen, und der erste kleine Versuch hatte sofort einen so guten Anschein gegeben, daß er in den 2 folgenden Jahren 130 Stämme daran gewaget, diese standen nach 10 Jahren, als sie Bernhard sah, in dem schönsten Trieb und Wachsthum, als sie kaum in dem fruchtbarsten Erdreich hätten haben können. Nur müßen die jungen Löcher, worin die jungen Stämme verpflanzt werden, tief und geräumig gegraben, und mit einer andern fruchtbaren Erde ausgefüllet werden.

Jene Wirthe, sagt Herr von Pfeifer, so Maulbeerbaumpflanzungen haben, thun wohl, ihre Bäume Ausgangs Septembers auszupuzen, und den zweyten Trieb oder die jungen überflüsigen Aeste samt dem Laub zu einem gedeihlichen Futter für die Schafe aufzubewahren. Man kann von Distanz zu Distanz einen Baum hochstämmig ziehen, und ihn wie die Weiden alle 3 Jahre abwerfen. Diese Art von Waldungen können neben der Schlagholzung, Futter für die Seidenwürmer, nicht weniger für das Rind- und Schafvieh geben. Die Rinde der jungen Loden läßt sich wie Flachs rösten, hecheln und spinnen, endlich daraus das bekannte Baumbast weben.

2) Roßkastanien. Hr. von Pfeifer schreibt folgendes: Man hat bisher den wilden Kastanienbaum in unsern Gegenden nur wegen seiner Schönheit gepflanzt, weil er am frühesten grünt, vom Wachsthum schnell ist, und mit seinen schönen Blättern kühlenden Schatten
weit

weit um sich breitet. Sein Laub und seine Blüthen sind angenehm von Gestalt und Farbe, seine ganze Art zu wachsen gefällt dem Auge und verschönert die Gegend. Seine Früchte, deren er reichlich fallen läßt, hat man, so schön sie anzusehen sind, ihrer Bitterkeit wegen verachtet, und ungebraucht liegen lassen oder mit Füßen getreten. Nunmehr aber wird eben dieser Baum auch zugleich einer der nüzlichsten werden, nachdem man entdeckt hat, daß nicht nur die Ziegen seine Blätter gern fressen, sondern auch seine Früchte ein vortrefliches Futter für Kühe und Schafe sind. Den Nachrichten zu Folge, welche die Landwirthschafts-Gesellschaft in Zelle bekannt gemacht hat, sammelt man um Hannover die wilden Kastanien auf, um sie den milchenden Kühen und den Ziegen zum Futter zu geben. Auch in Sachsen haben die Versuche verschiedner Mitglieder der ökonomischen Societät in Leipzig nicht nur die Güte dieses Futters bestätigt, sondern man hat auch wahrgenommen, daß verschiedene Thiere, welche davon gefressen, von der verderblichen Seuche verschont geblieben. ☞ Zur Mastung hat man die Kastanien ohngefähr 14 Tage auf einem lüftigen Boden geschüttet, und sie sodann dem aufgestellten Rindvieh ganz entweder allein oder mit kleingestossenen Feldrüben und Kohlblättern vermischt gegeben, und das Vieh hat die Kastanien begieriger gefressen, als die beygemischten Sachen.

Auf diese Weise hat man von 18 Scheffeln dieser Frucht 3 Stücke Vieh in 6 - 7 Monaten so fett gemacht, als ob sie mit Korn oder Kartoffeln

…eſchwindm. u. Futterb. d. Viehes.

…feln gemäſtet wären, und das Fleiſch iſt ſehr
…hlſchmeckend geweſen.

Weder der Hunger, noch eine Vermiſchung
…dem anſtändigſten Futter macht den Schwei-
…die Kaſtanien angenehm, hingegen Schafe
…Ziegen freſſen ſie ſehr begierig, wenn ſie
…ige einmal geſchmeckt haben.

Ein ſehr glaubwürdiger und geachteter Mann
… erfahren, daß ſelbſt im Winter die Kühe,
…die man mit dieſer Frucht füttert, ſo ſchmack-
…te und fette Milch, ſo gelbe Butter geben,
… ob ſie Gras gefreſſen hätten, und daß in
…derheit die Hammel geſchwind davon fett
…:den.

In der Türkey ſoll man dieſe Kaſtanien den
…erden geben, wenn ſie kurzen Athem haben,
…von ſie auch Pferdekaſtanien heißen.

Wenn dieſe Bäume dem Landwirth das ſo
…ge vergeblich geſuchte Mittel darreichten, welch
…e glückliche Entdeckung! Es hält dieſer Baum
…ere Winter aus, bringt trefliche Früchte, und
…dem Mißwachs nicht ſehr unterworfen, des-
…gen rathet die Patriotiſche Geſellſchaft in den
…genjahren, wo ſo viele Wieſen durch die Fluth
…) ſo viele Früchte durch Waſſer verderbt ſind,
…wilden Kaſtanien, deren es viele inn- und
…ſerhalb den Städten giebt, ſorgfältig zu ſamm-
…, und auf die Zukunft den Baum ſoviel wie
…glich anzupflanzen, welcher nicht nur den
…iben in ſeinen kühlen Schatten aufnimmt,
r Th.   S   ſondern

sondern auch für den Landwirth ein so wohlthätiges Gewächs ist, als je einer unter allen den Bäumen, welche aus fremden Ländern zu uns herüber gekommen, und bey uns einheimisch geworden.

Werden sie zur Viehmast gebraucht, so benimmt man ihnen die Bitterkeit und herbes Wesen durch Kalkwasser. Man schneidet die geschälten Kastanien in 4 Theile, gießet starkes Kalkwasser darüber einer Spanne hoch, rührt sie öfters um, nach 48 Stunden werden sie gelbe, man rührt sie wohl um, läßt die Lauge ablaufen, gießt wieder frisches Wasser darauf, rühret es öfters um, und ziehet es sodann wieder ab, fährt so fort alle 24 Stunden. Binnen 8 oder 10 Tagen sind sie weiß, und haben alle Bitterkeit verlohren. Dann gießt man alles Wasser ab, und trocknet sie auf einer Horde, giebt sie so, oder läßt sie etliche Stunden kochen, und einen Teich daraus machen, den alles Federvieh gern frißt, auch davon ein derbes, weißes Fett, und zartes wohlschmeckendes Fleisch bekommen.

Es werden auch Ochsen und Kühe damit gemästet, wenn selbige reif sind, im Backofen gedörrt, geschält und geschroten werden.

Ich habe die Hirsche im Thiergarten bey meinem Durchl. Fürsten von Fürstenberg damit gefüttert, und sie werden seit einigen Jahren im Belvedere bey Weimar damit so gut gefüttert, daß sie davon fett geworden, weswegen man im

Weimarischen anfangt, Kastanien dahin zu pflanzen, wo sich Hirsche aufhalten.

Den Pferden, die haarschlechtig, heftigen Husten, Keuchen oder schweren Athem haben, werden sie entweder klein gestoßen unter das Futter gemengt, oder da das Pulver der innern Frucht oder Kerns einen widrigen Geschmack hat, und das Vieh sie nicht gern frißt, werden sie gemahlen, und das Mehl mit groben Getraide oder Kleyen vermischt den lungensüchtigen Märzschafen beygebracht.

Die Kastanien sind das Hauptspecificum wider das Verhüten der Schafe. An diese muß man sie gleich in der Jugend gewöhnen, ihnen klein schneiden, entweder frisch oder getrocknet aus der Hand genießen lassen, da sie denn endlich dahin gebracht werden, und solche recht gerne fressen lernen.

Sobald starke Nebel und Reife einfallen, giebt man den Lämmern Morgens und Abends einige Tage nacheinander von dieser Frucht, so viel sie nur fressen wollen. Man sehe ihnen alle Monate in die Augen, ob die Aederchen darin roth sind. Sobald diese bleich werden, reiche man Schafen und Lämmern alle Wochen einigemal in grobe Stücken zerschnittene oder gestoßene Kastanien, welche man zu diesem Ende auch getrocknet aufbewahren kann. Dieses Mittel hat niemals fehlgeschlagen, und eben so verfährt man auch beym Schnuppen der Schafe. Pocken, Raude oder Grind sind durch den Gebrauch der Kastanien mit Knoblauch verbunden, glücklich von den Schafen abgehalten worden. Auch bey alten von andern Orten zum Versuch geholten bereits anbrüchigen Schafen, wenn nur die Fäulung der innerlichen Theile noch nicht veraltet, sind diese Mittel von so guter Wirkung gewesen, daß sie dadurch an den innern verlezten Theilen vollkommen wieder ausgeheilet worden, und beym Schlachten nichts weiter als einige Schwielen in der Lunge gezeigt haben, auch noch einige Jahre am Leben sind erhalten worden, dagegen an denen Orten, wo man selbige herkommen lassen, die übrigen alle gefallen sind. Niemals aber hat man bey denen mit Kastanien gefütterten Schafen ein Merkmal einiger Fäulniß oder Eiterung an der Lunge und Leber entdeckt.

D. Weber, Oberthierarzt in Dresden, giebt die Fütterung des Nuß- und Kastanienlaubes als das beste zur Vorbauung aller, von verdorbenen Heu herrührenden Uebeln an, nebst dem schon bekannten Rheinfarrenkraut mit oder ohne Feldkümmel. Es wurde dadurch die Verdauung und die Bewegung des Saftes in den schwachen Eingeweiden befördert, und einer zu befürchtenden Fäulniß und andern langwierigen Krankheiten vorgebeuget. Als er zu einem Bauer in Wilschdorf, 2 Stunden von Dresden gerufen worden, dessen Rindvieh durch schädliches Futter Choleram inflammatoriam bekommen, woran auch schon einige Ochsen vorher crepirt waren, rettete er solches alles glücklich durch Clystiere, und kühlende schleimichte Tränke.

Einem Schwein, welches bey der Frau von Lynker in Denstedt bey allem Fressen die Schwindsucht

icht hatte, und zum Todtstechen verurtheilet
ar, ward 2mal zur Ader gelassen, mit Rinde
er Castanie clystirt, und alle 2 Tage diese fortsezt, Glaubersalz einen kleinen Eßlöffel voll
glich dazu gegeben, bis es derb laxirt hatte.
alz, Schrot und geriebene Rinde der Casta-
e unter das Futter gegeben, und das Schwein,
s schon den selbigen Tag sollte getödtet wer-
n, genaß vollkommen und wurde gemästet
:kauft.

Eine Kuh die verkalbt und dabey Schaden
nommen hatte, wurde clystirt, doch so, daß
s Salz weggelassen wurde, und genaß.

Sogar bey Menschen wird das Pulver als
Errhinum, das den Schleim in der Nase
ührt, besonders gelobt, auch ist die Hemi-
nia dadurch öfters gestillet worden. Es thut
h gute Dienste für die Lungensucht. Gemei-
Leute haben öfters ein halbes bis ganzes
entchen dieses Pulvers vor Colikschmerzen
Nutzen genommen.

Auch ist diese Frucht zeither von etlichen
ibspersonen vor die aufsteigende Mutter pro-
befunden worden. Man läßt solche dürre
den, stößt sie in einem Mörser, gießt Brand-
ein darauf und trinkt von diesem Extract ein,
nes Brandteweingläschen voll. Sie können
) noch grün klargeschnitten oder gerieben in
ndtewein genommen werden.

S 3   Die

Die Kastanie wird samt der äussern stachlichten Schale zur Garmachung der Felle statt
der Gerberlohe gebraucht.

Sie dienen auch seit dem Jahr 1763 in Frankreich und der Schweiz als eine Seife zu leinenen und wollenen Zeuge selbiges damit zu waschen und zu walken. Man schälet die Casta-
nien, reibt sie auf einem Reibeisen, gießt Re-
gen- oder fließendes Wasser darauf, und zwar
gehören zu 20 Stück 5 bis 6 Kannen Wasser,
wenn sie 10 bis 12 Stunden gelegen, kann man
den ausgezogenen Saft, welcher aber beym Gebrauch sehr heiß gemacht werden muß, statt der
Seife gebrauchen. Geht der Gebrauch ins Grosse, so kann man die geschälten und trockenen
Kastanien mahlen lassen, oder wenn sie noch
nicht trocken genug sind, zu einem Teige zerquetschen, der sich dann in Wasser leicht extra-
hiren läßt.

Die Tücher werden erst mit Vollerde gereiniget, und sodann mit diesem warmen Kastanienwasser in der Maase, wie sonst mit Seifenwas-
ser geschiehet, begossen und gewalkt. Strümpfe,
Mützen und Zeuge, die mit diesem Wasser ge-
walket worden, haben hernach die Farbe vollkommen angenommen.

Die Leinwand, die man mit diesem Wasser
weiß macht, wird zwar ein wenig bläulich, welches ihr aber kein übles Ansehen giebt, besonders wenn man sie, nachdem sie 2 oder 3mal
durch dieses Kastanienwasser gegangen, in schönen Flußwasser ausspület.

Wenn

Wenn man zu einer der vorerwähnten Arbeiten ja Seife haben muß, so darf man doch lange nicht soviel nehmen, als sonst gewöhnlich ist. Man wird blos die Stellen damit reiben müssen, wo die Unreinigkeit gar zu zähe ist, und solchergestalt wird man noch immer genug durch das Kastanienwasser ersparen.

Die schönste Wirkung dieses Wassers hat man an dem Hanfe wahrgenommen, welchen man einige Tage in selbiges gelegt, und welchen rissen. Nach einem leichten Reiben sind alle Fäserchen des Hanfes zertheilet, gelinder und viel weißer worden, als sonst, wenn man ihn nur in schlechten Wasser gewaschen hat.

Daß die Kastanien reichlich Oel geben, wird von einigen bejahet, von andern verneinet, allein das ist gewis, daß in Franken Pfäle in die Weinberge aus diesen Holz gemacht werden, die sich sehr gut spalten.

Es ist also das Kastanienlaub nicht wie in Altenburg von den Kindern zu verbrennen, oder wie in Bonn die Früchte zu spalten und zu verbrennen.

Da ich mit Hrn. von Pfeifer angefangen, will ich mit den Worten desselben schließen. Kastanien geben Puder genug, allein er ist zu kalisch, folglich fressend. Stärke, Brandtewein, Seife lassen sich mit Vortheil daraus bereiten, ja sogar die braune Schale zum Aufschwellen der Häute, desgleichen zum Bleichen

S 4   der

der Leinwand anwenden. Verschiedene Aerzte halten die Rinde in der Artzney der Peruvianischen Rinde ähnlich, das Holz taugt wenig im Feuer, allein die Asche giebt viele und gute Potasche. Als Futter wird sie ungemein einfach zubereitet. Wenn die Kastanien aus ihrer grünen Schale sind, schüttet man sie in große Fäßer, die man mit Wasser bedeckt hält, und giebt sie ohne weitere Umstände dem Vieh in die Krippe, wo sie, wenn es nur ein wenig daran gewöhnt ist, mit Begierde verzehrt werden, allein zwischen einer Kastanienmahlzeit und der folgenden muß etwas Heu vorgegeben werden, weil die Kastanien die Zähne stumpf machen. Es ist also ein sehr nutzbarer, geschwindwachsender, und viel Schatten gebender Baum, dessen Anpflanzung an den Wegen um so rathsamer, als niemand die Früchte zu stehlen verlangt.

3) Sibirischer Schotendorn. Akazie: Der Hr. Prof. und CommercienRath Bobadsch in Prag hat eine Abhandlung über diesen Baum geschrieben, viele Versuche mit den Blättern angestellt, und solche als eine vortrefliche Fütterung vor das Vieh befunden. Die Bienen besuchen die Blüthen, und wenn man die getrokneten Blätter als Thee trinket, stärken sie den Magen und Nerven, sind gut vor die Vapeurs.

Eine hitzige und leichte Erde ist ihm die zuträglichste. Die Mittagsseite ist ihm nicht vortheilhaft, weil er frische Luft haben muß, er wächst in einem Jahr mehr als die Eiche in 5 Jah-

Jahren. Ein Busch von Acacien giebt in 10 Jahren viel Nutzen, und bringt mehr ein, als in Eichwald in 30 Jahren. In 10 Jahren giebt ein Acacienwald 15mal das Holz zu Weinpfählen und Weingeländer; er wächst in 10 Jahren so geschwind, daß man 9 bis 10 zöllichte Breter davon haben kann.

Die Pfähle aus dem Kern dieses Holzes dauern länger als alle andere, sie biegen sich nicht, sie brechen nicht, sie sind gerade und leicht, wenn sie trocken sind. Man hat gefunden, daß sie nach 6 Jahren des Gebrauchs so lang und ganz geblieben, wie sie anfangs waren. Sie erfaulen nicht so leicht in der Erde. Man braucht sie nicht aufs neue zu spitzen oder zuzuhacken, wodurch viele Zeit ersparet wird.

Ein Liebhaber ließ einen solchen Baum, der im Felde stund, ganz unten an der Erde abhauen. Der Stock trieb das Jahr darauf eine große Menge Wurzeln, die sich so weit erstrecken, daß mehr als 500 Sprößlinge hervorkamen, davon er eine Baumschule anlegte. Der große Vortheil, den er davon erhielt, bewog ihn 30 Bäume, die er in einer Allee gezogen, niederschlagen zu lassen. Davon bekam er über 5000 Sprößlinge, das andere Jahr gaben sie ihm 10,000 Stangen, und er verkaufte 2000 junge Bäume, und alle diese junge Bäume nahmen doch nicht mehr Platz ein als ein halber Morgen. Wird ein Morgen Landes auf diese Art mit Acacien bepflanzt, und in zwey Haue abgetheilt, so geben sie jährlich 10,000 Stangen,

gen, ohne die große Menge, die man in die Baumschulen sezt oder verkauft, welches wenigstens jährlich 200 Thaler einträgt, und fast keine Kosten verursacht. Ein Morgen Holz, Weinberg oder Wiesen wird kaum die Hälfte einbringen. Als er diese junge Bäume ausriß, ließ er das Land umgraben, weil er Willens war, daselbst Wein anzupflanzen, welches auch den Frühling darauf geschah. Er hatte keinen Acacienbaum übrig gelassen, und glaubte, daß auch alle Wurzeln ausgerottet wären, allein es kamen mehr als 6000 junge hervor, und er verlor dadurch nicht eine Pflanze von den jungen Weinstöcken. Diese hatten den besten Wuchs ohngeachtet sie mit lauter jungen Acacien umgeben waren, welche indem sie höher wurden, als die Weinstöcke, diese gänzlich bedeckten.

Man kann sie um die Felder und Weinberge herum pflanzen, um solche einzuschließen. Sie geben gute Hecken, durch welche kein Vieh kommen kann, denn da die Zweige mit spizigen Dornen versehen sind, so lassen sie keine Oefnung, und wachsen so ineinander, daß die Thiere nicht durchkönnen, wenn die untern Zweige wohl ausgebreitet und alle 2 Jahre beschnitten werden, davon die Hecke desto dichter wird.

Wie angenehm ist es nicht, zwischen dergleichen Hecken von blühenden Acacien spazieren gehen.

4) **Weide.** Eine Eiche braucht 32 Fuß ins Gevierte. Auf diesen Plaz können 16 Weiden

hen, jede 8 Fuß von der andern. Diese
n, die ohne große Kosten nachgepflanzt
, so oft eine ausgeht, sollen nur alle 6
gehauen werden. Das beträgt in 102
17mal. Ein guter Weidenkopf wird zu
schen gerechnet, thut von 16 Weiden bey
hauung 2 Rthlr. Ich will nur 1 Rthlr.
rechnen, so trägt doch die Nutzung von
elben in 102 Jahren 22 2/3 Rthlr. Ein
um ist in 102 Jahren nicht soviel werth
lbst mit der Mastung, wenn man ihn mit
Weidengeld, welches schon nach den er-
Jahren einzukommen anfängt, gerechnet

n gelehrter Landwirth behauptet, daß man
Weidensetzen bey der Verbesserung eines
anfangen müße, und so wie die Alten
Weinstock für heilig gehalten hätten, so
wir es mit der Weide machen, um so-
da sie zur Fütterung der Schafe dient.

er Wirthschaftsdirektor auf der Gräfl.
etischen Insel bey Wëldruß in Böhmen
rzizek suchte auf seiner unter sich habenden
ferey von 1000 Stück Schafen den Fut-
ngel der beyden Jahre 1790 und 91 durch
er von Baum und Buschweiden zu ersetzen.

lerbey versichert derselbe, diese Blätter wä-
on den Schafen gerne gefressen worden,
ihrer Gesundheit nicht nachtheilig gewesen,
hätten die Weiden hierdurch keinen Scha-
elitten. Unter den verschiedenen Weiden rühmt

er besonders die Buschweide zu dieser Benutzung, weil sie dauerhaftere Pfähle gäbe, und solche besonders durch Nässe nicht viel litten.

Dieses Verfahren ist um somehr zu empfehlen, als diese Art Weiden eine leicht fortzupflanzende Gattung Bäume ist, und man bey Fertigung des Winterreißigs zur Schafzucht bereits Beweise hat, daß die Schafe dieses Laub recht gerne gefreßen, und es ihnen recht gut gediehen habe, wie man, wenn um Jena kein Grummet geworden, alle Jahre siehet.

Auf trocknen, sandigen und magern Boden gehören Knack- oder Bruchweiden, so kaum zu Zaunreißig tüchtig aber sehr gut zum brennen sind. Auf etwas beſſern Boden kommt die grüne Saalweide, die Pappelweide und der Werft, auf fetten sandigen Boden aber die gelbe Saalweide.

Die Pflanzweiden dürfen nach dem Abköpfen keine Stunde der Sonne und Wind ausgesezt seyn, sondern sogleich in Waſſer gesezt werden.

Achtundzwanzigstes Kapitel.

Vom Weinbau.

———

Bey dem Hopfenbau habe ich schon bemerkt, daß Wein und Hopfen einerley Behandlung verlangen, und da ich dort alles genau und nach den Gesetzen der Natur beschrieben habe, so kann ich hier kürzer seyn, besonders da Herr Sprenger in seinen Bemerkungen Stutgard bey Metzler den Weinbau weitläuftig beschrieben, auch dieser Artikel in den wenigsten Gegenden den Mayn und Rhein ausgenommen, statt findet. In dem Journal von und für Franken ist von einem geschickten Fränkischen Oekonomen meinem Herrn Vetter eine Abhandlung des Weinbaues in der Pfalz geliefert worden, auf welche
ich

ich mich ebenfalls beziehe, und gebe hier blos, was ich als Weinländer selbst erfahren.

Anlegung eines Weinbergs.

Vor Ausgang des Aprils muß der Weinberg 2 1/2 Schuh tief rejolet oder locker gearbeitet, folglich der Dung 2 1/2 Schuh tief hinunter gebracht werden. Da man in einem Menschen-Alter nur einmal diese untere Düngung vornimmt, so darf man keine Kosten und Mühe sparen. Man macht zuerst einen 2 1/2 Schuh oder Knie tiefen und eben so breiten Graben, in welchen erst der Dung gebracht, und durch Fortsetzung des zweyten Grabens der erste wieder zugefüllet, und so fortgefahren wird bis zu Ende.

Die Erde vom ersten Graben wird gewöhnlich auf das oberste Ende gebracht, um diesen letzten Graben damit zu füllen, weil es aber zu hoch, und man zum Ausfüllen oben genug Erde haben kann, können diese Kosten ersparet, und die Erde aus dem ersten Graben anderswo benuzt werden.

Werden dünne Pfälchen, Zieler genannt, die etwa 1 1/2 Schuh lang sind, in gerader Linie von unten hinauf, und gerader Linie queer je 3 1/2 Schuh weit auseinandergeschlagen.

Bey den Pfälchensetzen wird erst die Schnur gezogen, und vor jedem Pflöckchen mit dem Pfaleisen das Loch gemacht, so daß des Fechsers Auge sozusagen auf der Erde auffizen kann.

Vor

Vom Weinbau.

Vor Ausgang des Aprils wenigstens, und wenn es seyn kann, in der Mitte werden die Fechser oder Krothölzer unter dem Ziel oder Pfälchen an dasselbe horizontal so tief in die Erde gepflanzt, daß das oberste Auge völlig der Erde gleich; und zwar lieber etwas tiefer als höher gepflanzt, und dann mit ein auch zwey queer Finger hoch Erde bedeckt wird, um sie nicht von der Sonne ausbrennen zu lassen. Alle untere Augen bis auf den einzigen obern gesunden werden abgeschnitten. Die Schoße wachsen wie die Bohnen aus der Erde hervor.

Wenn nun diese Anpflanzung im April 795 geschehen, so wird der sogenannte Geiz im August aus, und die Köpfe der Schoße abgebrochen.

796 im April gegen das Ende werden dieselben Stöcke eines Fingers tief aufgeräumet, und die angesezten Wasserwurzeln weggeschnitten, denn sonst treiben die Wurzeln nicht in die Tiefe, die gewachsenen Ruthen werden ebenfalls vom Kopf weggeschnitten.

797 wird wie 96 verfahren, und jedes Jahr die aufgeräumte Erde wieder an die Stöckchen und auf deren Kopf gebracht.

798 können einige Stöcke, die einen guten Kopf und etwas starke Ruthen gemacht haben, zum Tragen mit 2 bis 3 Augen in Zapfen geschnitten werden, dergestalt, daß ein auch zwey Zapfen an jeder Seite des Kopfs und zwar auf

einer

einer Seite nur ein Zapfen, mithin überhaupt zwey Zapfen am Kopf stehen bleiben; was wenig oder nur dünnes Holz gemacht hat, wird wieder wie im ersten und zweyten Jahr vom Kopf weggeschnitten. Im vierten Jahr

799 müßen sie alle zum Tragen geschnitten werden, und zwar in Zapfen zu 3 bis 4 Augen. Im dritten und vierten Jahre müßen alle wenigstens die, so zum Tragen geschnitten sind, Pfähle bekommen; welches geschiehet, wenn sie alle beschnitten sind, und der Weinberg umgehackt ist. Die Weinhacker müßen b ym Hacken Acht haben, die Stöcke nicht von Erde zu entblößen, sondern lieber zuzudecken. Dann werden die Pfähle an das Ziel gesteckt, der Zapfen mit Bast oder kleinen Weiden angebunden, gegen Johannis, wenn die Schoßen hoch werden, abermal angebunden, damit der Ranke weder durch Wind noch sonst abgerissen wird. Ist dies verrichtet, und das Unkraut will hoch werden, wird, ehe der Same reif wird, gefeilgt. Im August werden die Aestchen oder Räuber alle aus, und alle Köpfe der Schößlinge abgebrochen, damit das Holz und folglich auch die Trauben reif oder zeitig werden.

Die Knothölzer müßen ein bis zwey Jahre länger untragbar erhalten werden, als die Fechser, folglich 4 bis 5 Jahre stehen, ehe sie tragen dürfen, wenn sie gute Stöcke werden sollen.

Ehe

Ehe noch rejolt wird, wenn es ein jäher Berg, müssen vor allen Dingen Mauern gemacht werden, sie dürfen aber nur 1/2 Schuh in die Erde einfach, schief oder etwas lehnend, also hinten die Steine tiefer, wie vorne nach der Länge, die breitere Seite hinein, und die schmale herauswärts, über dies in der Form eines halben Mondes nicht höher, als die Erde selbst ist, und mit Moos ausgestopft wird. Je höher die Mauern sind, je eher schießen sie ein, und hinten muß sogleich die Mauer etwas tiefer gegraben werden. Die Mauer darf nicht ⌣ mit dem Bauch vorne, sondern ⌢ in den Berg hinein laufen. Die erste Art Bergmauer würde nicht lange halten, weil von allen Seiten die Erde drückt. Am Fuß der Mauer wird eine steinerne Rinne angelegt, damit das Wasser, wenn es herabschießt, und durch den Fall heftiger wird, dem zweyten Schilde nicht Schaden verursacht.

Oben müßen eine gute Elle von der Mauer die Weinstöcke entfernt seyn, damit man bequem darauf gehen kann. An solchen Orten können jedoch Kürbiße gepflanzt werden.

Nur da wird eine Mauer gemacht, wo der Abschuß anfängt, und der Graben wird da gefertiget, wo das Wasser in den Weinberg schießt.

Auf der linken Seite jedes Weinbergs kann man Hopfen pflanzen, der 2 Schuhe weit und einen zwey Schuhe tiefen Graben erfodert.

Behandlung eines alten Weinbergs.

Erde und Rasen müßen fleißig in den Weinberg gebracht werden, deswegen schälen sie im Durlachischen die Wiesen ab, und tragen sie in die Weinberge, so auch den Mergel, der die Weinberge nach Columella's Meynung erfrischt und die Feuchtigkeit nicht ausdünsten läßt, ja Pastor Frommel in seiner Theorie des Kleebaues räth an, Klee in die Weinberge zu bringen. In der Pfalz hat besonders ein Schultheiß sich dadurch ausgezeichnet, daß er in die Raine Espercetsaamen gesteckt hat, der vortreflich gekommen, und wichtigen Nutzen gebracht hat.

Pastor Knecht und der Stutgardische Hauptmann Saupe haben von der Erneuerung alter Weinberge durch die Fortlegung der Reben viel gutes geschrieben.

Im Beschneiden bestehet die größte Kunst, nemlich die stärksten Reben auf vier, und die schwächern auf 2 Augen zu schneiden, den Stock von oben herunterzubringen, geht der Kopf aus der Erde heraus, wie der Hopfen, so verfriert der Weinstock leichter, als wenn er bedeckt ist, deswegen darf man einen Weinberg nie zu alt werden laßen, sondern immer erneuern, deswegen darf oben auf dem Kopf des Fechsers kein Reiß oder Rebe stehen, sondern an den Seiten, indem sonst der Weinstock immer höher aus der Erde gehet, und aufsezt.

Die Wasserwurzeln müßen bey der Frühjahrs-Räumung, weil sie sich auf der Oberfläche anse-

ansetzen, und allen Saft an sich saugen, einen Finger lang abgeschnitten werden.

Wenn man Fechser legt, kann mit gutem Nutzen, wenn erst 2 1/2 Schuh tief mit dem Grabscheit ein Loch gemacht worden, der Rasen umgekehrt auf beyde Seiten gelegt werden.

Das fleißige Behacken, wenn das Unkraut anfängt von neuem grün zu werden, ist unumgänglich nöthig.

Auf die frühen und guten Sorten des Weines muß vorzüglich gesehen werden. Z. B. Gutedel und dergl. In meinen monatlichen ökonomisch kameralistischen Reisen durch Städte, Dörfer und Forste Deutschlandes werde ich die frühen Weinsorten ausführlich nennen. In meinen Nachrichten und Bemerkungen über die Landwirthschaft Böhmens, wovon ich die Preise, weil es mein eigener Verlag, heruntergesezt, habe ich unter der Rubrike: Weinbau, den weiß-roth- und schwarz-Elbner, Roth und weiß Gutedlen, weiß, roth und schwarzen Muskateller, den weißen und schwarzen Klävner (die Mutter des Champagnerweins,) die schwarze kleine Burgundertraube, den Silvaner sonst Zirfanler genannt, den kleinen Rißling, und den vortreflichen Ortlieber, sonst gelben Moßler genannt, und endlich den Roländer gelobt. Man vermeide die Pest des Weinbaues, den Putscherer.

Achtundzwanzigstes Kapitel

Die Arbeiten sind 1) Erde und Dungtragen, 2) räumen, 3) schneiden, 4) harte Hacken, 5) Unterbrechen, 6) Gesänk oder Gräben machen, 7) das grüne Hacken, 8) Anbinden, 9) das zweyte Unterbrechen, 10) Lesen, 11) Decken. An einigen Orten wird dreymal gehackt.

Einige Schriftsteller behaupten, man soll keine Bäume in Weinberge setzen. Es mag wohl dies von Nußbäumen statt finden, allein der Prälat Sprenger führt ansehnliche Beyspiele an, daß die Würtemberger aus ihren Pfirschen, Aprikosen und dergleichen mehr Geld lösen, als aus dem Wein selbst. In meinem Bauern-Calender habe ich von Handschuchsheim angeführt, daß die Kirschenernde in den Weinbergen als eine sichere Quelle der Einnahme angesehen, und die Einwohner ihre Gläubiger so gut darauf vertrösten, als auf die Weinlese; wie denn der Ertrag von den Kirschen wirklich sicherer und weit frühzeitiger als jener von dem Weinstock, weswegen sich sonderlich der Arme und Mittelmann vorzüglich auf derselben Anbau und Verkauf befleißiget. Dieser Nahrungszweig, der vorzüglich auf der Sonnenreichen Lage der Weinberge beruhet, ist so einträglich für dieses Dorf, daß sie alle Jahre 5 bis 6000 fl. baares Geld zu einer Zeit lösen, wo sie allen Wintervorrath aufgezehret, und das Brob sonst borgen müßten.

Neunundzwanzigstes Kapitel.

Von Unkräutern.

Herr OberPastor Mund, Hr. Rathsmeister Reichard haben über diese Materie sehr weitläuftig geschrieben, auf die ich verweise. Hiezu verdient die Recension der allgemeinen Litteratur Zeitung gelesen zu werden.

Unter dem Wort Unkraut darf man nicht ganz unbrauchbare Pflanzen verstehen, es sind wirklich Färbekräuter, officielle ꝛc. darunter. Manches giebt auf der Brache ein herrliches Futterkraut, was in den Gärten Schaden thut, z. B. die Nesseln.

Unkraut ist, was von freyen Stücken wächst, und den ausgesäeten Pflanzen schädlich ist.

Jede Art Erdreich hat ihr eignes Unkraut und eben deswegen, weil es von selbst aus der Muttererde wächst, kann es nicht fehlen, daß es nicht zum Erstaunen leicht wachsen sollte.

Das Unkraut vermehrt sich durch Samen, wie bey der Wucherblume, Rapunzeln.

Durch Anbau wie bey dem Meerrettig, Erdäpfel.

Durch Zufall bey Miswachs, Hagelschaden, Getraidelager, wo das Unkraut die Oberhand gewinnen muß. Auf das Unkraut sollte der Landman aufmerksam gemacht werden. Bey den Thieren dergleichen. So haben z. B. die Holländer Caninchen auf ihre Sanddünnen gesezt, die sich zu ihrem Verdruß ausserordentlich vermehret haben.

Das Unkraut hat fünf schädliche Eigenschaften:

1) Es entkräftet das Land ohne Nutzen. Wenn auch die Schafe es abbeisen, so wächst es doch wieder nach, und die Schafe lassen keinen Ersatz auf dem Felde.

2) Es raubt den andern Pflanzen den Plaz.

3) Macht es dem Boden gleichsam zum Filz, daß man weder mit dem Pflug noch mit der Egge

Egge durchkommen kann, besonders wenn das Feld durch Zufall oder Nachläſſigkeit nicht beſtellt iſt.

4) Bey der Erndte verzögert es die Arbeit, da das Unkraut oft noch in vollem Safte iſt, wenn wir aufbinden wollen. Iſt noch dazu ein naſſes Jahr, ſo verurſachet es großen Zeit- und Geldaufwand.

5) Der Same kommt unter unſere kultivirte Pflanzen, und verſchlechtert unſer Getraide, ja zuweilen wird es ſogar der Geſundheit nachtheilig. Z. B. Lolch und Schwindelhaber (Lolium temulentum) betäubt, macht ſtupid, und verurſachet ſtarke Krämpfe.

Wir haben zweyerley Unkräuter: jährige Pflanzen, die ſich lediglich durch Samen vermehren, und mehrjährige.

1) Die Mittel wider die einjährigen ſind:

Man laſſe den Samen nie zur Reife kommen. Dies iſt die vernünftigſte Regel. Man nehme arme Kinder und alte Leute, die nicht zuviel zu thun haben, und nicht viel verdienen können, mache ihnen das Unkraut bekannt und laſſe es ausraufen. Kommen die Samen reif in die Erde, ſo liegen ſie oft mehrere Jahre darin, ohne ihr Vermögen zu keimen zu verlieren. Dieſes erklärt ein Phänomen, daß, wenn der Landmann recht tief pflügt, da er zuvor flach gepflügt hatte, nun das Unkraut ſein Land überzieht; Ein

Ein solches Land, das viel solchen Samen hat, und gereiniget werden soll, läßt man Brache liegen, muß in diesem Jahr öfters und das einemal tiefer als das anderemal gepflüget werden. So bringt man die Unkräuter alle nach und nach zum keimen, und werden allemal wieder durch den folgenden Pflug ausgerissen.

Ja manche Landwirthe düngen sogar zu dem Ende das Feld, damit das Unkraut alle in einem Jahr herauskommen soll. Schwerer ist, die Einrichtung da zu treffen, wo die Aecker verschiedener Landwirthe und Eigenthümer aneinander liegen, als da, wo der Gutsherr seine Ländereyen alle miteinander beysammen liegen hat. Die Dorfpolicey muß schlechterdings hierüber die Aufsicht führen, daß man mit vereinten Kräften das Unkraut ausrottet.

Solche Gewächse müßen gebauet werden, die eher reif werden, als das Unkraut.

Solche Gewächse, die das Unkraut verdrängen, weil sie nah beysammen stehen, wie der Winter- und Sommerrübsen.

Solche Gewächse, die behackt werden, wie Kartoffeln, Runkeln, Kohlrüben.

2) Weit schlimmer sind die Unkräuter, die lebende oder solche Wurzeln haben, welche über Winter nicht erfrieren, sondern jedesmal im Frühjahr austreiben. Sie vermehren sich doppelt durch Samen und Wurzeln. Das übelst ist,
daß

daß diese Wurzeln das hartnäckigste Leben haben, und durch die Zerschneidung, so wie Polypen, noch immer mehr vermehret werden.

Was ist zu thun? Zum Samen darf man sie nicht kommen lassen. Man muß tief pflügen, und mit einer stark beschwerten Egge die Unkrautswurzeln herausziehen, welches bey sehr trockener Witterung geschehen muß. Dazu gehört eine ganz ausserordentliche Geduld.

Mit Kalk, Gyps, Mergel den Boden überfahren, welche theils das Unkraut verdrängen, theils eine neue Erde formiren und das Solum natale ändern.

Seine Wiesengräser nicht zu reif werden lassen, weil das Vieh den Samen nicht verdauet, sondern ganz in den Dung kömmt.

Keinen Scheunen-Auswurf auf den Dunghaufen bringen.

Die schädlichsten ärgsten Unkräuter sind:

1) Kandelwisch,

2) Wucherblume,

3) Quecke,

4) Hederich,

5) Wildhafer,

6) Huflattig,

7) Hauhechel,

8) Zeitlose,

9) Schöllkraut,

10) Wiesen-Salbey,

11) Feldbrombeere,

12) Eisenhart,

wozu Raden, Trespe, Vogelwicken und Ackerwinden gehören.

1) Kandelwisch.

Equisetum arvense. Man braucht es zum Zinnscheuern, und wächst gern auf sumpfigen Wiesen und steinigten Boden. In der Schweiz richtet es vorzüglich viel Unheil an. Es vermehrt sich unglaublich stark, bis zu einer Tiefe von 16 Schuhen geht die Wurzel herunter, und das kleinste Stöckchen schlägt mit allen Seiten neue Zweige in die Erde. Eine einzige Pflanze kann einen Raum einnehmen, der größer ist, als manches Haus. Die Pflanze saugt das Land erstaunlich aus, und ist den Kühen sehr schädlich, sie verlieren das Fleisch und die Milch, die Zähne werden ihnen davon wackelnd, es erfolgt Diarrhöe und nicht selten der Tod.

Den

Den Pferden und Schafen hingegen schadet es gar nichts.

In Hamburg und Amsterdam hat man grosse Preise darauf gesezt. Am Meer, wo das Salzwasser überläuft, stirbt der Kandelwisch ziemlich ab, das ist aber an den wenigsten Oertern möglich zu machen. Man hat den Boden festgestampft und einen gepflasterten Weg zwischen Felder gelegt. Aber auch unter den Steinen hat sich die Pflanze fortgearbeitet.

Der Landmann muß es gleich im Frühjahr mit dem Spate aushacken, ausziehen, und immer damit fortfahren. Durch dieses Mittel kann man endlich die härtesten Unkräuter besiegen. Aber freylich ist das leichter gesagt, als gethan, ob man gleich in Holland Beyspiele davon hat.

Folgendes Mittel hat man auch in Holland: Im Frühjahr wird das ganze Land mit Schweinemist überdeckt, läßt ihn einen Sommer liegen, so erstickt es. Dem Wintergetraide schadet es weniger als der Sommerfrucht, weil es etwas spät zum Vorschein kömmt.

2) Wucherblume.

Chrysanthemum segetum. Sie ist eine große Feindin im Acker. Im fetten Lande sezt sie an einem ziemlich starken Stengel nur einzelne Blätter an, die länglich, schmal, und einigemal stark ausgezackt sind. Um das zweyte oder dritte Blatt pflegt sogleich eine Blumenknospe, auch wohl

wohl ein neuer Seitenzweig zu entstehen. In einem magern Boden sind ihre Stengel viel zärter. Je fetter aber das Land ist, desto höher schießen die Blumen empor, werden zwey, drey Fuß hoch, und noch wohl höher, ranken von allen Seiten aus, so daß ein Stamm wohl zwanzig bis dreyig nicht selten 100 Blumenknospen ansezt, deren jede eine Menge kleinen Samen erzeugt, der leicht ausfällt, wodurch sie sich dann in kurzer Zeit auf eine ganz unglaubliche Weise verbreiten, und wovon sie wahrscheinlich ihren Namen bekommen haben.

Die Wurzel ist Pfahlförmig, höchstens einen Finger lang, und nicht viel dicker als der Stengel. Ein dicker Busch kleiner Wurzeln wie Zwirnfäden sitzet um ihn her, die sich jedoch nicht über anderthalb Zoll im Durchschnitt verbreiten.

Zwanzig Jahre kann der Same in der Erde liegen, ohne darin zerstört zu werden. In der Winterfrucht ist die Blume seltener, und wird von der Kälte getödtet. Aber in der Sommerfrucht hat sie freyes Spiel. Reißt man sie aus, und wirft sie auf die Erde, so schlägt sie da wieder an, selbst auf dem harten dürren Erdreich, daher die Wurzeln nicht einmal in den Mist gebracht werden dürfen.

Ihre geschwinde und ungeheure Ausbreitung geschiehet unstreitig durch den Samen, den sie in ausserordentlich großer Menge ansetzen, und der bey dem Mähen und Binden des Getraides
gewöhn-

gewöhnlich ausfällt. Ein großer Theil desselben wird schon vom Winde ausgestreuet, weil man einer vollkommenen Pflanze trockene, blühende und aufgehende Blumen zu gleicher Zeit findet; Der Same, der nicht ausfällt, kommt mit dem Stroh in die Scheuern, und aus diesen in den Dünger; daher man es sorgfältig verhüten muß, daß nicht die Spreu von den Früchten auf den Misthaufen geworfen werde. Gewöhnlich wird diese Spreu auf die Straße geschüttet.

Ehe ich von den Mitteln rede, sie auszurotten, will ich einige Warnungsregeln geben.

Man lasse ja keine Getraide aus Gegenden kommen, wo Wucherblumen sind. So ist die Gegend um Schnepfenthal, Waltershausen, Cabarz und Tabarz im Gothaischen durch einen einzigen Mann Liborius Laufer aus Kleintabarz, der in den theuren Jahren 1771 und 72 frembdes Getraide kaufte, und mit diesem die Wucherblume in die Langenhähner Flur brachte, mit diesem Unkraut verunreiniget worden.

2) Da in den Excrementen der Thiere viel Same enthalten ist, und die Thiere, besonders die Pferde die Pflanzensamen ganz unverdauet abgehen lassen, so hüte man sich in den Gasthöfen und da, wo vielerley Pferde ankommen, diesen Mist zu dem seinigen schlagen zu lassen. Die so gefährliche als schädliche Wucherblume ist seit 1738 so in die Hannöverischen Lande gekommen. Die Berliner Beyträge enthalten im vierten Bande ein Beyspiel, wie durch den

den Mist der Pferde eines benachbarten Guthes die Wucherblume fortgepflanzt worden, daher diese Warnung in Ansehung der Pferde wohl zu beherzigen ist.

Das Hauptmittel, diese Blume zu tilgen, ist

1) das beständige Jäten. Es muß im Sommer mehrmal wiederholet, und der Acker mit Sorgfalt durchsuchet werden. Vorsichtige schicken jede acht Tage ihre Kinder und das Gesinde dahin, und lassen das Land, das damit behaftet ist, durchsuchen.

2) Im Gothaischen werden die ausgezogenen Blumen auf die Fuhr- und andere Wege hingeworfen; hier reift der Same noch nach, und verbreitet sich. Bey etwas feuchter Witterung, besonders im Schatten, liegen sie noch lange Zeit ohne zu verwelken, blühen immerfort, und machen gar noch wohl reifen Samen, besonders wenn große Haufen derselben festgepackt liegen. Wie viel Samen wird nicht durch Regen, Wind, oder Fuhrwerk auch wohl an naßen Schuhen wieder ins Ackerland getragen? Die Blumen müßen an solche Aborte geschüttet werden, wo sie verfaulen.

3) Der Same, der mit in die Scheune kömmt, darf nicht auf den Mist geworfen, sondern ebenfalls in eine besondere Grube gebracht werden. Einige behaupten, der Same verbrenne, wenn er im heißen Dünger lange liegen könne. Ich rathe aber nicht dazu, weil schon Versuche

che mißlungen sind. Man ließ einige Stücke
ndes, in denen diese Blumen zu sehr überhand
nommen, grün abmähen, und den ganzen
orrath in den Schafstall fahren. Unter diesen
aren schon viele ganz verblühet, und mehrere
threif geworden. Im folgenden Frühjahre
.rde der Schafdünger ausgefahren, und auf
ı Land gebracht, auf dem man bisher noch
ine Wucherblume wahrgenommen hatte. Und
he da, es kamen zum Glück keine zum Vor-
ein.

4) Als Grasland solche Stücke liegen zu
ssen, hilft nichts. Einige Stücke Landes wur-
n umgebrochen, die eben dieses verderblichen
ıkrauts wegen schon seit 15 Jahren als Gras-
.ger oder Leben gelegen hatten, und gar nicht
arbeitet waren. In der ganzen Zeit war keine
eser Blumen zum Vorschein gekommen, wie
 immer nicht geschieht, so lange das Land in
rase liegt. Man hoffte, daß sie in dieser Zeit
stickt seyn würden, pflügte die Wiese um, und
.äete sie mit Leinsamen. Bey der damals ein-
retenden trocknen Witterung lief er nicht auf,
ıd hernachmals, als der junge Flachs gejätet
ırde, hatte er wenig Unkraut. Nach dem um
ohannis erfolgten Regen aber wurden die Stö-
 grün. Der zuerst aufgelaufene Flachs ward
ng und schön, ein großer Theil des noch in der
rde liegenden Samens aber blieb zurück. Als
blich auch der zurückgebliebene Same hervor-
m, da hatte man den traurigen Anblick, daß
:ses neuaufgelaufene nichts anders als Wu-
:blumen waren, die, weil sie nun hinlängliche

K.aft

Kraft hatten, mit Macht in die Höhe wuchsen, den Flachs bald erreichten, und weil der einzeln stand, sich so stark in demselben ausbreiteten, daß es beynahe nicht der Mühe werth war, ihn zu ziehen. Es war auch nicht anders, als wenn der Flachs sich vom Felde verlöhre, so wie diese Blumen heranwuchsen. Nachdem zulezt die Flachsstengel, so gut als es geschehen konnte zusammengesucht und ausgezogen waren, so mußten die Blumen mit der Sense abgemähet werden, um nur nicht allen ihren Samen ins Land kommen zu lassen.

5) Muß das Land gebrachet, und so oft es grün wird, wieder gepflügt werden, welches drey bis viermal wiederholet wird, wodurch ein große Anzahl vernichtet, und für dasselbe Jahr kein neuer Same ins Land kommt. Wenn auch nur im 6ten Jahre das Land Brache liegt, so wird man in einem solchen Stücke das Unkraut eher los, als in dem, welches Jahr ein Jahr aus bestellet wird.

6) Man säe zweymal nacheinander Winterfrüchte, etwa Winterrübsen und Rocken oder zweymal Rocken nacheinander, wenn man mit dem Dung auskommen kann, und wo möglich etwas frühzeitig, damit die Blumen bey der Herbstwärme desto zahlreicher hervorkommen, und durch den folgenden Frost getödtet werden können. Wäre auch die zweyte Erndte des Winterkorns nicht so ergiebig, so ist doch ein kleiner und gewißer Vortheil besser als der große Verlust, den man am Samenkorn leiden würde
un

wodurch außerdem noch soviel vom neuen
amen dieses Unkrauts ins Land gebracht wird.

7) Man bauet einmal Kartoffeln oder Kohl,
olche Gewächse, die behackt werden müssen,
ngen diesen Blumen den Untergang. Das
hacken muß aber jede drey Wochen wiederho-
, und die jungen Pflanzen sorgfältig mit den
ngern ausgepflückt werden.

8) Nun bauet man wieder zwey Jahre Win-
getraide, dann

9) Rüben, wo abermals dies Unkraut durch
s Behacken sehr vermindert wird, und wenn
etliche in die Höhe gehen, sie mit dem wenig-
n Schaben nebst ihren Wurzeln ausgezogen
rden.

10) Lein, wo jedoch sorgfältig gejätet wer-
n muß.

11) Nun kann man es wagen, Sommer-
üchte zu säen.

3) Quecke.

Triticum repens. Herr Hofrath Beckmann
reibt von ihr: sie wächst häufig in Getraide-
tern und schwarzen Boden und macht den Bo-
n ganz filzig. Das beste Mittel ist, den Bo-
n recht durchzupflügen, mit einer schweren
gge zu bearbeiten, und die Wurzeln in die

Wege zu machen oder zu verbessern. Sie tödtet mit und nach der unsern Getraide reif.

Dies ist bey weitem nicht hinlänglich, ich
liefere daher, wie ich glaube, eine gründlichere
Vertilgung dieser Landplage aller Sand- und
nassen Felder.

Es ist bekannt, daß die Quecken bey der
geringsten Feuchtigkeit wieder ausschlagen, den
Acker bedecken, und dem Getraide die erfoderli-
che Nahrung nehmen.

Unbegreiflich ist die Sorglosigkeit des Land-
mannes. Viele Landwirthe halten die Quecken
für eine Art von Düngung, ja ich kannte einen
Bauer, der alle Quecken zusammenlaß und auf
sein Feld brachte. Andere behaupten, daß die
Saat warm darunter läge.

Alles, was vom vegetabilischen Reich dem
Acker Fruchtbarkeit geben soll, muß vorher durch
die Verwesung aufgelöset werden seyn, dies
thun die wiedergrünende Quecken nicht.

Auch ist allen physikalischen Grundsätzen zuwider, daß die Quecken der Saat zur Deck
dienen und sie warm halten. Die Saat braucht
keine andere Decke, als die Oberfläche der Erde,
welche der Luft, Regen, Thau und Sonne frey
und ungehindert ausgesezt seyn muß. Durch
Wärme und Nässe werden die Nahrungstheil
vermittelst der Gährung aufgelöset, und in der
Wurzeln der Pflanzen überzugehen geschickt gemacht

macht, wer wird diesen so nöthigen unmittelbaren Einfluß der Wärme und Nässe durch einen Pelz von Quecken hemmen?

Das gewöhnliche Gegenmittel ist fleißiges und öfteres Eggen bey trockener Witterung.

Daher ist es unverzeihlich, daß an manchen Orten nach der Brache oder Sturzfahre nicht egget wird, wo doch Quecken die Fülle sind. Der Schlesische Landmann leidet in seinem Feld nicht die geringste Quecke noch Unkrautwurzel. Dies ist mit eine Hauptursache von den dortigen ichen Erndten.

Einem Böhmischen Herrn Grafen, dessen Feldfluren ganz mit Quecken bedeckt waren, und er deswegen eigends einen Beamten zu mir schickte, rieth ich den großen Queckenrechen an, welcher von einem Pferd gezogen wird. Nur muß die Lüftung des Rechens in einer Linie vorgenommen werden, damit die Haufen nicht bald da, bald dort liegen, und die Zeit durch hin und her laufen verlohren geht, sondern wie ein Schneemann fortgerollet werden können.

Einige verbrennen die Quecken, nachdem sie selbe vorher in kleine Haufen zusammengerect haben. Dies sah ich von Lobeda bis Roda und Salfeld bis Cahle von den Landleuten auch ihren Jungen und Mädchen verrichten, denn gemeine Mann stehet in den Gedanken, daß Acker durch die Asche der verbrannten Quecken eine neue Düngung bekomme, weil die Asche

Asche von allen vegetabilischen Sachen ein düngendes Salz bey sich führe, da aber das angezündete Feuer mehr Dung auf dem Acker verzehret, als es durch die Asche wieder erhält, so muß die Verbrennung der Quecken nicht auf dem Felde selbst am wenigsten geschehen.

Der Acker, den man gemeiniglich mit Gerste besäet, muß fett und mit vielen düngenden Theilen angefüllet seyn. Und da es sich zuträgt, daß in dem erst im vorigen Jahr zu Rocken oder Waizen gedüngten Acker noch verschiedener nicht ganz verfaulter Mist vorhanden ist, durch das von den angezündeten Quecken entstandene Feuer, welches wegen ihrer Trockenheit sehr heftig ist, werden die in dem Acker befindliche öhlichte Theile und besonders der zurückgebliebene unverfaulte Mist zerstöret, folglich dem Plaz, auf welchem die Verbrennung geschiehet, mehr düngende Theile geraubet, als ihnen durch das wenige in der Queckenasche enthaltene Salz wieder gegeben werden.

Es ist aber auch überhaupt Unrecht, Quecken, Rübsenstroh, und anderes ausser dem Felde zu verbrennen, da sich die Masse durch das Feuer viel zu sehr vermindert, und mehr Dung, wenn es verfault ist, liefert.

Es ist daher besser, die Quecken zusammen zu rechen, und Fuderweise abzufahren. Dies geschiehet am besten bey trockener Witterung bey der Wendfahre, wo die wenigsten Feldarbeiten sind.

Indessen ist es nicht rathsam, sie als eine unbrauchbare Sache, so wie Disteln in den Erbsen auf den Fahrweg zu werfen, weil sie in eine besondere Grube gebracht, eine vortrefliche Düngung geben.

Ich habe es in Böhmen selbst erfahren, als ich sie mit den Disteln in den Fuhrweg werfen ließ. Als sie verfaulten, floß eine schwarze Gauche von ihnen weg, und ich schäme mich noch, daß ich diesen Fehler begangen, denn es gleich nicht der Mühe lohnte, es mit nach Hause zu nehmen, so hätte ich es doch an Ort und Stelle in eine Grube werfen lassen können bis zur gänzlichen Fäulniß.

Einige streuen die Quecken den Kühen und Ochsen unter, oder mengen si unter den Hofmist, wenn aber dieser Mist auf den Acker gefahren wird, so schlagen sie wieder von neuem aus, weil die Knoten gewöhnlich nicht verrotten.

Nur allein die Excrementen des Schafviehes sind im Stande die Quecken zu tödten, und werden daher auf großen Güthern in die Schafställe zur Unterlag gestreuet, vermehren auf großen Höfen die Dungmasse ungemein.

Hr. OberPastor Mund in Goßlar hat eine vortrefliche Methode die Quecken zu benutzen, und verweise meine Leser auf seine Preisschrift vom Unkraut.

Beneckendorf sagt: Aufmerksame Wirthe bedienen sich derselben, insonderheit derjenigen, die des Sommers aus den Gersten und Haberfeldern ausgeegget werden, weil sie alsdenn noch frisch und voller Säfte sind, zu einer nutzbaren Viehfütterung. Sie werden auf einem trockenen Boden bis zu Winterszeit aufgehoben, alsdenn aber, nachdem sie gewaschen, und von der daran klebenden Erde gereiniget worden, geschnitten, und dem Kuhvieh unter dem Brühfutter mit aufgemenget. Die Kühe geben von denselben nicht allein die reichlichste Milch, sondern sie sind auch sogar zur Gesundheit zuträglich, und die Milch ist alsdenn für die Menschen wieder zuträglicher, als Milch von andern Futter. Die Engbrüstigen trinken ja den Thee davon, und aus den Quecken wird in der Apotheke eine für alle Menschen gesunde Tisane bereitet, weil sie das Blut reiniget, kühlet, verdünnet, und den Urin treibt.

Dies bekräftige auch Hr. von Pfeifer: Die Noth hat einem Labe einen Queckengebrauch gelehrt, in welchem die Felder mit Steinen bedeckt, und ohne alles Gras sind, und wo man doch recht gute Butter und fette Milch hat. So oft gepflüget wird, wimmelt das Feld von Weibern und Kindern, welche die Quecken sorgfältig sammeln, waschen, unter das Stroh schneiden, und die milchenden Kühe damit füttern, welche viele und gute Milch, auch viel Mist geben, zumal die Quecken zum uriniren anreizen, auch überhaupt eine den Aerzten gar wohl bekannte Blutreinigung sind.

In

In meinen 50 Vortheilen zweyten Heft kömmt mehr vom Gebrauch der Quecken, und vom Queckenrechen Seite 104 vor, nur muß ich noch bemerken, daß in meiner Vaterstadt Wirzburg aus den Weinbergen sorgfältig die Quecken und Winden ausgestochen, gewaschen, und an das Vieh, den ganzen Sommer bis in Herbst gefüttert werden.

Hr. Prof. Leonhardi giebt im zweyten Theil der Betrügereyen der Verwalter den Kalk für ein souveraines Mittel an, die Quecken aus dem Acker zu bringen, er sagt: ohne Kalk muß man sich vielleicht 6 Jahre plagen, ehe man dies abscheuliche Unkraut los werden kann, da hingegen mit Kalkdüngung in 3 Jahren alles vertilget ist. Diesem widerspricht Hr. von Schönfeld, und giebt die wahre Methode an mit Kalk Quecken zu vermindern.

4) Hederich.

Raphanus Raphanistrum. Im Reps und Rübsen geht zwar der Hederich reichlich auf, erfriert aber über Winter, da mancher ihn für blühenden Rübsen hält, allein in der Gerste und Haber schadet er am meisten.

Man trift öfters Strecken Landes, die, wenn der Hederich blühet, wie eine gelbe Tapete aussehen, die Landleute raufen ihn zur Zeit der Blüthe aus, soweit sie kommen können, allein es wird nicht der achte Theil vertilget.

In den Leipziger Intelligenz-Blättern stehet folgendes: Wenn der Acker zu gehöriger Zeit gestürzet, die Sturzfurche gewendet, und diese wieder tüchtig eben geegget worden, alsdann der Acker mit Dünger überfahren, dieser gebreitet worden, hat ein Landwirth die Saatgerste auf den auf solche Weise zubereiteten Acker fahren, auch ein Faß mit Wasser dahin setzen lassen, in welches die Saatgerste Metzenweise geschüttet, und darin wohl umgerühret, wodurch die Hederichsaat und schlechte Gerste zum Aufschwimmen gebracht, diese oben vom Wasser abgenommen, und dadurch die Saat gereiniget worden. Hierauf hat er das Wasser abgegossen, und die feuchte reine Gerste auf den mit Mist belegten Acker gesäet, samt dem Dünger unterpflügen lassen. Nachdem 4 oder 5 Tage verstrichen, kam die noch im Acker von vorher gebliebene Hederichspflanze hervor, alsdann ließ er erst die untergepflügte Gerstensaat einegen, wodurch die alte Hederichspflanze mit ausgerissen wurde, und auf dem Acker verdorren mußte. Auf solche Weise ist er dieses Unkraut aus der Gerste losgeworden, und hat die schönste reine Gerstenfrucht erhalten.

Es bekomint den Haber recht gut, wenn er erst, nachdem er Fingers Länge hat, glatt geegget wird. Die Egge rottet den untergeackerten Haber nicht aus, dagegen zerstöret sie den zugleich mit aufgegangenen jungen Hederich, der sonst seinem Gedeihen sehr hinderlich ist. Auch wenn der Hederich fast oder ganz zur Blüthe gekommen, wird er untergeackert, der Haber

der lieber etwas später gesäet, als daß ihm die⸗
se vegetabilische Düngung versagt wird.

Ein Landwirth hauet, wo der Hederich in
gar großer Menge vorhanden ist, ihn bis in die
Hälfte von obenherab nieder, und läßt dies auf
einen andern magern Acker bringen, unterpflü⸗
gen, und sogleich mit Haber besäen. Diese ve⸗
getabilische Düngung thut wie gleichfalls bey
der kleinen Gerste so zu sagen Wunder, und
mehr als der beste Stallmist. Der auf diese
Art mit untergepflügte Hederich hat bey gegen⸗
wärtigen, oder nachfolgender Dürre es zuwege
gebracht, daß der darauf erwachsene Haber ihr
gleichsam seine ganze Wachszeit hindurch recht
trotzen können, da anderer ohne Hederich unter⸗
geackerter Haber ganz verschmachten müßen.
Vom abgemäheten Hederich ist noch zu geden⸗
ken, daß je früher er unter die Erde geackert
wird, desto stärker düngt er, jemehr er welk
werden muß, um somehr verliert er von seiner
Dungkraft.

5) Wild, Windhaber.

Avena sativa. Es kömmt nur auf warmen
und trocknen Boden fort, selten in feuchten.
Man findet ihn am meisten unter Gerste, Ha⸗
ber, Rüben und Kohl. Wenn er aufgehet, ist
er schon vom Sachkundigen vom Getraide zu
unterscheiden, und was die Hauptsache ist, der
Same des Wildhabers wird früher reif, als
der Same unsers Getraides, er fällt also meist
ganz ab, ehe das letzte gemähet oder geschnitten
wird,

wird, auch der geringste Wind wehet ihn weg, ja man sagt, daß er durch Elasticität von einem Acker auf den andern fortkrieche. So kömmt der Same fort. Reichart hat schon in seinem Land- und Gartenschaz der Mittel, ihn zu vermindern gedacht. In den Jenaischen Fluren, und überall, wo keine Brache statt findet, stehet er über alle maßen häufig.

Man muß den Boden mehrere Jahre hintereinander mit solchen Gewächsen besetzen, die behackt, oder oft, sehr umständlich, und fleißig gejätet werden. Ferner muß der Landmann auf solche Pflanzen raffiniren, die früher reisen.

Hr. Prof. Beckmann glaubt, es wäre ein Glück daß der Same sehr groß ist, daher man das Getraide leicht durch ein Seil von ihm reinigen könne, auch wäre dies der Fall bey der Wucherblume, wo die Körner aber klein wären. Allein dadurch wird der Acker immer voller von diesem schädlichen Unkraut, ich schlage daher andere Mittel vor.

1) Späte Bestellung. Im Frühjahr, sobald die Wärme in die Erde gedrungen, kömmt er wie eine grüne Wiese hervor, man lasse ihn einige Zeit wachsen, dann umackern, kann dies mehrmal geschehen, so ist es das sicherste Mittel ihn loszuwerden.

2) Düngung. Wird der Acker gar gedünget, so kommt er desto freudiger und bälder hervor, und wird dann eingeackert.

3)

3) Einige Pachter säen Haber in solche Wildhaberfelder und lassen dann, wenn beyde Körner aufsetzen, mähen und zu Heu machen. So ließ ich einst acht Wagen Wildhaber Heu von einem einzigen Land wegführen, und wurde doch diese Plage nicht los.

Man liest in gedruckten Schriften, man solle Klee in solche Länder säen, dieser verdränge den Wildhaber, ich probirte dies in dem nemlichen Felde, der Klee stand unvergleichlich ohne Wildhaber, als ich aber Waizen in dasselbe Feld brachte, so hatte ich mehr von diesem Haber als von Waizen. Hätte ich freylich diesen zur grünen Fütterung benutzen dürfen, wäre ich früher dieses Unkraut losgeworden.

6) Huflattig.

Tussilago farfora. Im Amte Kupferzell reinigt man die Felder und Wiesen sorgfältig von allem schädlichen. Ausgrasen läßt man Aecker nicht, weil es mehr schadet, als nützet, und es nicht nöthig ist, indem das fleißige Ackern und Eggen, die Aufführung des Mergels, der die Räise wegnimmt, und die Sorge nur reinen Samen zu streuen das Unkraut auf den Feldern sattsam vertreibet. Huflattig und Kambelwisch, Kazenschwänze vertreibt der Mergel nicht. Am besten vertreibt man den Huflattig, wenn man den Acker mit Esper besäet, und ihn 10 - 20 Jahre so liegen läßt.

7)

7) Hauhechel.

Ononis spinosa. Wächst meist auf leichten bergigen Boden, auch Hutweiden. Das Vieh sticht sich ins Maul, weil es stark dornicht ist, und doch sah ich die Hutweiden im Leutmeritzer Kreise in Böhmen ganz damit überwachsen.

Sie einzeln auszustechen kostet zu viel Tagelohn; ich rieth in einem unterthänigsten Berichte an dem Durchl. Fürsten zu Schwarzenberg, dessen Hutweiden auf dem Guthe Werschowitz ganz damit überdeckt waren, die Wiesen ein Jahr ums andere zur Hutweide stehen zu lassen, und die Hutweide als Wiese zu gebrauchen, weil sie vom Boden eben so gut, überdies mit dem abfallenden Dung des Viehes hinlänglich belegt waren.

8) Zeitlose, Ranunkeln.

Colchicum autumnale. Einige Ranunkeln sind auf den Wiesen so giftig, daß sie das Vieh tödten, dergleichen sind Ranunculus flamula und sceleratus. Das Vieh greift diese und dergleichen gefährliche Pflanzen nicht an, wo es einheimisch ist. Kömmt aber fremdes Vieh dahin, so frißt es davon, und krepirt. An solchen Oertern, wo dergleichen Pflanzen zu Hause sind, findet man sie ganz und unverletzt auf der Weide stehen. Alle diese giftige Pflanzen verliehren ihr Gift, wenn sie zu Heu gemacht werden, weil sie ihre kaustischen Eigenschaften verlieren vorzüglich die Zeitlose. Auch die Samen dieser Pflan-

Pflanzen sind gefährlich. Es erfolgt auf den Genuß ein starkes Aufschwellen des Viehes, besonders im Frühjahr. Als Heu aber hat es diese Wirkung nicht.

Gegen dieses Gift ist ein Mittel das Decoct aus Tobaksblättern mit Essig und Honig gemischt, und dem Vieh eingegeben, wenn es bald geschiehet.

Ferner wird wilder Sauerampfer (Rumex acetosa) wenn er mit der Zeitlose auf einer Wiese wächst, vom Vieh genossen, leztere weniger schädlich.

Hr. Hofrath Beckmann räth an die Zwiebeln mit der Hacke auszuhacken. Dies sey das beste Mittel, sie auszurotten, und zwar nach einer darüber verfertigten interessanten Abhandlung, allein ich zweifle sehr daran. Sie stehet gemeiniglich so häufig, daß man die ganze Wiese umhacken müßte.

Ich ließ um sie auszurotten eine ganze Wiese 6 Zoll tief umpflügen, und doch stacken die Zwiebeln tiefer. Nach und nach wurden sie doch durch den Pflug Getraide und Klee zerstöret.

9) Schöllkraut.

Chelidonium. Die einzige Pflanze in Deutschland, die einen gelben Saft giebt, macht dem Vieh blutige Milch, so auch Eichen, Erlen und

Nußlaub häufig genoßen. Ja sie bekommen besonders Ziegen das laxiren bis zum Tobt; man muß ihnen ein Ey mit der Schale eingeben.

10) Wiesen-Salbey und andere.

Salvia arvensis. In Osmanstedt habe ich den Wiesen-Salbey so häufig gefunden, daß er das einzige Wiesengras zu seyn scheint. Die Ursache ist, weil man die Wiesen eher mähet, als von den einjährigen Pflanzen die Samen reif und auf die Wiese sich ausschütten; weil es einen hölzernen Stengel hat, ist es kein gar zu gutes Futter.

Solche Wiesen sollten umgerissen, und weil sie meist wegen ihrer hohen Lage trocken sind, mit Esperçet besäet werden. Andere Pflanzen geben bittere und unangenehme Milch und Käse, Tanacetum vulgare, Thlaspi arvense, Allium ursinum, besonders bolitus bovinus macht die Milch erstaunlich eckel. Das Uebel ist gleich gehoben, wenn man dem Vieh besseres Futter giebt. Die Wieschkrausemünze Mentha arvensis macht, daß die Milch nicht zu Käse werden will. Die Bauern geben in dem Fall den Kühen Heringe ein. Das Stroh und die Hülsen von den türkischen Bohnen, Vitsbohnen vermindert die Milch der Kühe, und macht, daß sie selbige endlich ganz verlieren.

11) Feldbrombeere

wächst in sandigen, Eisenschüßigen Boden, ist schwer zu vertilgen, und blos durch das Ausstechen

Von Unkräutern.

…en zu zwingen, sie nehmen dem Lande und Gewächsen alle Nahrung, wo sie einmal überhand genommen, selbst im Kartoffelland sind sie nicht, wenn man nicht recht emsig ist auszurotten, wie ich eigene Erfahrung habe.

Alle übrige Unkräuter werden durch Mergel verdrängt, weil dadurch das solum natale verändert wird.

Auch durch Kalk kann viel gutes bewirkt werden, freylich tiefwurzelnde Unkräuter, wie Eisenhart, müßen auch schlechterdings mit Eisen ausgestochen werden. Würde man im Füttern mehr Vorsicht gebrauchen, den Samen absondern, daß er nicht mit in den Mist käme, reineres Samengetraide wählen, den nassen Aeckern mehr Abzug verschaffen, den Wiesenwechsel beobachten, würden wir weniger Unkraut haben, wenn besonders der Oekonom an seinem Feldstock eine Schneide hätte, die das Unkraut, das ihm begegnet, vertilgt.

Drey-

Dreyßigstes Kapitel.

Von den Insekten.

Die Natur hat nach den Millionen Zwecken eine unendliche Menge Insecten hervorgebracht, die gewiß von dem Schöpfer mit Weisheit geordnet sind. Die Kunst vermag wenig, und dies mag zum Theil die Ursache seyn, daß der Landmann, Gärtner und Forstwirth, weil er sich zu schwach fühlet, zum Theil auch zu wenig Beobachtungsgeist zeither verwendet, noch wenige Sorgfalt auf diese so nöthige Sache verwendet hat. Allerdings sollte man auf die Verminderung wenigstens denken, wenn es gleich nie die Kunst dahin bringen wird, sie auszurotten. Die Schweden, unter andern Birkander haben hierin

von den Insekten.

hierin das meiste gethan. Pastor Göze hat einen vortreflichen Versuch von Insekten, die dem Getraide schaden, in dem Leipziger Magazin zur Naturkunde und Mathematik geliefert, welchen Hr. Prof. Leonhardi in seinem ökonomisch Cameralistischen Almanach aufs neue abgedruckt und mit einigen Schlesischen Nachrichten bereichert hat. Ich kann hier selbst noch nichts vollständiges liefern, verspreche aber sobald wie möglich etwas solides hierin zu liefern, weil es mir zum besondern Vergnügen gereicht, Beobachtungen hierüber anzustellen.

1) Der weise Kornwurm,
2) Der schwarze Kornwurm,
3) Ratten,
4) Mäuse,
5) Hasen,
6) Hamster,
7) Maulwürfe,
8) Werren,
9) Wassermäuse, Erdratten,
10) Schnecken ohne Häuser,
11) Engerlinge und Maykäfer,
12) Kornfliege,
13) Rockenfliege,

14)

14) Rockenfeind,
15) Der Türk,
16) Der Saatschnellkäfer,
17) Die graue Made,
18) Der Pfeiffer,
19) Die Grasraupe,
20) Raupen,
21) Wickelraupen,
22) Blüthraupen,
23) Gammaschmetterling,
24) Erbsenkäfer,
25) Ameisen,
26) Erdflöhe,
27) Elster.

Auf den Böden.

1) Der weiße Kornwurm.

Eine kleine Motte, die schwarz und wei aussieht, am Boden herumfliegt, und an d Körner ihre Eyer anlegt, woraus gelbe Raupe kommen, die das Mehl aus den Körnern rei ausfressen. Waizen, Dinkel, Rocken und H ber leiden am meisten von ihnen. Sie kütt viele Körner aneinander. Gegen den Herbst z hen sie Fäden über das Getraide. Es komn die Zeit, daß die Raupen den Kornhaufen verlassen, und sich verpuppen. Diese Verpuppung geschiehet an den Wänden des Bodens in Rizzen, wo sie den ganzen Winter über liegen. Gegen das Frühjahr kömmt die Phaläne hervor, sie begatten sich, legen Eyer, und es geht von neuem an.

Oft wird der 20ste Theil von dem Getraidehaufen von ihnen aufgezehrt.

Ein Bauer im Altenburgischen Amte hat ein leichtes Mittel gefunden, sich dieser Gäste zu entledigen. Vor Ostern verkaufte er alles Getraide, und ließ nur einige Kannen voll liegen, in diese zogen sich die Kornwürmer, als er nun glaubte, daß sie sich versammelt hatten, ließ er die Fenster öffnen und die Tauben einfliegen, die sie mit Appetit verzehrten. Dies that er noch zweymal, bis er keinen Kornwurm mehr im Getraide fand. Im Kirchspiel Monstad ist seitdem dieser Versuch wiederholet worden.

2) Der schwarze Kornwurm

ist die gemeinste und schlimmste Motte. Es sind Käferchen, die sich im Frühjahr begatten, ihre Eyer in die Körner stecken, woraus Raupen kriegen, deren Vermehrung unbeschreiblich ist. Ein Paar vermehret sich in 5 Sommermonaten wenigstens mit 6045 jungen, in 4 Wochen haben sie ein Drittel Getraide aufgezehrt. Im Herbst verlassen sie den Kornhaufen, und gehen an die Wände, wo sie den ganzen Winter über

über sich fast unbeweglich und ohne Nahrung aufhalten. Zuweilen haben sie sich in die Stuben, die unter den Böden befindlich gewesen, heruntergezogen, in denen sie der Wärme nachgiengen. Meistens sterben sie im Winter, und daher ist auch das Umsegen des Getraides im Winter vergeblich, denn die Eyer sind so fest an die Körner angekittet, daß man sie gewiß nicht herunter bringen wird. Im Frühjahr und Sommer ist das Umsegen desto nützlicher, wo man keinen starken Luftzug bewirken kann. Darin kann man diesem Uebel vorbeugen.

Wie sind sie aber ohne Luftzug zu vertreiben?

Das beste Mittel ist: man reiniget den Boden aufs allerschärfste, läßt ihn mit einer Lauge, in der ungelöschter Kalk aufgelöset worden, scheuern. Auch ists ein großer Vortheil, wenn man einmal Toback auf einen solchen Boden trocknen kann, das narkotische Wesen tödtet die Insekten. Auch Ledum palustre Porst kann man über den Getraidehaufen herlegen. Die Wärme von 76° Fahrenheit, und 190° Reaumur. tödtet alle Insekten, denn so tödtet man die Motten im Pelze am Ofen und in der Sonne.

Hr. D. Schäfer zu Regensburg macht folgendes von einem sehr schäzbaren Freund ihm mitgetheiltes Mittel wider den schwarzen Kornkäfer bekannt, vornemlich den in den Scheunen befindlichen, der seine Hauptniederlage in den untersten 3-4 Sätzen eines Kornstocks hat, wenn

von den Insekten.

wenn man bis in den April oder May mit dem Ausdrusch nicht fertig wird, ein Zehntheil und wenn heiße Witterung einfällt, ein Achtel Körner rein aushöhlet, und verzehret, daß die blosen Hülsen übrig bleiben, endlich, wenn das Getraide ausgedroschen, und das Stroh zu Ende geht, in Häusern, Küchen, Speisekammern sich ausbreitet, in die Betten, die auf Strohsäcken liegen, sich schleicht, und sogar Menschen empfindlich beißt.

Man bricht junge grüne Hollunderschößlinge so ab, daß von dem dünnen Holzästchen eine Handbreit daran bleibt, schabt die graue und darunterliegende grüne Rinde derselben mit einem Messer auf, daß das aufgeschabte noch als Fäserchen an dem Aestchen hangen bleibt, und wirfst von diesen so zugerichteten Aestchen nur einige in die Scheune. Man reinigt sie nemlich aufs beste, belegt den Boden mit reinem Stroh, wirft gegen die Wände und in die Mitte ungefehr alle 4-6 Schritte ein solches Hollunderästchen, und errichtet darauf seinen Kornstock.

In Björnstähls Briefen IV. Theil S. 200, findet man folgendes Mittel: Um das Getraide von Würmern zu bewahren wirft man lebendige oder todte Krebse auf den Kornhaufen — diese vertreiben die Würmer, so daß solche binnen einigen Stunden die Flucht nehmen, und in 2 oder 3 Tagen sich kein einziger mehr unter dem Korn findet. Ein Geheimniß das viele Tonnen Goldes wenigstens des Danks aller Hauswirthe werth ist!

X 3 Aus

Aus der Gazette d'Agriculture werden sichere Versuche davon als von einem uneingeschränkten und unfehlbaren Mittel angeführt.

Eben so bewahren Krebse in den Obstbäumen aufgehangen selbige vor Würmer, Ungeziefer, Mäusen, Werren. Die Krebse müssen durch frische ersezt werden, wenn sie ihren Geruch verlieren.

3) Ratten.

Diese in Häusern zu vertreiben, nimmt man Filz von alten Hüten, schneidet ihn in ganz kleine Stückchen nicht größer als Erbsen, bestreuet solche mit Zucker und Habermehl, so werden die Ratten solche fressen und alle krepieren.

4) Mäuse.

Ist die Witterung günstig, so vermehren sich diese Thiere unglaublich stark. Gewöhnlich ist aber doch im folgenden Jahre eine Witterung, die ihnen nachtheilig ist, nasse Sommer, starker Frost, heftiger Wind. Man findet, daß das Land, welches am stärksten gedünget ist, und den frischesten Dünger bekommen hat, am allermeisten von Mäusen geplaget wird. Da halten die Thiere am besten ihr Wochenbett.

Gegen Mäuse, Maulwürfe und Werren soll dies Mittel sehr bewährt seyn, daß man irdene Gefäße 2 Zoll tief, 1 Zoll weit im Licht, 1 Zoll mit Wasser und 3/4 Zoll mit Schwefelöl an-

von den Inſekten.

nfüllt, hier und da einige ſolcher Gefäße ein-
gräbt, mit einem hölzernen Deckel bedeckt, und
mit etwas Erde überſchüttet. Der Geſtank
vertreibt die Thiere aus dieſem Felde. Der
Nachbar, dem es zuläuft, kann ſich eben damit
auch helfen.

5) Haſen.

Obſtbäume verwahrt man vor den Haſen,
die alles Fett fliehen; wenn man die jungen
Obſtbäume von unten an den Stämmen herauf,
o hoch ein Haſe, wenn auch Schnee gefallen
ſt, daran herauflangen kann, mit Unſchlitt be-
chmieret. Nach der Anzahl der zu verwahren-
en jungen Bäume laſſe man 1 2 und mehr
Pfund unreines und altes Unſchlitt in einem Ge-
ſchirr ſchmelzen, und werfe alsdann ſoviele wol-
lene Lumpen darein, als ſich vom Unſchlitt voll-
ſiehen können. Wenn dieſe Lappen kalt und er-
harret ſind, beſtreiche man die Bäume ſolange,
is ſie vom Unſchlitt glänzend werden. — Auch
gute Kohl- oder Krautpflanzen kann man wider
Haſen mit Fett verwahren, wenn man die zu
tzende Pflanzen, ſo wie man ſie Handvollweiſe
ſammen nimmt, mit einer fetten Speckſchwar-
zu oberſt an den Blättern überſtreicht.

Obſtbäume und dieſe Setzlinge verwahrt
ian auch ſo vor den Haſen, daß man mit Men-
henkoth oder andern ſehr ſtinkenden Miſt die
Bäume beſchmieret, und dieſes zwiſchen Weyh-
achten und Lichtmeß zur Erneuerung des üblen
Geruchs wiederholet. Jenen Koth legt man
um

um die Setzlinge herum. Bey Bäumen ist das Unschlitt dem Koth und Mist vorzuziehen.

Es hat zufälliger Weise jemand entdeckt, daß, wenn man an die Stellen, wo Bäume von Ameisen und Blattläusen beschädiget werden, Schnupftobak aufstreuet, die Ameisen sogleich fliehen, und die, so sich länger verweilen, in eine Art Convulsion fallen. Mit einem Pfund Schnupftobak kann man viel thun.

Wenn ein Baum voll Raupen ist, so bestreicht man seinen Stamm in einiger Entfernung von der Erde mit Theer, hängt einen mit Ameisen angefüllten Sack an einen Ast auf, und öfnet den Sack, damit sie heraus und auf den Sack kriechen können, so zehren sie endlich alle Raupen rein auf. So vertreibt man Baumraupen. Kohlraupen aber und Raupen anderer dergleichen Pflanzen, wenn man 2 Pfund Terpentin in 6 Pfund Quellwasser eine Stunde lang kochen und dann erkalten läßt, oder 12 ℔ Ofenruß in 50 ℔ Wasser schüttet, dieses Gemische in 48 Stunden oft untereinander rührt, sodann 20 ℔ Wasser kocht, 8 Kannen starken Eßig dazu thut, und es in jenes Gemische gießt, und die Pflanzen täglich einmal Nachmittags um 4 Uhr damit besprengt.

Will man gesäete Obstkerne vor den Mäusen verwahren, so grabe man den Platz, den man mit Obstkernen besäen will, 1 1/2 Schuh tief aus, lege diese Grube mit Zweigen vom Bachholderstrauch nach allen Richtungen aus ode steck stecke die Zweige in den Boden, daß ihre Spitzen bis an die Oberfläche der gesiebten Erde, womit sie wieder ausgefüllt wird, reichen, wenn nach etlichen Tagen sich die Erde wieder gesezt hat, so steckt man die Obstkerne.

Wider Feldmäuße dient Nießwurz und Staphis agria in einem Teig gebacken, und auf dem Felde ausgestreuet. Wasser das über Ofenruß gestanden, soll ihnen so widerstehlich seyn, daß sie ein Feld verlassen, welches damit bey einer feuchten Witterung begossen wird.

Ratten und Mäuse zu vertreiben nimmt man 1 Loth Krähenaugen, pulverisirts, vermischt es mit Butter oder Schweinschmalz zu einem Teig, thut davon einer Haselnuß groß in weiß Papier, und steckt in jedes Loch, wo die Ratten und Mäuse aus und eingehen, dergleichen Deutchen, so sterben sie davon.

6) Hamster.

60 - 65 ℔ des besten Getraides findet man in einer Hamstergrube, desgleichen 5 - 6 Mezen Bohnen. 6600 Hamster haben in zwey Sommern um Gotha auf 1650 Thaler Schaden angerichtet. 1721 hat man im Bezirk der Stadt Gotha 80136 gefangen. Bey Quedlinburg sind nach einer wahrscheinlichen Berechnung 36000 Hamster männlichen Geschlechts in einem Herbst gefangen worden, wozu nur halb soviel Weiben angenommen werden, die schon eine Summe

me von 262 Wispel entzogen und einen Schaden von 10 · 12000 Thlr. verursachten.

Runkelruben in Würfel geschnitten mit Arsenick gekocht, in Löcher geworfen, und diese zugetreten vernichtet sie.

Hamster, Ratten, Haselmäuse rottet man aus, wenn man Nüße anderthalb Stunden lang mit einer guten Hand voll Schierling in etwas Waſſer, das nicht zuviel ſeyn ſoll, ſiedet, und in jedes Loch einer Nuß dick thut.

7) Maulwürfe.

Man ſtecke in ihre Gänge lebende Krebſe, oder welſche Nüße mit den grünen Schalen gefotten und entzwey geſchnitten.

Man hackt ſie, wenn ſie aufſtoßen, mit der Hacke lieber aus, als daß man Selbſtſchüße anbringt.

In Weimarſchen habe ich zuſammenfallende Scheeren geſehen, weil man nicht weiß, wo ſie herkommen. Dieſe ſind am beſten, jede Scheere kommt auf 20 Groſchen.

8) Werren.

Maulwurfsgrillen, die man auch in Oberſachſen Ackerwerren, Ackerkrebſe, Ackerwirbel nennt. Ein überaus ſchädliches Inſekt. Es iſt
eines

von den Insekten.

ines Fingers lang und dicke, schwarzbraun an
der Farbe, am Bauche etwas gelblicht, hat einen langen zweyspitzigen Rüßel, große heraus-
stehende Augen und wo der Hals ist, einen
Brustharnisch. Seine zwey Vorderfüße sind
wie mit einem Panzer bedeckt, und von vorne
sind sie wie eines Elephanten oder Maulwurfs-
füße. Ihre Füße sind also recht zum Ackern oder
Graben gemacht, hornartig. Auf den Rücken
ist es mit Flügeln versehen, hinten hat es einen
langen Stachel, und auf beyden Seiten zwey
krumme gar spitzige Stacheln. Es sieht so gar-
stig aus, daß man dafür erschrecken möchte.

Es wühlet die Aecker auf, wie die Reitmaus,
und beißet die Wurzeln des Getraides ab. In
den sandigen Gegenden sind sie häufiger, als in
andern, weil der warme Sand zur Ausbrütung
der Eyer behülflich ist, dagegen finden sich in
diesen Gegenden weder Hamster noch Maulwürfe, weil ihnen der sandige Boden nicht behagt,
ihre Wohnungen anzulegen.

Sie halten sich an feuchten Orten gern auf,
gen 70, 80 und mehr Eyer, welche anfänglich
baunröthlich aussehen, brüten sie ordentlich aus,
die Eyer sind einer kleinen Erbse groß, sehen
weislich oder Perlenfärbig aus, und glänzen;
wenn man sie zerdrückt, geben sie eine öhlichte
Feuchtigkeit von sich. Ihre Nester machen sie
unter die Erde, und formiren sie aus einer ge-
sitteten Erde.

Wenn

Dreyßigstes Kapitel

Wenn sich das Wetter ändern will, so schrey[en]
sie wie eine Grille, doch etwas heller mit eine[r]
zitternden Getöne, daß man ihn über hunde[rt]
Schritte hören kann.

Im Jahr 1733 haben sie sich in den Kor[n]
feldern aufgehalten, und großen Schaden veru[r]
sachet, welches der allzuvielen Feuchtigkeit un[d]
Regen des damaligen Frühjahrs zuzuschreibe[n]
wo sie leichter in der Erde fortwühlen, und d[ie]
Wurzeln an den Früchten abnagen können. A[ls]
sich große Flecken in den Korn=Früchten finde[n]
sollte man sie im Junius und Julius mit Kö[r]
sten umhacken um ihre Nester, Eyer und jun[ge]
Brut zu verderben. Hätte der Regen fortg[e]
dauert, so hätten sie ganze Länder angefül[lt]
Durch die Dürre und aus Mangel an Feucht[ig]
keit können sie nicht fortwühlen, und krepiren.

Das erste Mittel ist das Auflesen und Sam[m]
len derselben. Der Hr. von Rochow zu Reka[hn]
setze einmal eine Prämie darauf, wenn sei[ne]
Schulkinder diese Thierchen sämmlen würde[n]
Er versprach für jedes Stück einen Pfennig, u[nd]
muste einige zwanzig Thaler bezahlen, weil [die]
Kinder viele Tausend gesammelt hatten. A[lso]
viele tausend Scheffel Korn waren also gerett[et]
welche diese Armee von unterirdischen Feint[en]
seinen guten Unterthanen würde geraubet hab[en]

Das zweyte Mittel: Wenn zu Ende [des]
Herbstes hin und wieder im Garten untersch[ied]
liche Gruben aufgeworfen, diese mit frisc[hem]
Pferdemist gefüllet werden, so sammlen sich
Wer

von den Inſekten.

Werren der Kälte zu entfliehen wegen der Wärme hinein. Gleich zu Anfang des Frühjahrs laſſe man den Miſt aus den Gruben heraus werfen, ihn durchſuchen, wo man Neſter, junge und alte finden wird.

Das dritte: Auf einen Morgen Landes ſetze man 20 kleine Töpfe in Löcher eines Spatens tief in die Erde. Die Diſtanz eines Topfes vom andern beurtheile man aus der Länge des Stück Landes. In jeden Topf thut man 20 - 30 Tropfen vom Schwefelbalſam, und bedeckt den Topf mit einem kleinen Brett, daß die Erde nicht hineinfällt, der Geruch vertreibt ſie.

Das vierte: Wenn man in einem Garten oder ſonſt in einem Boden ſie verſpürt, ſo mache man einige Schritte voneinander Gräbchen, die einige Schuhe lang, etwa Handbreit, und 8 - 10 Zoll tief, überhaupt ſo tief ſind, bis man in das feſte Erdreich hinunterkommt. Es iſt gut, wenn das Gräbchen unten breiter als oben iſt, mithin ſeine Seitenwände oben näher zuſammenlaufen, als unten, doch iſt dies nicht ſchlechterdings nöthig; durchſucht man die Grubchen morgensfrüh, ſo liegen die Werren unten auf den Boden, die man herausnimmt, und vertilgt. Im Garten kann man dergleichen Gräbchen in den Wegen zwiſchen den Beeten machen, um den Gewächſen auf den Ländern keinen Schaden zu thun. Dieſe ſehr einfache ſehr leichte Weiſe der Werren loszuwerden hat der Herzogl. Würtemb. Hr. Hofrath Heinzmann in Stuttgart verſucht, und ſo bewährt gefunden, daß er in Zeit von

weni-

wenigen Tagen 70 Werren in dergleichen Gräbchen fand.

9) Wassermäuse

fressen Obst, Artischocken und nagen die Wurzeln der Bäume; sie haben lange Schwänze wie
die ordentlichen Ratten.

Die Erdratten tragen alle Tulipanen,
Hyacinthen, Zwiebeln weg. Erstere werden
mit Fischreußen unter dem Wasserlauf gefangen
und mit Flinten erschossen, erstere mit vergifte-
ten Brod.

Der Landmann ist zu bedauern, wenn er
bey seinem Ackerbau gar nichts weiter weis, als
wie er seinen Acker pflügt, das Unkraut ausjätet,
und zur Noth etwa das Kunststückchen nach-
macht, seinen Saatwaizen einzukälken, um ihn
vor den Brand zu sichern. Hat er aber seiner
Meinung nach das Feld noch so gut bestellt,
Rocken oder Gerste ausgesäet, und es geht beydes kaum zur Hälfte auf, es bleiben große kahle
Flecken in den Aeckern, so weiß er sich gar nicht
zu helfen, so kann er keine Ursachen entdecken,
wodurch sein Getraide verdorben sey.

Das erste, worauf er fällt, ist gemeiniglich
Aberglaube. Gleich heißt es, es ist mir was
angethan; mein Acker ist behext.

O wie glücklich sind die Bauern, die einen
Prediger haben, der in seinen Predigten vor
Insek-

von den Insekten.

Insekten, die dem Getraide auf dem Felde schaden, und nach der Saatzeit entweder im Herbst oder im Frühjahre die Wurzeln abbeißen, auch wohl im Halme herauf kriechen, und dem Korn die Nahrung nehmen, spricht.

10) **Schnecken ohne Häuser**

halten sich in guten Boden auf, machen Gänge Zickzack in die Erde, und verschmieren sie mit einem Schleim auf 3 Schuh tief. Sie greifen die jungen Pflanzen an, und verzehren sie ganz. Das beste Mittel dagegen ist

1) die frühe Aussaat des Getraides, damit es sich schon vorher stark bestaude.

2) Die Ueberstreuung des Kalks vor Sonnen-Aufgang.

3) Das Ueberwalzen des Landes auch vor Sonnen-Aufgang.

4) Das Land muß auch recht klein gemacht werden, welches sie ebenfalls nicht so sehr lieben, als das grobe klosigte Land, worein sie sich verbergen.

5) Die Schnecken, welche den zarten Samen der Aecker an den Zwischenrainen und Wiesen wegfreßen, tödtet ganz sicher in Zeit 2·3 Minuten haufenweise folgendes Mittel: Man brenne Gyps (er kann bey mäßigen Feuer gebrannt werden) zerstoße ihn, und streue ihn

Handvollweis auf die Stellen, wo man die Schnecken bemerkt. Hat man keinen Gyps, so thut es auch die Asche aus einem Ziegelofen. Die mit Gras bewachsene Zwischenraine zwischen Aeckern sind die Wohnungen aller Insekten, man sollte sie überall ausrotten, und dafür Marksteine setzen. Kein schädlicheres Insekt ist jedoch, als

11) der **Engerling und Maykäfer**.

Die großen weißen Würmer mit gelbbraunen Köpfen, welche aus den in die Erde gelegten Eyern des weiblichen Mayenkäfers entstehen und nach 4-6 Jahren sich in Maykäfer verwandeln, verwüsten Felder, Wiesen und Wälder, und sind dem Landmann unter dem Name Brachwürmer, Schafhunde, Quadten, Glimen bekannt. Dieser Mayenkäferwurm ist in keinem Boden häufiger und lieber als im trocknen, auf Anhöhen, und wenn der vorhergehende Jahrgang durchaus sehr trocken war, ist er auch in niedrigen, der Nässe sonst ausgesetzten Gegenden; in schwerem zähen Lettenboden ist weniger als auf leichten Felde; nirgends ist er lieber als unter dem Misthaufen, und besonders ist er am häufigsten auf Wiesen, welche mehrere Jahre hindurch mit Viehmist gut gedüngt werden. Folgende Mittel sind als bewährt befunden worden:

1) Man wässere eine solche Wiese, und zu besonders da anhaltend, wenn der Maykäfer über die Erde gehen will, seine Eyer zu legne

nemlich zu Ende May und im Anfang des Junius, ferner im Frühling und Sommer, wenn sich der Wurm aus der Tiefe des Bodens in die Höhe gegen die Oberfläche heraufgraben will. Ist Frühling und Sommer für sich naß, so ist dies nicht nöthig, sondern nur wenn der Frühling und Sommer sehr trocken sind, wenige Regen fallen und 3 - 4 Jahre vorher viele Maykäfer geflogen sind.

2) Man überführe, welches auch dem Boden selbst zum bessern Ertrag sehr dienlich ist, zu Zeiten die Wiesen, Gärten, Aecker, überhaupt lockere Felder mit schweren Erdarten, besonders Mergel, Gassenkoth, Teichschlamm, Schlamm aus der Pferdeschwemme. Wird auch hiedurch nur die Oberfläche gleichsam mit einer harten Rinde überzogen, so gräbt sich der Käfer schon mühsamer ein, und er sucht eine dazu bequemere Stelle.

3) Man dünge seine Güther, sonderlich die Wiesen nicht alle Jahre mit Mist, sondern bediene sich abwechselnd mit Viehmist, Gassen- und Schlammerde von Jahren zu Jahren schärfer, salziger, äzender Materie, nemlich Dungsalz, Gyps, ungelöschten Kalk, Asche von Salpetersiedern, Seifensiedern, Asche von Gerbereyen u. dergl. Diese Stücke dienen alle auf Wiesen, Aeckern, Krautländern.

Dem Lande, das durch diesen schädlichen Wurm gelitten, hilft man auf folgende Weise wieder auf. Es giebt Wiesen, wo nicht alle

Grasarten vielleicht keine vom Wurm so abgenagt wird, daß sie nicht wieder, wenn der Boden Winters durchnäßt wird, und sich wieder sezt, wachsen sollten, auf andern Wiesen aber ist es ärger. Nie dünge man eine vom Wurm beschädigte Wiese mit Mist, der ihn herbeylockt, und das Uebel ärger macht. Umbrechen und Heublumen aufstreuen ist nicht hinlänglich. Dienlicher sind nachstehende erprobte Mittel.

1) Ohne die Wiese umzubrechen, mache man den lockergewordenen Boden des vom Wurm ruinirten Grasplazes wieder fest, treibe deswegen die Schafheerden öfters darauf hin und her oder, welches vorzuziehen, gebrauche eine schwere Walze.

2) Man lasse, wenn man Gelegenheit dazu hat, bey der angehenden Frühlingswärme eine Wässerung darauf hinlaufen.

3) Man übersäe, so wie man es auch sonst ausser diesem Fall bey allen Wiesen thun soll, mit frischen Grassamen von allerley Arten, vornemlich mit Samen von Espercet, Luzerne und rothen oder dreyblätterichen Klee. Der letztere taugt vorzüglich. Man kann ihn auf jeder Wiese, die mit Gras schon überzogen ist, etwa er wird keimen, wachsen, im ersten Jahr sich im Grummet sich ergiebig zeigen, Kosten und Mühe jezt schon und in der Folge von 1 Jahren bezahlen. Manche Bauern übersäen viele ihrer Wiesen alle Jahre mit dieser Klee in der Fluth, und besonders solche von den

mern ruinirte Wiesen, und haben ihn als den besten, nützlichsten, allen Schaden ersetzenden gefunden. Es ist desto besser, je früher man den Kleesamen über die Wiesen ausstreuen kann, im Merz, sobald der Schnee weg ist, und nur etwas Wärme eintritt. Es ist aber nöthig, den Samen etwas unter die Erde zu bringen, damit er keimen könne. Man überrecht überall, wo aufgesäet worden ist, den Boden scharf mit einem hölzernen, noch besser eisernen Rechen, oder man überstreicht die Wiesen mit einer Egge. Man kann auch eine Schafheerde auf der besäeten Wiese ein paarmal auf und abtreiben. Das beste ist, daß man die Ueberführung mit Mist oder Erde mit Rechen wohl durchrechet. Es ist kein wirksameres Mittel den ausgesäeten Kleesamen zum Keimen zu bringen, als wenn man ihn mit einer tauglichen Materie überstreuet. Man überstreue also ein solches wiederherzustellendes Wiesenstück mit Gassenkoth. Der rothe Klee geht im 1-3 Jahr nach und nach wieder aus, und es entstehen wieder kahle Platten. Daher muß man in künftigen Frühlingen, solange noch nicht aller Boden mit natürlichen Wiesengräsern wieder überzogen ist, etwas von diesem Kleesamen nachsäen, und so obenhin bey nasser Witterung im April, da das Wiesengras schon vorsticht, und den zarten Keim des Klees wider die Sonne beschüzt, einsäen. Jeder Landwirth thut wohl, wenn er diese Operation alle Jahre auf allen seinen trockenen Wiesen vornimmt, sie giebt reichen Gewinn, und wird niemand jemals gereuen.

Dreyßigstes Kapttel

Hat jemand eine von jenen Würmern ruinirte Wiese umgebrochen, welches man aber nicht thun soll, so kann er sie bald wieder zum Futterertrag bringen, wenn er sie mit einer von den drey Kleearten besäet, indem er sodann mehr Futter bekommt, als von der besten natürlichen Wiese. Der rothe Klee geht gar zu bald aus dient also nicht eine Wiese anzulegen, der Esperset dauert auf schweren trocknen Felde viele Jahre, und unterdessen, daß er nach und nach ausgeht, sezen sich dazwischen allerley natürliche Wiesengräser häufiger an. Am dienlichsten ist die Luzerne, nach deren Ausgehen die Wiese wie der beynahe, wie zuvor ihren Graswuchs hat.

Das zweyte Mittel ist, in dem gepflügten Lande durch Kinder die Engerlinge auflesen lassen. Ich habe selbst in einer Furche über 70 gesammelt. Zwar hohlen die Krähen, Raben Elster und Staren viele, wenn gepflügt wird sie sind aber, wo sie zu häufig sind, nicht in Stande, sie zu verzehren. In meinem Bauern Calender 1791, Leipzig bey Schwickert, habe ich dieser Geschichte weitläuftiger gedacht. Die Ursache war ein naher Erlenbusch, wo sich die Maykäfer aufhielten, und ihre Eyer im gepflügten Feld ablegten.

Wo man Kohlruben und Kartoffeln bauet ist es allerdings zuvor beym Pflügen nöthig die Engerlinge abzulesen, denn sie höhlen beyde Gewächse ganz aus, und vermindern den Ertrag erstaunlich. Mein Schwiegervater baue gewöhnlich für seine Haushaltung 70 Körbe Kartoffeln

toffeln, durch die Engerlinge erhielt er einst nur 10 Körbe, denn die meisten waren ausgehöhlet.

Ferner müßen die Maykäfer von den Bäumen auf Tücher geschüttelt werden, weil sie sich sonst im Grase verlieren. Sie dürfen aber nicht lebendig eingegraben, sondern mit heißem Wasser abgebrühet oder zerstampft werden. Die Hüner fressen die Käfer und Engerlinge sehr gern, und legen viele Eyer davon. Auch an die Birnbäume und überhaupt an alte Bäume die getödteten Käfer gegraben, giebt reichlich Obst.

12) Die Kornfliege

verbirbt in Schweden nach dem Zeugniß des großen erfahrnen Linné das zehende Korn, und soll jährlich einen Verlust von hunderttausend Dukaten verursacht haben. Sie ist häufiger in Schweden, als in Deutschland.

13) Die Rockenfliege.

Die Made ist fast weiß, der Kopf spitzig, zu äusserst schwarz. Ohne Füße mit 10 Ringen, mit welchen sie sich forthilft. Wenn der Rocken aufgegangen ist, und ein oder zwey Blätter hat, fängt das Insekt an, in der Erde den harten Halm abzubeißen, daß sich die Blätter neigen und verwelken.

14) Der Rockenfeind

thut noch mehr Schaden als der vorige, weil seine Arbeit verborgener ist, und später im Herbst geschiehet. Sie beißen die zärtesten Blätter ab, wenn die Rockensaat viele Aestchen gesezt hat. Im Herbst merkt man nichts, aber im Frühjahre zeigt sich der Ausfall.

15) Der Türk.

Diese Raupe ist einen Zoll lang, und so dick als eine mäßige Schreibfeder. Im May und Junius beißt sie die Stengel des Getraides bey der Erde weg. Sie wohnet unter Steinen in Graserainen, von da geht sie nach den Aeckern.

16) Der Saatschnellkäfer.

Ein sehr schädliches Korn-Insekt. Sie liege fünf Jahre in der Erde, ehe sie sich verwandeln Dies geschiehet im August. Diese Larve nimm dem Landmann oft die Hälfte vom Waizen, Rocken, Gerste und Hafer. Eine einzige Larv beißt oft an einer Stelle acht bis zwanzig Stergel ab. Wenn die Aecker Brache liegen, lebe sie solange von Gras und Quecken.

Eines der besten Mittel wider die Getraid Insekten wäre wohl, wenn in allen Dörfern t Knaben sowohl als Mädchen ihrem pflügend Vater im Herbst und Frühjahr oder überhau bey jedem Pflügen folgten, und alle Larven, der Pflug zu Tage brächte, in Flaschen und Töpfe sammlen müßten.

Bierkander ließ nur einen Knaben dem Pflug folgen, dieser sammelte in 300 Ellen länge, und 28 Ellen Breite 351 Larven. In den Furchen fand man, wenn sie lange waren 4, 6, 10, 14 Larven.

Wer sollte glauben, daß soviele Insekten dem Getraide schädlich wären? Wie kommen sie nun dahin, wird der Bauer fragen? Mit nichts anders als mit dem Dünger, denn in den Mist legen die Fliegen und Schmetterlinge ihre Eyer, und so werden sie auf den Acker gebracht.

Ein sicheres Mittel dagegen ist

den Dünger im Herbst und Februar auszuführen, und sobald als möglich unterzupflügen.

Bringt man den Mist im May und Junius auf das Feld, so kann man sich der Insekten nicht erwehren. Seitdem ich im April und Herbst meinen Dung ausführe, habe ich merkliche Vortheile in der Erndte gehabt.

Auch soll man unter den Dünger Tannen- und Fichtennadeln, wilden Roßmarin, Knoblauch mischen, welche die Larven der Fliegen tödten.

Soll die Landjugend endlich die Larven, Engerlinge und Insekten sammeln, so muß den Kindern in der Schule die Kenntniß unserer,

dem

dem Getreidebau so schädlichen Thiere hingebracht werden, sie müssen in der Schule vorgezeigt, und das dem Fleiß gebührende Lob ertheilet werden, wenn sie zur Zeit, wo ihre Eltern pflügen, die Larven gesammelt, und an einem vor der Schulen geräumigen Ort vorgezeiget, und wie ich angegeben, getödtet werden.

17) Graue Made.

Phalaena exclamatoria. Sie frißt den Rübsen so weg, daß man das Stück Feld umpflügen, und von neuem Waizen hinein säen muß. Ich zählte in Gröbzig unter einem einzigen Rübsenstöckchen 19 graue Maden. Mit dem Mist, worein die Phaläne ihre Eyer legt, kommen sie aufs Feld, werden von der Sonne ausgebrütet, und so wie der Rübsen aufgehet, geht auch ihr Fraß an. Durch gut abgestochene Gräben, da wo sie am stärksten sind, werden sie gehindert weiter fortzukriechen, denn sie können aus den Gräben nicht wieder herauskommen.

Krähen, Raben und Elster fressen zwar auch ihren tüchtigen Theil von diesen Insekten, allein die Tafel ist zu reichlich gedeckt, als daß sie sie in einem Jahr verzehren könnten.

Ich glaube ein Mittel gefunden zu haben, sich der grauen Made ganz zu entledigen, wenn man den Mist im Februar, wo noch kein Schmetterling ist, auf das Feld führt, und tief einpflügt, wie ich im Leipz. Magazin bewiesen.

Zwar

Zwar hat der Hr. Pachter in Drackendorf mit Mist gar nicht gedüngt, sondern blos mit Pferch das Feld beschlagen, und doch haben die Schmetterlinge ihre Eyer an die Schaflorbeern gelegt, und die graue Made war im Rübsen.

Hätte man mit Kalk noch dazu gedüngt, denn den Rübsen einzukälken hat Hr. Oberamtmann Holzhausen probirt, doch ohne Effect davon zu verspüren, so würde die graue Made weniger, wo nicht gar keinen Schaden gethan haben.

13) Der Pfeiffer

ist ein weißer Schmetterling, der dem Anis und blühenden Sommerrübsen sehr nachtheilig ist. Finden sich diese in Menge ein, und legen ihre Eyer an die Blüthen, so fressen sie sich in die Schoten, verzehren die Körner, und die Erndte ist vernichtet. Man sollte ihn da, er gleich abmähen, und umpflügen. Hr. Pastor Göze in Quedlinburg hat in seinen Schriften die Naturgeschichte dieses Vogels vollständig geliefert.

Man hat kein Mittel ihn von der Blüthe abzuhalten. Es glauben zwar einige empirische Wirthe, wenn man den Rübsen mit einer Gattung Der einquelle, giengen dann die Pfeiffer nicht daran. Sie erzählen auch Erfahrungen hier hierüber, aber es scheint nicht wahrscheinlich zu seyn, ob ich gleich keine Gegenversuche gemacht habe.

Auf Wiesen.

19) **Die sogenannte Grasraupe.**

Sie frist das Gras von der Erde weg, und durch sie ist es oft 5mal so hoch als sonst im Preise gestiegen. Alopecurus pratensis ist das einzige, das von ihr verschont bleibt. Am meisten raset sie, wenn durch einen Zufall die Wurzeln der Grasarten häufig in Fäulniß gegangen sind, da legt sie ihre Eyer an diese Wurzeln, und das ist der Fall nach sehr harten Wintern. Das schlimmste ist, daß im nächsten Jahr statt des guten Grases eine Menge Unkrauts zum Vorschein kommen. Welches sind die Mittel dagegen?

In Schweden ziehen die Landleute Gräber um das Land, und leiten Wasser herum, worein sich die Raupen vor Hunger stürzen. Mehr richten die Schweine aus. Auch liegen eine Menge Krähen immer auf den Wiesen, und suchen die Raupen davon ab.

Ein herrliches Mittel ist, daß man die Wiesen sogleich unter Wasser setzt.

Die Phalänen verpuppen sich, und zeigt sich dann der Schmetterling. Es mache man ein

Flammenfeuer. Hier stürzen sie zu tausenden hinein und verbrennen sich mit ihren Eyern. Auch werden Mergel oder Gyps auf den Acker gestreuet, die der Fäulniß widerstehen, und gebraucht werden müßen, sobald man so etwas merkt.

20) Raupen.

Allen Kohlgewächsen sind die Raupen schädlich. Das beste Mittel ist zu Ende des Junius, zu Anfang und Ende Augusts, wenn ein gelinder Regen im Anzuge ist, gegen Abend die Kohlpflanzen einigemal mit Asche, besonders mit Beinasche zu bestreuen. Oder auch

Wenn das Kohl- oder Kopfkraut durchaus mit kleinen Insekten besezt, und die Blätter davon ganz weiß sind, bestreuet man diese Blätter mit Kalkasche, welche die Insekten in wenigen Stunden tödtet.

21) Wickelraupen.

Herr von Schäven, Prediger zu Neuwoor in Pommern, erhielt 40 Thaler Belohnung von Berlin für das entdeckte Mittel, den Schaden der Wickelraupen (Blattwickler) von Obstbäumen abzuwenden. Das Mittel besteht darin, daß man zu Anfang des Octobers Ringe von fetter Wolle um die Bäume mache, und unterhalb diesen Ringen den Baum ringsumher, einige Finger breit mit frischem Theer bestreiche, auch solches Mittel im Anfang des folgenden Aprils widerhole.

22) Blüthraupen.

Weit schädlicher sind die Raupen, die man Blüthraupen nennt, von welchen der gemeine Mann im leinenen Kittel und im vornehmen Rock glaubt, daß sie als Würmchen in den Obstbaumblüthen, selbst von einem bösen Mehlthau ꝛc. wachsen, und welche sich zu vielen tausenden in den Obstblüthen fast jährlich einfinden, die Blätter nicht zusammen wickeln, jedoch die meisten Baumblüthen verwüsten. Mittel dagegen hat Hr. D. Glaser in Suhl angegeben, z. B. Ringe von Tannen Baumrinden, die mit Theer bestrichen um den Baum gemacht werden.

23) Gammaschmetterling.

Die Raupen von Phalaena gamma thaten im Jahr 1780 vom August 8 Tage lang in unbeschreiblicher Menge auf den Feldern großen Schaden. In der Nähe von Frankfurt an der Oder in den Gerstenfeldern fraßen sie nur den Hederich, am Flachs und Hanf fraßen sie die Knoten ab, Erbsen und Linsen wurden gänzlich verwüstet. Alles Kraut in den Garten sowohl als der Boden selbst war mit ihrem Unkraut überdeckt. Nach 8 Tagen spannen sie sich ein. Bey Berlin, in Sachsen, in der Lausitz waren

waren Raupen in ungeheurer Menge. Die plötzliche Erscheinung ist wahrscheinlich durch die grosse anhaltende Hitze, die auf ein vorheriges sehr kühles Wetter erfolgte, und die Eyer nicht allmählich, sondern äusserst geschwind zum Ausbrüten brachte.

24) Erbsenkäfer.

Pruchus Pisi. Im Jahr 1780 wurden, weil ein heiser trockener Sommer im Sandboden Schoten und Erbsen angefressen. Das Vertilgungsmittel ist:

Auf den 8ten Theil eines Scheffels Erbsen 2 Hände voll frischen ungelöschten Kalk eben so viel Asche, halb soviel Kochsalz genommen, die Erbsen einer flachen Hand hoch auseinander geleget, mit einer Gießkanne voll Wasser, worin 2 loth Vitriol aufgelöset, durch und durch naß gemacht, darüber Kalk, Asche, Salz gestreuet, fleißig durcheinander geschaufelt, 8-12 Stunden aufeinander gelassen. Dieses geschiehet Abends, den folgenden Tag werden sie gesäet.

Das Schroten der angesteckten Erbsen ist das beste Mittel sie zu verbrauchen.

25) Ameisen.

Man untergrabe einen solchen Haufen ungesehr 1/2 Schuh tief, werfe die herausgenommeze Erde in einem Zuber mit Waſſer, thue geſtoßene Kohlen 1/2 Schuh tief an den Platz zu ver Erde, ſo laufen die Ameiſen daran.

26) Erdflöhe.

Sie ſind die Feinde des aufkeimenden Samens. Der aufgeſtreute gebrannte Gypsſtaub hält ſie ganz ab, und befördert den Wuchs der Pflanzen vortreflich. Die Landleute legen auf ihren Wieſen Beete an, weil ſie da gegen die Erdflöhe geſichert ſind, allein dadurch, daß ſie beſtändig einen Platz dazu nehmen, kommen auch die Erdflöhe mit ihren Eyern dahin, und verwüſten auch dieſe Pflanzen.

27) Elſter

vertreibt man mit Granaugen, kleingeſtoßen oder gefeilt, in kleine Stückchen Kaldaunen von Rind und Schweinen gethan, an die Zweige der Bäume gehängt. In einer halben Stunde ſind ſie alle weg.

Einunddreyßigstes Kapitel.

Melioration der Landgüther.

Jedes Guth kann noch verbessert werden. Allein was ist wahre Verbesserung Der Probierstein ist im Grunde angegeben, wenn man sagt: alles was die Ausgabe mindert, und die Einnahme mehrt. Wenn man bey einer bessern Einrichtung täglich einen Groschen erspart, so macht das jährlich 15 Thaler, im Capital pro

pro Cent 373 Cental. Wer 200 Thaler erspart, hat sein Guth um 4000 Thaler meliorirt.

Die Regel also ist: man hüte sich vor den kleinen und schleichenden Ausgaben, die großen Ausgaben ruiniren die wenigsten Menschen in der Welt. Man besinnt sich bey ihnen mehr.

Ehe man neue Veränderungen trift, muß man sein Guth schon genau kennen, und man probire die Sache erst im kleinen und in der Stille, und sodann nehme man ohne eigene Gegenwart keine Melioration vor. Die Bedienten zumal die alten sind allen Veränderungen Feind.

Also man mache Versuche zuerst. Durch sie werden die Landwirthe gebessert, sonst bleibt alles beym Alten. Aber Versuche können misrathen, daher die Regel: daß nur reiche Landwirthe sie machen müßen und machen können. Der gemeine Mann lachet und spottet leicht über mislungene Versuche. Allein dadurch darf man sich nicht abhalten laßen. Hätten unsere Vorfahren keine gemacht, so müßten wir noch immer Eicheln eßen.

Man fange die Verbeßerung am rechten Ort an, und zwar von den Artikeln, die sich über die ganze Landwirthschaft erstrecken, daher wenn man z. E. mit den Gebäuden anfängt, es gewiß

wiß am unrechten Ort ist. Zuerst fange man mit den Wiesen und Futterbau an. Hat man Berge an der Sommerseite, so können sie vortreflich entweder mit Zwetschen und Kirschenbäumen oder mit Espercet besäet werden. Die Natur hat weislich dafür gesorgt, daß die Anbauung des Holzes schwerer an der Sommerseite als an der Winterseite ist, weil die Sonnenhitze und die Luft alles ausdorrt, und die Kräfte zu wachsen entziehet.

Holzung ist einer der wichtigsten Artikeln in der Landwirthschaft, und so wie die Weiden in den Niederungen, an Bächen eine wahre Verbesserung ausmachen, so ist jeder Acker, und wären es auch nur Birken, weit theurer, als ein Acker mit Getraide. Wie viele schlechte Ländesey wird zum Schaden des Eigenthümers geackert, und besäet.

So wie richtiger Wiesewachs die Viehzucht bessert und mehrt, so ist auch vermehrter Dünger reicher Erndten zur Folge. Man sorge hauptsächlich für vielen und guten Dung.

Vergesse man nicht zu überlegen, ob nicht der zu erwartende Nutzen geringer sey, als der Aufwand und daß nicht die neue Nutzung eine schon alte vermindert. Ist dies der Fall, so hat man nichts gebessert. Z. B. wenn man um eine schöne Jagd zu haben, das Wild vermehrt,

Z 5   oder

oder wenn man Fischteiche anlegt, und nicht genug Waſſer hat.

Ueberlege man wohl, ob auch die neue Meliorarion irgend einer andern präjudicirlich ſeyn kann, dann kömmt es erſt zum Proceß, und da kann man ſeiner Sache nicht gewiß ſeyn, z. B. die Wieſen zu wäſſern, wozu man dem Müller das Waſſer nehmen muß.

Hat man das alles überlegt, ſo muß man ſich durch keine Schwierigkeiten abſchrecken laſſen. Die Noth anderer darf uns nie gleichgültig ſeyn, aber der Vortheil vernünftiger und redlicher Menſchen nicht aber das Geſpött und Gelächter kurzſichtiger Nachbarn muß geachtet werden, Kummer verurſachen, oder von ſeinem Eifer abhalten laſſen.

Der Landwirth muß über ſeine Einnahme und Ausgabe Regiſter führen, und zwar über jeden Artikel muß beſondere Rechnung gehalten werden. So kann man alsdenn ſagen: An dieſen Artikel gewinne ich ſoviel, an jenem ſoviel. Dieſer Artikel hat je am meiſten eingebracht.

Unſere Landwirthe ſind gemeiniglich zufrieden, wenn ſie wiſſen, wie viel ſie ohngefehr an jedem Artikel gewonnen haben, allein das iſt nicht recht.

Der

Der künftige Landwirth muß sich daher eine genaue Kenntniß des Rechnungswesens erwerben. Er muß das Buchhalten der Kaufleute lernen. In England hat man diese Idee, wie Marschall schreibt, der Kaufleute gehabt, und ausgeführt.

Eine Hauptverbesserung ist, wenn die Körner des Getraides nicht verkauft werden dürfen, weil dadurch die öhlichten fetten Theile aus dem Guth hinaus gehen, und nur das strohige zurück bleibt, zumal der Produzent immer am wenigsten erhält, der Verarbeiter am meisten.

Hat man eine Brandteweinbrennerey, so muß man gar keinen Rocken verkaufen, eher welchen zukaufen.

Waizen eben so, wie auch zu Weisbier.

Die Graupenmühle zur Gerste ist gut. Die Graupen bezahlen die Gerste und alle Kosten. Die Schalen sind reiner Ueberschuß, die zur Mastung ganz vortreflich sind. Man nimmt dazu solche Gerste, die schnell trocken geworden auf den Schwaden. Ist sie mehrmals durchnässet worden, so wird lauter Staub. Die Erfurtischen Müller haben ihren größten Profit bey den Graupen, die ins Preußische gehen.

Erbsen und Linsen

gegen Lichtmeß zur Stadt geschickt gelten mehr als Waizen. Der Absatz fehlt hier nie.

Den **Haber** läßt man liegen bis gegen Johannis. Ist der Preis noch nicht hoch genug so wartet man noch länger.

Aus Rübsamen

muß Oel geschlagen werden, das man bis Weynachten liegen läßt, und in neue Fäßer fül wo es denn besser ist. Es ist Schade, daß n den Holländern den Samen wohlfeil geben, u das Oel theuer von ihnen kaufen. Der Satz zu Wagenschmier zu gebrauchen.

Man steht sich immer am besten dabey, w man jeden Viehartikel nicht zu einzeln, sonb im Ganzen verkauft. In England hat man se Einrichtung z. E. mit den fetten Och Verkauft man einzeln, so werden immer die besten ausgesucht, und die schlechten muß dann für ein Spottgeld hingeben. So auch den Schafen, die man jährlich nur einmal der Schur verkaufen muß. Verkauft ma im Frühjahr, so sind sie auch nicht fett.

Sommer kann man sie auch leicht durchbringen und hat auch den Pferch zum besten.

    Bey dem Getraideverkauf hingegen haben die Landwirthe den größten Vortheil, wenn sie im kleinen alle Woche etwas loschlagen, und so von allen Preisen profitiren.

www.ingramcontent.com/pod-product-compliance
Lightning Source LLC
Chambersburg PA
CBHW020316240426
43673CB00039B/830